共生系列丛书

共生翻译学
Symbio-Translatology

刘满芸 ◎ 著

复旦大学出版社

序 论

翻译研究具有跨学科属性。跨学科，顾名思义，是跨越单一学科的知识藩篱，跳出既有的问题视域，通过学科之间的知识互动，增强学科之间的知识张力，促进学科知识的裂变与重构，参透学科知识的狭隘，拓展学科的认知维度，提升学科问题研究的质感，推动学科知识的发展。跨学科也是知识生产、转化与传播的重要途径和历史事实，是学科概念增长和学科知识体系演进的有效手段，是学科知识的整合和思维模式的突破，是当下经济全球化、新技术革命、新经济发展、多学科交叉与深度融合的结果。跨学科研究是现在这个学科体系时代中，人们对学科知识完整性和综合性的探索和诉求，有助于我们对学科知识和研究问题在认知上的广维延展和纵维深化，也有助于促进学科知识间的流动、转化和融合。

人类文明进化的巨大动力在于自然科学与人文科学的交互借鉴与渗透，从牛顿力学对宗教神学的推动到达尔文进化论对马克思、恩格斯唯物哲学的启示，从相对论、博弈论对现代社会经济、人文理念的推进到信息论、互联网对现代人类生存方式的变革等，自然科学的每一次重大突破都会使人文科学产生巨变，这本身就是一种共生进化关系。

共生指不同生物密切地生活在一起①,是生物间"相互性的活体营养性联系"②,是自然界的普遍生态现象。有"20 世纪生物界英雄"之称的美国生物学家林恩·玛格丽斯(Lynn Margulis, 1938—2011)通过实验实证提出了共生是生物进化和物种创新的源泉,共生是生命世界中最基本的属性,"共生"而非"竞争"能够解释生物进化的机制和物种存在的本质性、普遍性和规律性。玛格丽斯的生物共生进化学说也被称为共生理论(symbiosis theory)③,这被认为是 20 世纪生物学领域取得的最伟大成就之一。共生理论不仅是生物学界的一场革命,对诸多人文、社会科学领域也产生了巨大的辐射力量,已经渗透到生命科学分支学科之外的众多学科领域,形成了共生哲学、社会共生论和共生经济、共生管理、共生美学、共生技术、共生文化、共生教育以及人文区位学、科学技术学、人工智能、军事科学等领域的共生理论分支。在互联网、人工智能等科技高度发达的今天,具有高度知识技能的人与具有高度技术含量的生产工具的结合比以往任何时候都更加密不可分,人类世界与物质世界的共生关系已成为现代社会生产关系的基本生存方式④。共生理论对人类生存的哲学、社会学研究产生了急速而震撼的效应,这缘于共生理论与现实世界具有极高的同构度,对现实世界产生了极强的解释力。共生之于哲学是"事实和价值相统一的哲学理念"⑤;共

---

① Sapp, J., *Evolution by Association: A History of Symbiosis*, New York: Oxford University Press, 1994, p.7.
② 袁纯清:《共生理论——兼论小型经济》,经济科学出版社 1998 年版,第 2 页。
③ Khakhina, Liya Nikolarevna, *Concepts of Symbiogenesis: A Historical and Critical Study of the Research of Russian Botanists*, Eds. by Linn Marqulis & Mark Mcmenamin, New Haven & London: Yale University Press, 1992, p.xii.
④ 刘满芸:《共生翻译学建构》,复旦大学出版社 2015 年版,第 20 页。
⑤ 张永缤:《共生:一个作为事实和价值相统一的哲学理念》,《西安交通大学学报(社会科学版)》2009 第 4 期。

生之于社会学是人在社会中的基本存在方式,社会发展是共生关系的改善[1];共生之于经济学是企业管理、经营、分配与发展的"一只看不见的手",是推进企业优化合作、互利共赢、可持续性等经济转型与发展的内在机制;共生之于人文区位学是社区是一个共生系统,共生是"支配城市区位秩序的最基本因素之一"[2];共生之于文化是人类文明交流、互鉴的内在机制,意味着文化唯有多元方可谓共生,多元文化之间的交流、互动与对话是人类自始以来的经验和典范;共生之于教育是"人的生存系统从微观的联合到宏观的共同进化所不可或缺的一种重要的共生机制"[3];共生之于美学是形与形互借互依,依形同构,体现了你中有我、我中有你的契合共生与神奇的美学效果;共生之于人工智能是彼此利害的依存、转化和共生关系的演化;共生之于军事科学是"人机共生作战决策系统的关键技术体系及其运行和发展的概念及系统建构"[4],等等。人类探索理性共生的脚步从未停止过,"天地万物为一体""万物并育而不相害"是中华传统根深蒂固的哲思,只是在 20 世纪 70 年代生物共生理论的出现才有了科学依据。"人类命运共同体"恰恰是应对当下全球性复杂问题的理性灯塔,充满了共生理性和共生智慧,这缘于共生"不仅是一种生物现象,也是一种社会现象;不仅是一种自然现象,也是一种可塑状态;不仅是一种生物识别机制,也是一种社会科学方法"[5]。共生已是一个"天下大同""执中致和"的"事

---

[1] 胡守钧:《社会共生论》,复旦大学出版社 2010 年版,第 3 页。
[2] 同上书,第 4 页。
[3] 李燕:《共生教育论纲》,山东师范大学博士学位论文,2005 年。
[4] 郑少秋等:《人机共生作战决策系统:发展愿景与关键技术》,《火力与指挥控制》2022 年第 7 期。
[5] 袁纯清:《共生理论——兼论小型经济》,经济科学出版社 1998 年版,第 5 页。

实与价值相统一的范畴"①,是人类未来生存与发展事实上的唯一选择。

共生已经冲破了自然科学与人文科学的沟壑,成为一个超学科概念,达到了宇宙整体视阈的认知高度,这给翻译研究带来的启示是生动而广阔的。我们知道,任何一门学科不可能包含所有学科,但翻译似乎可以;翻译面对的是任何文本化了的主客观世界,宇宙、自然、人类、社会的万事万物都可作为翻译对象,都可涵盖在翻译的范畴之中,因此,某种意义上讲,翻译的广涵性可以扩展到无限的时间、空间、人际和社会。翻译的这种广涵性使得"共生"成为寻找翻译共性与有序性的张力点,共生也能为译者提供一种面对复杂问题时的包容理性,以寻求共赢之道。

一、共生登场

共生登场并非想搅乱一池春水,而缘于共生翻译是一条可探索的路径,缘于共生对翻译的深广而丰厚的解释力:"共生"作为一个翻译概念,是其生物学意义的语言学转指;作为一种翻译理念,是理性意义的哲学抽象;作为一种翻译态度和学养,是相生相容的伦理意指;作为一种翻译价值观,是对翻译行为的理解与秉持;作为一种审美,是翻译活动中两种语言文化之间美的互视;作为一种翻译方法,是既表达作者意图又兼顾读者理解的思维和技艺上的实指。总之,"共生"的基本概念、思想内核及其在语言、哲学、伦理、价值、审美等层面的意涵共同构成了共生翻译学的理论和方法基础。

---

① 孙国柱:《当代共生学研究的现状与展望》,《青藏高原论坛》2014年第3期。

共生之于翻译旨在探究人类语言文化相互作用过程中的共生机制与效应，了解翻译在本质上的共生特性。人类的语言文化是一个大的共生系统，其中存在着无数而多样的语言文化子系统，这些子系统处于一个整体协调与交互作用的运动与发展过程中。人类的语言文化是事实上的互为共生关系，语言文化的形成、演变、繁荣、衰竭、变异、新生等总有其内在规律与关联性可遵循。当我们乐此不疲地争论翻译本体的"守"与翻译边界的"跨"时，难道不应该追问语言文化多样化及其内在关联、互为作用的本质规律所在吗？我们不应仅仅纠结于语言文化的微观及表象特征与变化，更应剖析其内在发展变化的动因及其普遍性规律，并能动地适应这些发展变化规律。

翻译是人类语言文化之间发生共生关系的前提，并为语言文化的多元与共生提供了无限的生存与发展空间。共生翻译学（symbio-translatology）是以生物学中的生物共生理论为核心理据的跨学科翻译研究（a symbiotic approach to translation studies），是自然属科的生物学与人文属科的翻译学之间的学科整合。共生翻译学以生物共生理论为生物学理据，以生物语言学关于语言的生物性和社会性双重属性观为语言学理据，以中华传统哲学的共生思想精髓为哲学理据，将共生引入翻译学领域进行宏中微观研究，以生物共生的自然主义科学观为指导，以生物共生的自然法则为伦理依据，以跨学科为思维机制、研究进路和工具模式，结合关系思维、整体思维和有机思维等具有共生特质的思维方法，研究不同语言文化多样性共生的现象、性质、方式和规律，探讨翻译与外部世界以及翻译学内部诸要素之间的多元共生关系，探索翻译学领域的共生原理、理论价值和文化意义，从而拓宽了翻译学的认知维度和研究途径，丰富了翻译学理论的研究视角，推动了翻译学的学科体系发展。

自然界中的生物共生形态与人类世界中的语言文化共生形态有着密切的关联性和共通性,二者有极高的类比性与同构度,这是建构共生翻译学的合理性前提。生物共生理论在众多人文学科产生的丰富而坚实的跨学科理论渗透经验,为共生翻译学的孕育、生成和发展提供了扎实基础。共生翻译学借鉴生物共生理论中"生命协作""互利共生"的生物科学观点、生物语言学的语言双重属性认知观以及中华传统哲学中"执中致和""和而不同"等经典共生智慧,通过对翻译中的基本共生关系、共生要素、共生环境、共生系统、共生机制、共生模式等一系列问题的梳理,提出了"共生是人类语言文化生态的根本价值向度"这一共生翻译伦理观,论证并建构了以"同质相合,异质共生"为核心理念的共生翻译话语模式,并基于这一主题理念,将翻译界定为"向同质和异质双向开放的跨语言文化认知、转换和交际活动"[①]。

共生翻译学的产生是对长期以来盛行的"主体""中心"等翻译研究模式的理性消解,这种理性是建立在许多翻译学者与研究者对共生理论与翻译学相结合的研究与实践经验基础之上的。继近代笛卡尔为代表的主客二元论(dualism)之后,胡塞尔又从哲学的高度消除了自然科学对人文科学的霸权地位,颠覆了传统哲学中的主客二元对立观,提出了不同于科学主义思维方式的现象学思维范式,导致了现代阐释学、接受美学、反应文论等文艺观的本体观转向,为后现代解构主义思潮提供了哲学依据。海德格尔借语言理解存在,伽达默尔借语言诠释理解,姚斯借美学塑造读者,伊瑟尔借读者反应寻求阅读的权威,巴斯奈特借文化操纵作者,福柯

---

① 刘满芸:《共生翻译研究刍论》,《上海翻译》2016 年第 5 期。

用权力解读翻译,等等,这些翻译的本体论研究模式挣脱了传统的语言论、认识论视域,丢弃了蹈规袭常的研究方法,助推了"作者中心""译者中心""读者中心"等中心论研究模式的大行其道,使多年来的很多翻译学者与研究者都深陷其中。翻译被置于文本之外,被当作意识形态的竞技场和生态场,这是共生翻译学问世的主要原因,消解、解构这些解构主义翻译观,探索规整性、去意识形态化、融合性的翻译途径就成为翻译研究的转弯之处,而共生恰好能以生命之源、能量互补、互依共存、物种创新、生生之德归拢这些分歧,共生之于翻译学的意义在于两种语言文化美美与共的翻译本质。

语言是翻译活动的基本要素,研究翻译从来就离不开对人类语言的认知;而对语言的认知又离不开对世界的认知、对知识的认知、对思维的内在机制的认知。人类从远古的蒙昧状态到古希腊柏拉图肇始的关于理念世界的"本体论"认知,使人类对自身(主体)的认知能力与认知对象(客观世界)之间的关系逐渐形成了明晰的世界观,哲学上的认识论与方法论逐渐形成;而人类在探索自身的认知能力、认知界限及认知方法时,从一开始就没有脱离过语言,甚至将哲学上关于世界本质与本源等问题也归结为语言的问题。可以说,语言从一开始就是哲学研究中的重要关切。古希腊哲学家巴门尼德(Parmenides of Elea,约公元前515年—前5世纪中叶)认为,"非存在"(non-existence)超出了人类语言的表达所能;古希腊另一位哲学家赫拉克利特则认为,甚至连存在也超出人类语言的表达所能。看来,哲学家们所赖以解释"本源""本体""存在"等哲学问题的"语言"本身,也成为他们挥之不去的"问题"。

语言的共生就是人的共生,翻译就是如何促进跨语言文化共生,进而推动人类文明整体进步的实践交往活动。所以,共生翻译的伦理本质是一种态度,一种如何对待翻译的态度,一种站在哲学的高度审视语言文化的方法,一种竭力用科学和人文思维相结合而认识翻译存在和翻译规律的研究方法。共生翻译是一种研究翻译如何存在、如何指导翻译的哲学和方法,它着眼于研究翻译如何促进人类语言文化的繁茂与共生。

人类族群间的互联与共生在很大程度上系于语言这一沟通纽带,也就是说,翻译承载着人类共生的使命,是人类语言与文化共生的生态场。共生翻译学以"共生"为翻译研究基点,梳理翻译的基本共生关系,阐释共生翻译的机制和模式,研究各种翻译共生现象和规律,也研究翻译与社会构成的复杂交错的共生关系,既有窄面的语言与文化之间的共生关系,也有宽面的人际与社会之间的共生关系。毕竟,翻译在微观上是对文本的翻译,而在宏观上却是两种语言文化之间的沟通与交融,但归根结底是关于自然、社会、文化及人际之间的各种依存与发展关系。因此,相较其他的翻译观,共生翻译观具有更加广阔的视野和哲学层面的前瞻意义,它以生命共生的自然法则为伦理依据,倡导合理的共生翻译关系,改变不合理的共生翻译关系,最大限度地保障人类各族群语言与文化的共生与共荣。共生翻译是一种富含哲理的翻译思想,它启迪人们认识翻译、研究翻译、实践翻译和发展翻译,并最终形成翻译理论与实践中"同质相合,异质共生"的理想生存状态。共生之于翻译学的意义在于:它能指导我们改善翻译研究与实践中不平衡、不合理的共生状态,使我们能动地规避与纠正不理性的对抗与不必要的争辩,在自由而有限的翻译资源和翻译规则内分享翻译权利、共担翻译义务。共生翻译学是自然科学与人文科学互为融合的方法论,意在使翻译中的各种关系协同建构、互为融通,使翻译学朝着合理而均衡的方向发展。

二、共生取向的翻译研究

共生取向的翻译研究已具相当规模,许多国内外的学者都曾涉足,涵盖了文学、文化、典籍、外宣、医学、电影、语料库、翻译教学、语言服务、技术写作等方面。吴南松将中国传统文化中的"和而不同"原则借用到翻译领域,作为译者"掌握差异性限度的依据",以实现不同文化间的"共生与融合"①。汪宝荣从互补与共生的角度剖析了翻译策略的选择问题,认为语言和纯文化层面上的异化和归化在翻译实践中总是而且也应该是互补/共生的关系②。仲跻昆在西方文学译入阿拉伯世界这一问题上,反对"欧洲中心论",主张多元、对话与共生③。朱丽萍等认为后现代主义提倡"自我"与"他者"的共生,在翻译批评过程中读者与批评家应是互为共生关系,因为"读者有最终发言权,也应当帮助批评家客观正确理解和评价原文文本"④。赵颖认为"逻各斯中心主义支配下的二项对立将翻译变为上帝的自我言说,剥夺了个体利用新词进行自我创造的权利,而通过改变思维方式,将想像力引入翻译却可保证独立个体的共生"⑤。刘满芸将生物共生理念引入翻译学进行学科整合研究,力图为翻译研究提供一种新的视角和方法,为翻译学的探

---

① 吴南松:《翻译:寻求文化的共生与融合——也谈翻译中对原文差异性的保持问题》,《中国翻译》2003 年第 3 期。
② 汪宝荣:《论归化与异化的"互补共生"关系》,《湖州师范学院学报》2004 年第 5 期。
③ 仲跻昆:《多元、对话、共生中的阿拉伯文学文化》,载于北京大学北京论坛办公室编:《北京论坛(2004)文明的和谐与共同繁荣:"多元文学文化的对话与共生"外国文学分论坛论文或摘要集》,2004 年,第 77 页。
④ 朱丽萍等:《后现代语境下文学翻译批评中读者与批评家的共生》,《和田师范专科学校学报》2007 年第 6 期。
⑤ 赵颖:《想像力与翻译中的共生》,《四川外语学院学报》2008 年第 6 期。

索拓展维度①。李小川将共生理念应用于翻译教学研究,认为翻译能力的培养应从内部生态(课堂)延伸至外部生态(社会),实现翻译教学内部与外部生态的"动态平衡和互利共生"②。王华树认为翻译技术在本质上是技术和翻译在互动发展的过程中生成的,其中的翻译因素与技术因素共生共融③。陈映丹、陈萍认为电影片名翻译中的归化与异化尽管途径迥异,但唯有取长补短、互补共生才是大道之行,才是片名翻译的真正归属和精髓所在④。高方、王天宇探讨了全球视野下比较文学与翻译研究的共生关系⑤。王宏印就我国民族典籍翻译的学科归属与文化资源的利用问题,提出了多元共生,稳定发展,共同繁荣的策略⑥,等等。

在国外,以"共生"为视角的翻译研究或哲学论述并不少见且都显性体现着"共生"的理性与理念,与共生翻译学所倡导的共生翻译理念有本质和内涵上的同一性。歌德将翻译分类为三种:传递知识的翻译(informative translation),按照译语文化规范、近似创作的改编性翻译(adaptation/parodistisch),逐行对照但并非逐词死译的翻译(interlinear translation)。第三种翻译揭示的是一种翻译中的共生现象,即"译者必须不考虑译文语言的特征,产生出

---

① 刘满芸:《共生理念下的翻译学维度考察》,《南京理工大学学报(社会科学版)》2014年第3期。
② 李小川:《动态平衡 互利共生——翻译教学的外部生态环境研究》,《中南林业科技大学学报(社会科学版)》2014年第3期。
③ 贾焕杰:《翻译与技术的共融共生——河南省首届翻译技术高层论坛举行暨翻译技术高校联盟成立》,《东方翻译》2016年第4期。
④ 陈映丹、陈萍:《互补共生,相得益彰——浅议电影片名翻译中的归化与异化》,《重庆广播电视大学学报》2016年第6期。
⑤ 高方、王天宇:《全球视野下共生的比较文学与翻译研究——〈翻译地带:为了一种新的比较文学〉评介》,《中国比较文学》2018年第3期。
⑥ 王宏印:《多元共生,稳定发展,共同繁荣——关于我国民族典籍翻译的学科归属与文化资源的利用》,《民族翻译》2019年第1期。

一种全新的东西来,使译文完全等同于原文。而这种等同,并非指译文'取代原文,而是译文就是原文',译文中既保留了原文的特色,又出现了一种新的结构。结果是,原文语言和译文语言都会由于这种新的混合物的产生而得到丰富"[1]。海德格尔坚信,抛开工具理性主义,人类与世界的关系就不是一种认知关系,而是一种共同存在[2]。罗蒂(Rorty)所说的"把一种与我们截然不同的人视为我们中的一员的能力"[3],其实质就是一种共生能力,因为万物既是主体,也是客体,彼此存在"互主体性"关系。罗蒂还继承了弗洛伊德的观点,认为"每一个人的生活都是一首诗"[4],即:每个人都可通过自己的想象力挖掘自身渴望的词汇进行自我创作,通过想象力来完成"人类团结"。瓦尔特·本雅明在《论译者的任务》中写道,"由直译而保证的'信'的重要性在于,作品反映了对语言互补的强烈愿望"[5]。米歇尔·克罗尼恩(Michael Cronin)认为,单一文化缺乏创造性地克服社会、心理、审美等方面的盲点,这些盲点会阻碍自身文化有效处理实际问题[6]。斯坦纳(Steiner)在描述文学翻译行为时提到,"将原语中新的语言现象引入译语语言文化体系当中,会增加我们的表达方式",因此,"没有补偿的翻译是失败的"[7]。"补偿"是使原语中的异质语言特征和文化特征在译语语言文化中得到尊重与分享,同时也能弥补译语表达体系和思想体系中的单

---

[1] 谭载喜:《西方翻译简史》(增订版),商务印书馆2004年版,第106页。
[2] 转引自赵颖:《想像力与翻译中的共生》,《四川外语学院学报》2008年第6期。
[3] Rorty, Richard, *Contingency, Irony and Solidarity*, Cambridge: Cambridge University Press, 1989, p.192.
[4] Ibid., p.35.
[5] 陈永国主编:《翻译与后现代性》,中国人民大学出版社2005年版,第10页。
[6] Cronin, Michael, *Translation and Globalization*, Routledge, 2003, p.74.
[7] Shuttleworth. M. & M. Cowie, *Dictionary of Translation Studies*, Shanghai: Shanghai Foreign Language Education Press, 2004, p.69.

一或缺位,这是一种"互补/共生"关系,是原语语言文化特质在译语语言文化体系中获得的新的成长空间与生长方式。苏源熙认为,借词表达揭示的是目的语的"不完整性","有着丰富借词的语言向我们表明新形式的必要性,显示了现有语言意义的缺省……借词能让'形式'成为一个结果的、实用的、故事的、艺术品的代言……让能指成为艺术活力的活跃的、基本的载体"①。艾米丽·阿普特(Emily Apter)明确探索了全球化背景下比较文学与翻译研究的共生关系,还创造性地借用了地形学中地带(zone)的概念来指代翻译:一个"将 transLation(翻译)中的 L 和 transNation(跨民族)中的 N 进行比较的批评空间……一个不同文化协商的场合"②。美国学者桑德拉·伯尔曼(S. Bermann)提出,当下的比较学者是"与"的一代(the and generation),"与"意味着开展语言与文化层面的对话,比较文学与翻译就是对话之一③,等等。

在共生翻译学看来,共生适用于译者双语转换过程中的语言理解与语言创造,体现了译者在共生整体当中的"个体自由"。让语言存在于文本之中,也让文本存在于语言之中,可以揭示原语语言的异质特征,汲取其意义的蕴含力量,克服母语"自然"和"归顺"表达的惰性和惯性,实现语言知识的最大能量转化值。当下的翻译可谓"与"的时代,"与"意味着语言与文化的对话、互补与共生,对话即独立与平等,互补即各增所需,共生即互为融进。翻译不是

---

① 转引自陈琳、林嘉新:《跨界的阐释:美国当下比较文学翻译研究的研究范式》,《中国比较文学》2015 年第 3 期。
② Apter, Emily, *The Translation Zone: A New Comparative Literature*, Princeton: Princeton University Press, 2006, p. 5;高方、王天宇:《全球视野下共生的比较文学与翻译研究——〈翻译地带:为了一种新的比较文学〉评介》,《中国比较文学》2018 年第 3 期。
③ Bermann, Sandra, "Working in the End Zone: Comparative Literature and Translation", *Comparative Literature*, 2009(4), pp.432-446;陈琳、林嘉新:《跨界的阐释:美国当下比较文学翻译研究的研究范式》,《中国比较文学》2015 年第 3 期。

表达自我，而是发现自我；不是重复告知，而是激发新知；不是自说自话，而是真正触及文本间性和话语间性。这恰恰揭示的是共生翻译学指向的深刻含义。

三、应用与评价

共生翻译学问世于 2015 年，是针对当时国内译学界积攒的一些问题而提出的，是对解构主义文化思潮、"译者中心""读者中心"等"中心"的过度阐释、多元而碎片化的本体研究倾向、对自然科学的认识论与方法论成果的忽视以及翻译与中华传统哲学界面研究的式微等问题而引发的理论思考并形成了基本研究框架。共生翻译学梳理了翻译中的各种共生关系，探讨了不同语言文化多样性共生的现象、性质、方式和规律，分析了翻译与外部世界以及翻译学内部诸要素之间的多元共生关系，是多元化时代与多学科交叉发展的产物，为翻译学的发展开辟了新的研究视域和维度。

近年来，以"共生"为视角的翻译研究已经渗透到翻译的本质、过程、标准、原则、方法等层面，并在与翻译学相关的语言学、语法学、语用学、词汇学、语义学、二语习得、美学、哲学、伦理学、教育学、心理学、人工智能等学科领域获得了长足的发展，关注、引介或应用共生翻译学的基本理论或研究方法，或借"共生"视角诠释翻译的学者日渐增多，应用研究涉及文学翻译、外宣翻译、文化研究、比较教育研究、口译、技术翻译、翻译认知模式、乡土方言翻译、科技翻译、科技术语命名、绿色翻译、本土文化翻译、民俗文化翻译、职业素养培养、翻译实践综合分析等方面。理论评价涉及学科建构、本体研究、理论类属、理论创新、研究方法等方面。学者们普遍认为共生翻译学是翻译学跨学科建构的创新和拓展，是国内翻译学术研究的新视阈,是近年来我国翻译学跨学科研究中的突破点和增长点。

在应用层面,姚志君以习近平访欧系列讲话英译为案例,将共生翻译理论用于外宣翻译研究,认为共生翻译学研究一切影响翻译的因子之间的关系,构建、巩固有利共生,克服不利共生,提高翻译质量,这与政治外宣翻译要权衡文本与非文本多元交织关系的诉求不谋而合。因此,共生论在一定程度上适用于政治外宣翻译①。钟守满、王洪林基于跨学科范畴的多样性和统一性特征,考察了共生理论对口译研究方法路径创新问题②。罗迪江基于共生翻译理念阐述了绿色翻译生态观的意义③。管鹏雎以英译《浮生六记》为文学文本案例,探讨了中西文化的异质共生④。刘满芸从"共生"视角探讨了人机共生、科技术语命名、科技文本迻译、技术文本署名、笔译教学、本土文化外译等内容。李靖舒将共生翻译观与具身认知相关联,用以阐释翻译认知方式与翻译实践,认为"翻译的秩序是通过翻译中诸多关系的自身或相互作用,以达到各种共生关系的平衡与和谐,而这种和谐与平衡又会随着社会综合环境的变化被打破,形成一种新的失衡局面,因此,协同合作是翻译主体间的生存本能与需要⑤,她还从共生翻译的系统观分析了基于拓扑

---

① 姚志君:《共生视阈下政治外宣翻译研究——基于2014—2016年习近平访欧系列讲话英译分析》,福建师范大学硕士学位论文,2017年。
② 钟守满、王洪林:《生物语言学视角下的口译研究方法路径创新》,《西安外国语大学学报》2020年第3期。
③ 罗迪江:《生态翻译学视域下的绿色翻译探析》,《常州大学学报(社会科学版)》2021年第4期;罗迪江:《生态翻译学视域下绿色翻译的思维结构与问题域》,《常州大学学报(社会科学版)》2022年第1期。
④ 管鹏雎:《中西文化的异质共生——以英译〈浮生六记〉为例》,《疯狂英语(理论版)》2016年第3期。
⑤ 李靖舒:《具身认知角度下的翻译认知方式与翻译实践》,《沈阳师范大学学报(社会科学版)》2018年第4期。

学的翻译机理问题,认为"翻译学科可以作为与社会共生的一个单元、一个领域或一个子系统。翻译学科内部各种理论体系、翻译学与其他学科之间、与整个社会发展结构和环境都构成了真实的共生关系"①。赵雅婧认为"共生翻译学以'共生'为翻译研究视点,构建共生翻译机制,阐释翻译的基本共生关系,为民俗文化词汇英译提供了理论指引"②。她还基于共生理论阐述了英文诵读校本课程的共生性特点、建设原则和建设路径③,并对共生理念在提高英语专业师范生的综合素养和职业素养培养层面的作用做了翔实分析④。康艳楠、刘满芸将共生翻译引入乡土方言翻译中,认为"依据共生翻译原则探索乡土方言翻译,为乡土方言外译打开一个新的窗口"⑤。田晓君认为共生翻译学"更强调原作者、译者、读者之间的共生关系"⑥,"翻译的伦理基础是共生……翻译是译者与原著作者、译语读者真实的、真诚的沟通活动……任何所谓的'中心'或'主体'都会忽略或挤对'他者'的存在与作用,都会从主导思想上产生导向或偏差"⑦。蒋红认为龙舟"水上台阁"蕴含温州特色……它近似于一个共生体,以"温州木雕、绸塑、漆器髹饰、彩石镶嵌等传统技艺为载体,通过共同参与舟体制作这一形式实现了同存共

---

① 李靖舒:《拓扑学视角下的翻译机理分析》,《沈阳师范大学学报(社会科学版)》2020年第1期。
② 赵雅婧:《共生翻译学观照下民俗文化词汇英译探析》,《宿州教育学院学报》2022年第3期。
③ 赵雅婧:《基于共生理念的英文诵读校本课程建设》,《西部素质教育》2020年第13期。
④ 赵雅婧:《共生理念下师专院校英语专业师范生职业素养培养研究》,《西部素质教育》2020年第12期。
⑤ 康艳楠,刘满芸:《共生翻译学视域下的乡土方言外译研究》,《长治学院学报》2021年第4期。
⑥ 田晓君:《生态翻译学视角下的称呼语翻译——以〈京华烟云〉为例》,青岛科技大学硕士学位论文,2020年。
⑦ 同上。

生",体现了"百工百艺""多元共生","庞大的舟体、多样的展演内容等能够同时接纳多种'物质'的存在,并为它们的共生提供足够的共享空间和适合的共存形式,是温州人多元共生心态映射在实际生活中的现实反映"①。李诗明认为,比较教育研究的主客体"共生"是一种生命意义共同体的"共生"……是一种互利互惠的,同时兼备稳定的内在必然性的特质共生关系,体现了比较教育研究的主体与客体连续性的一体化"共生"生存模式,反映了一种普遍联系的共生关系②。许超在分析句子翻译时,认同共生翻译学所阐释的形意再现局限,即"文学、诗歌、俗语、典故等是不同语言中极致的部分,其中概念的不对称、文化的空缺以及语言结构、修辞风格上的迥异,都会使得翻译之可能实为翻译之不可能,因为要做到既保留原作品的'形',又不损害其'神',这似乎就是一种不可能"③。蔡苏心、孙一迪分别将共生翻译应用于《澳大利亚的历史污点》④和《澳大利亚社会与文化》⑤的翻译实践分析之中,等等。

在理论评价方面,张保国认为,"刘满芸提倡一种共生的翻译方式……属于本体论的翻译思想范畴"⑥。韩子满、钱虹将共生翻译学列入中国学者在新世纪首次提出的翻译理论⑦。在理论归属层面,学者们主要将共生翻译学归于跨学科研究,其中,一类将其归于与生物学的跨学科整合,一类将其归于与中国传统文论的整

---

① 蒋红:《观赏龙舟"水上台阁"的特征研究》,浙江师范大学硕士学位论文,2022年。
② 李诗明:《中国比较教育学教材内容研究》,哈尔滨师范大学博士学位论文,2020年。
③ 许超:《以德国功能派理论对比分析〈习近平谈治国理政〉的英法译本》,北京外国语大学硕士学位论文,2016年。
④ 蔡苏心:《巴贝特·史密斯〈澳大利亚的历史污点〉(第二章)汉译实践报告》,牡丹江师范学院硕士学位论文,2021年。
⑤ 孙一迪:《〈澳大利亚社会与文化〉(第十章)英汉翻译实践报告》,牡丹江师范学院硕士学位论文,2020年。
⑥ 张保国、肖文文:《2016年中国翻译研究述评》,《乐山师范学院学报》2017年第10期。
⑦ 韩子满、钱虹:《当代中国翻译理论国际传播:现状与展望》,《中国翻译》2021年第6期。

合研究。吴文梅将共生翻译学归于翻译学跨学科研究的社会文化系统①。姜燕认为,共生翻译学借用由生物生存方式发展而来的"共生"自然哲学,即将"同质相合、异质共生"的中国哲学与"生物共生学"的西学概念相结合,提出"共生翻译学",讨论翻译的主体共生关系、客体共生关系、翻译伦理与规约的共生关系,将翻译的一众因素都囊括在一个共生环境之中,构成完整的翻译生态体系……与推手论、师墨说、许渊冲文学翻译理论、变译论、中国特色应用翻译学、译者行为批评理论、知识翻译学、国家翻译学、大易翻译学、和合翻译学等一起代表了中国特色的翻译论述②。傅敬民将共生翻译学同大易翻译学、和合翻译学、文章翻译学等归于具有中国特色应用翻译研究话语体系③。陈可欣、辛红娟认为,共生翻译学在宏观层面与实践层面都产生了较大影响……是中国"同质相合、异质共生"等人生哲学在翻译理论建设中的重要应用。这种产生于中国人文土壤的古典思考在现代化译论的发展中迸发出新的活力,为翻译关系处理提供了理据④。方梦之认为,共生翻译学的理论来源于中国传统文论⑤。在学科建构层面,姚志君认为"刘满芸真正实现了共生翻译学的学科建构和发展"⑥。柴橚、赵燕凤认为"刘满芸结合中华传统经典哲学中的'共生'思想,将生物共生学引入翻译学领域,为翻译研究提供一种价值引导与

---

① 吴文梅:《修"名"与督"实":国内翻译学跨学科研究路线图》,《上海翻译》2020 年第 3 期。
② 姜燕:《"中国特色翻译话语"的建构与发展路径研究(1951—2021)》,《民族翻译》2022 年第 6 期。
③ 傅敬民:《我国应用翻译研究:成就与问题》,《语言教育》2019 年第 4 期。
④ 陈可欣、辛红娟:《中国本土译学理论的古典美学特质探究》,《外国语言与文化》2021 年第 2 期。
⑤ 方梦之:《从术语创新看翻译研究的走向》,《北京第二外国语学院学报》2023 年第 1 期。
⑥ 姚志君:《共生视阈下政治外宣翻译研究——基于 2014—2016 年习近平访欧系列讲话英译分析》,福建师范大学硕士学位论文,2017 年。

实践示范"①。孙吉娟、傅敬民认为,作为多学科交叉发展的产物之一,共生翻译研究代表着翻译学术探索的新视阈②。在研究方法层面,张保国认为,"共生翻译研究是翻译学术探索的新视阈和新途径"③。陈可欣、辛红娟认为,"共生翻译学为译学研究维度和学科整合带来新的思考";在共生翻译学的理论框架下,多领域的实践研究参与进来,为相关研究提供了极为丰富的语料④。钟守满、王洪林认为共生翻译研究是"研究路径的创新"⑤,等等。

  以上学者多视角阐述了共生翻译学的学科建构、理论归属、跨学科特质、理论创新和研究方法等内容。的确,共生翻译学的理论基础来源于生物共生理论,同时汲取了生物语言学关于语言的生物性和社会性双重属性的语言认知观并兼容了中华传统哲学文论中的共生思想精髓,具有多学科交叉研究特质。共生翻译学是一个独立的理论个体,是以生物共生的"普遍法则"为前提,理论根植于玛格丽斯的"生物共生"进化论。我们知道,大脑是"认知功能的物质场所,人类的认知功能具有天赋性"⑥,人类语言生物属性的普遍性是人类语言的社会通约性前提。文本只是个语言产品,而语言的生产则是由人类语言的生物机制和社会机制共同参与的结果,人类语言的生物机制和社会机制共同完成了人类语言的演化,

---

① 柴橚、赵燕凤:《"二次折射":翻译学视域下的勒菲弗尔折射理论新解》,《东方翻译》2021年第3期。
② 孙吉娟、傅敬民:《应用翻译研究的四维阐释》,《中国科技翻译》2019年第4期。
③ 张保国、肖文文:《2016年中国翻译研究述评》,《乐山师范学院学报》2017年第10期。
④ 陈可欣、辛红娟:《中国本土译学理论的古典美学特质探究》,《外国语言与文化》2021年第2期。
⑤ 钟守满、王洪林:《生物语言学视角下的口译研究方法路径创新》,《西安外国语大学学报》2020年第3期。
⑥ 诺姆·乔姆斯基、司富珍等:《读懂我们自己:论语言与思想》,《语言战略研究》2022年第6期。

文本只是投射了人类语言的演化，而翻译则完成了人类语言之间的转换，所以，人类语言共生的本质在于人类生物属性和社会属性的普遍性和互为通约性，在于人类语言所具有的基因遗传等物种特质的共同生物基础①。这样，语言的机体观、语言的生物和社会双重属性观、语言的共生观体现了共生翻译学与生物语言学在语言认知层面的密切关联。

在对共生翻译学的质疑方面，主要涉及"共生"的概念借用、学科构建等问题。个别学者认为共生翻译学强征了"共生"概念，理论目标分散而空泛，不解决翻译研究中的具体问题，容易落入"为体系而体系"的陷阱②。毫无疑问，批评是理论的重要构成部分，是理论成长与成熟的必经阶段。理论既有消解传统视域的作用，也具有无限开放的获得新知的潜力。一本专著，一种思想，无疑是作者的学术自传，理应接受各方学者的检视；同时，翻译批评是一项有规、有法、有益的学术工作，既要基于规范、辩证和实证，也要体现它的理据、功能和价值。

首先，作为对生物生存自然现象的描述，"共生"概念诞生一个半世纪以来衍生出了共生哲学、社会共生论、人文区位学以及共生经济、共生管理、共生美学、共生文化、共生教育、共生技术等众多理论分支，早已成为一个"与事实和价值相统一的哲学理念"③和"范畴"④，已经成为一个超学科概念。共生思想和共生理念也早已

---

① 杨烈祥：《生物语言学的哲学基础》，《语言教育》2015年第4期。
② 蓝红军：《"理论之后"翻译学的理论建构》，《中国翻译》2016年第5期；方梦之：《跨学科创学之成败得失——66种跨学科的翻译学鸟瞰》，《外国语（上海外国语大学学报）》2023年第2期。
③ 张永缜：《共生：一个作为事实和价值相统一的哲学理念》，《西安交通大学学报（社会科学版）》2009年第4期。
④ 孙国柱：《当代共生学研究的现状与展望》，《青藏高原论坛》2014年第3期。

成为哲学、社会学、经济学、教育学、文化学、美学等众多学科的实践主体,在翻译学中也有诸多阐发与应用,并被许多学者视为翻译研究的"新视阈""新途径""新路径"(上面已有详细罗列),"共生"进入翻译学领域的逻辑性、思想性和解释力显而易见。

其次,共生学作为"新兴的学科"和"具有独立意义的新兴学问"[1],在日本早已蔚为大观,已形成以黑川纪章为代表的"圣域"共生论,井上达夫为代表的"竞争性共生论"和以尾关周二为代表的"共同性共生论"三大共生派别[2],也早已成为青岛农业大学的选修课程(2004—2005学年)[3]。针对共生生物学的讨论也早在1996年就出现在国内的学术刊物上[4]。生物共生理论延伸和辐射的多学科研究已经硕果累累,形成了普遍意义上的共生学。"共生"的学术视阈与当下全球化"人类命运共同体"的思想诉求极为契合,与中华传统哲学中的共生思想有极强的同构度,对中华传统文化的外译、阐释与传播具有极强的建构性。

再次,针对共生翻译学理论构建目标空泛,不解决具体问题的质疑,这其中的确有合理的批评成分。但另一方面,理论解决具体问题,这只是从众的说法而已。就翻译而言,理论既基于客观现实,又高于翻译实体——文本——的存在且抽象于微观实在。翻译理论的问题意识既可以非常具体,立足于翻译的现实关怀和思考,也可以是仰望星空的困惑。对翻译的整体性追问总是出现在各种翻译思潮泛滥的时期,这也是一种问题意识。诚然,共生翻译学尚处于初始阶段,只是初步形成了学科框架,着眼于翻译的整体

---

[1] 孙国柱:《当代共生学研究的现状与展望》,《青藏高原论坛》2014年第3期。
[2] 尾关周二:《共生的理念与现代》,《哲学动态》2003年第6期。
[3] 刘润进、王琳:《生物共生学》,中国社会科学出版社2018年版,第 iii 页。
[4] 柯为:《注视共生生物学发展的新动向》,《微生物学通报》2006年第1期;洪黎民:《共生概念发展的历史、现状及展望》,《中国微生态学杂志》1996年第4期。

性研究,不免显得过于宏阔。不过,历时而顾,对翻译理论的整体性、共识性探索总是出现在特定的翻译研究语境下,总体范畴是马克思取自黑格尔并具独创性的改造,进而成为一门全新科学的基础的方法的本质①。总体性理论方法是卢卡奇在其早期著作《历史与阶级意识——关于马克思主义辩证法的研究》一书中论述阶级意识思想的根本方法,也是他在《关于社会存在的本体论》一书中研究马克思哲学、回归马克思哲学、构建马克思主义哲学本体论的重要内容和方法②。卢卡奇认为,"在马克思那里,具体的研究经常依靠并产生于总体性理论的研究"③。格特(E. A. Gutt)试图用关联理论解释翻译中的一切现象(relevance theory alone is adequate)④。刘宓庆秉承"本位观照、外位参照"的原则,提出了独具中国特色的整体性文化翻译观⑤。李瑞林在将翻译纳入知识论阐释时,"试图探寻一切翻译现象可能存在的同一性基础",探寻一种翻译的共识性对话,认为"脱离对象本质的翻译研究难免散乱,忽视终极价值的翻译研究难免迷失……洞察复杂的翻译现象,探究翻译的终极本质,统合翻译之道与翻译之器,主动推进集成性研究,无疑是学界必须高度重视的一个基础性议题"⑥;而翻译的终极价值恰恰在于"维护文化多样性,减少知识非对称性,促进人类社会逐步靠近

---

① 卢卡奇:《历史与阶级意识——关于马克思主义辩证法的研究》,杜章智等译,商务印书馆1992年版,第76页。
② 刘卓红、彭玉峰:《社会存在是"关系"本体——解读卢卡奇〈关于社会存在的本体论〉的一个新视角》,《学习与探索》2012年第5期。
③ Marcus, Tarr, *Georg Lukacs Theory, Culture and Politics*, Ruter: Rutgers University Press, 1989, p.216.
④ Gutt, E. A., *Translation and Relevance: Cognition and Context*, London & New York: Routledge, 2014, p.vii.
⑤ 贺爱军、贺海琴:《刘宓庆的整体性文化翻译观探究》,《宁波大学学报(人文科学版)》2019年第5期。
⑥ 李瑞林:《知识翻译学的知识论阐释》,《当代外语研究》2022年第1期。

认知会通性境域,建设文明互鉴、和谐共生的美好世界"①。切斯特曼也曾探寻过具有全局统摄力和普遍解释力的整合概念②。每一种翻译思想的提出,都有其专注的问题视角和立题意蕴。共生翻译学从翻译的客观现实出发,探讨翻译中存在的各种共生关系,探究翻译中普遍的共生现象、性质、方式和规律,以互补与互惠、多元与互主体性的共生思维消解主客二元对立思维以及各种"中心"思维。共生翻译学的总体性研究基于马克思主义哲学的历史唯物主义和辩证唯物主义的总体性范畴,是对黑格尔、马克思、卢卡奇、格特、切斯特曼、刘宓庆、李瑞林等总体性思维方法的映照。当然,共生翻译研究的整体性与个体性融合研究也是接下来要关注的问题。

最后,翻译批评是一种价值判断,也是一种伦理秉持;是一种学术规范,也是一种善意交流;是一种个体行为,也是一种社会责任;是一种前瞻思考,也是一种理性回望;是一种综合素养,也是一种翻译审美。有批评的理论必然有其自身的现实基础和创造活力。批评具有方向性和建构权威的功能,它意味着客观、辩证和规范,也包括伦理和善的成分。任何批评都应是以辩证思维为基础的科学分析活动,辩证是马克思主义批评的精神内核。马克思主义批评精神说到底就是一种辩证的批评精神,是一种好处说好、坏处说坏的实事求是精神,是对立统一、一分为二的客观辩证精神。共生翻译学不是建构体系的简单诀窍,而恰恰是对特定时期出现的文化翻译过度解构的焦虑。共生作为"世界上最能够为人所接受的善意"和"淑世观念"③,恰恰是我们在翻译理论、翻译实践、翻

---

① 李瑞林:《知识翻译学的知识论阐释》,《当代外语研究》2022年第1期。
② Chesterman, A., "Universalism in Translation Studies", *Translation Studies*, 2014, 7 (1), pp. 82-90.
③ 孙国柱:《当代共生学研究的现状与展望》,《青藏高原论坛》2014年第3期。

译研究和翻译批评中应持有的理念和胸襟。共生翻译学倡导一种"温润"之气①和"学悌"精神,一方面将"共生"作为人类语言文化生态的根本价值向度,探索共生如何成为应对翻译问题的可选策略,另一方面也要尊重先有的学术探索精神和学术劳作的付出,用科学性、客观性、辩证性、规范性和同理心审视翻译新事物。

四、本书说明

翻译实践与翻译批评是翻译理论进步的阶梯,共生翻译学的成长必然需要一个共同参与和完善的过程。从这个层面讲,无论什么样的批评,都是一种鞭策。笔者从事英语和翻译教育已38年,在学术上只认认真真地思考了一件事,焚膏继晷地写成了这本书,对"什么是翻译"形成了系统的理解。共生翻译学从旧版到新版,尽管历经八年的沉淀思考,但就时间而言依旧是一种局限。

与旧版相比,新版从关系和要素、系统和环境、机制和模式层面详细阐述了共生翻译学的基本原理,在框架结构上侧重了原理性和理论性阐释,在行文逻辑上力求话语演进的结构性、系统性和流畅性,对共生翻译学的基本共生关系的阐释则在主体共生、客体共生、伦理与规约共生的基础上增加了理论与方法的共生关系,这是因为译者在文本翻译之前,总归要积累、领会、参照、接受一些历时而成的翻译方法与策略,这些前人留下的翻译方法构成了现时译者的间接经验,是译者共同享用的翻译财富。与旧版不同的是,新版没有将这些基本共生关系直接作为共生要素,而是从各种共生关系的表象中掘出彼此存在的必要前提,萃取出共生翻译三要

---

① 钱理群:《有承担的学术》,四川人民出版社2023年版,第157—158页。

素：空间、关系和能量。第一，空间是关系的场所和容器，关系是共生的模式和实在，能量是关系的价值和旨归。就翻译而言，文本即空间，文本是一切关系的总和，呈现出语言、文化、人际、社会等复杂交错的共生关系。空间是语言生产的"产房"，也是语言受限的界域；是语言"活着的"居所，也是语言"死亡的"墓穴。文本是一个共生空间，空间是关系的容器，也是关系的场景。文本是能量的载体，能量是文本的载物，是外显的语言符号的内置部分，是知识和观念的总的概括。共生翻译学意义上的空间是一个文本形式的物质或虚拟存在，具有语言、文化、人际、社会维度上的外溢性和曲张性。第二，关系是事物之间相互作用、相互影响的状态，是人与人、人与事、人与场（时间、空间、环境）之间某种性质、方式和程度的联系，同时蕴含着逻辑性（时间、方位、因果、条件等关联序列）、影响力和重要性等意义。生物间的共生是一种自然生态关系，是"各种各类生物之间的组合状况和利害程度的关系"①。共生的实质是一种关系实在，具有关系存在、关系模式、关系发展等关系属性，共生的关系属性是其固有的属性特征。"共"才能"生"，共即互动、互补与互惠，是关系存在的条件，生是生发、生命和生机，是条件的结果和状态。共生翻译学的本体是共生关系，共生关系的本质是互利互惠，互利互惠的基础是互主体性。第三，生物之间的共生是通过彼此能量的代谢互补与互为转化而实现的。能量作为翻译学概念，是跨语言文化转化过程中所产生的知识和观念总和，翻译是"人类拓展知识和能力边界的一种跨语言认知与实践方式"②，是跨语言的"知识加工、重构和再传播的文化行为和社会实践"③。翻译

---

① 洪黎民：《共生概念发展的历史、现状及展望》，《中国微生态学杂志》1996年第4期。
② 李瑞林：《知识翻译学的知识论阐释》，《当代外语研究》2022年第1期。
③ 杨枫：《知识翻译学宣言》，《当代外语研究》2021年第5期。

是"语言群落"中的两种或多种语言之间的交互作用过程,是知识能量的转换机制。翻译的转化过程实质上是一个"自我"与"他者"的"互化"过程。知识能量的语际转化是共生翻译学方法论的现实基础。知识和观念是语言承载的全部意义,是文本内嵌的能量;而文本"是个开放的空间,在这里,语言和文化随时间、历史的进程以及社会的进化而不断地吐故纳新"[①]。

新版的共生翻译学还在旧版的学理基础与学科框架下,从本体层面做了进一步的深化研究,尝试以"共生"为理论内核,以"关系"为理论本体,以"价值"为理论主体,以"共生"为思维方法,构拟了共生翻译学的概念、术语和命题序列,构设了关系本体、关系价值和共生思维三个研究层次,尝试构建了共生翻译学的本体维、价值维和方法维三维理论体系;阐述了共生翻译学的伦理、批评和审美内涵,并从文化、间性与道通层面分析了共生之于译学研究的文化价值。

知有所至,知有所止!鉴于笔者自身学术水平所限,共生翻译学定然存在诸多浅陋之处,许多方面有待深入研究,冀望学界同仁斧正和戮力。特别感谢此书写作过程中给予作者深切关怀与帮助的复旦大学胡守钧教授、中国科学院李亚舒教授、广东外语外贸大学黄忠廉教授、上海大学傅敬民教授、上海交通大学杨枫教授、中国海洋大学贺爱军教授、宁波大学辛红娟教授、海南大学陈传显博士、合肥大学方芳博士等学界前辈、尊长和同仁,同样感谢宋启立编辑和黄丹编辑的审稿意见和悉心审校。

刘满芸

2023 年 9 月

[①] 刘满芸:《共生理论视阈下的翻译研究》,《中国翻译》2016 年第 3 期。

目 录

第一章 翻译研究的共生范式 ·· 1
  一、共生：生命之根本，翻译之真谛 ································ 3
    1. 共生理论：物种创新源于共生进化 ························ 4
    2. 语言属性：生物属性与社会属性 ···························· 31
    3. 共生思想：中华传统哲学之衣钵 ···························· 37
  二、共生翻译学：学科建构 ·· 39
    1. 学科界定和学科性质 ·· 40
    2. 研究对象和学科框架 ·· 44
    3. 基本研究内容 ·· 45

第二章 关系和要素 ·· 49
  一、翻译的基本共生关系 ·· 51
    1. 翻译主体 ·· 53
    2. 翻译客体 ·· 55
    3. 理论与方法 ··· 58
    4. 伦理与规约 ··· 66

二、共生翻译三要素 ………………………………………… 68
　　1. 空间 …………………………………………………… 70
　　2. 关系 …………………………………………………… 72
　　3. 能量 …………………………………………………… 74

第三章　系统和环境 ………………………………………… 77
　一、共生翻译系统 …………………………………………… 79
　　1. 系统的生命质感 ……………………………………… 79
　　2. 社会共生系统 ………………………………………… 82
　　3. 共生翻译系统之特征 ………………………………… 86
　二、共生翻译环境 …………………………………………… 91
　　1. 主体共生环境 ………………………………………… 92
　　2. 客体共生环境 ………………………………………… 93
　　3. 综合共生环境 ………………………………………… 96

第四章　机制和模式 ………………………………………… 99
　一、共生翻译机制 …………………………………………… 101
　　1. 语言转换机制 ………………………………………… 101
　　2. 语言演化机制 ………………………………………… 107
　二、共生翻译模式 …………………………………………… 109
　　1. 互文模式 ……………………………………………… 109
　　2. 关联模式 ……………………………………………… 111
　　3. 人机模式 ……………………………………………… 113

第五章　本体、价值与方法 ……………………………… 129
一、本体维：以关系为本体 ……………………………… 131
1. 关系本体 …………………………………………… 132
2. 关系质量 …………………………………………… 134
3. 互主体性 …………………………………………… 136

二、价值维：以价值为主体 ……………………………… 139
1. 关系价值 …………………………………………… 140
2. 能量价值 …………………………………………… 146
3. 行为价值 …………………………………………… 158

三、方法维：以共生思维为基础 ………………………… 161
1. 关系思维 …………………………………………… 161
2. 整体思维 …………………………………………… 192
3. 有机思维 …………………………………………… 195

第六章　伦理、批评与审美 ……………………………… 203
一、共生翻译伦理 ………………………………………… 206
1. 共生理性 …………………………………………… 207
2. 共生伦理 …………………………………………… 211
3. 译即共生 …………………………………………… 224

二、共生翻译批评 ………………………………………… 242
1. 中西"译"论 ……………………………………… 243
2. 善译与共生 ………………………………………… 260
3. 善评与共生 ………………………………………… 263

三、共生翻译审美 ………………………………………… 274
1. 仁美 ………………………………………………… 274
2. 信美 ………………………………………………… 277

  3. 智美 ·· 305

第七章　文化、间性与道通 ································· 311
 一、文化与间性 ··· 313
  1. 场域内外 ·· 315
  2. 间性与互动 ··· 318
  3. "居间"共生 ·· 320
 二、间性与道通 ··· 325
  1. 关联与差异 ··· 327
  2. 开放与流动 ··· 330
  3. 多元与统一 ··· 334

参考文献 ·· 338

第一章

翻译研究的共生范式

共生翻译学(symbio-translatology)的产生源于生物学、语言学和中华传统哲学三大理据。生物共生理论为共生翻译学提供了自然科学实证依据和认识论支持,生物语言学中语言的生物性和社会性双重属性语言观以及语言学诸多分支学科研究的认知转向及其在方法论上的自然主义跟进为共生翻译学提供了语言学认知基础,中华传统哲学中博大精深的共生思想精华为共生翻译学提供了哲学理据,此外,共生生物学、共生哲学、社会共生论、一般系统论以及共生经济、共生文化、共生教育、共生美学、人工智能等领域对共生理论的渗透经验为共生翻译学提供了开阔的跨学科视角。共生翻译学以研究人类语言文化的共生现象、性质、方式和规律为宏观理路,探索翻译与自然、与世界、与社会等外部世界之间的共生关系,分析翻译学内部诸要素之间的多元共生关系,在学科意义上形成了一套初具规模的学科框架和话语范式。本书在此基础上进一步深化和完善这项研究。为了给读者呈现一个完整的学科面貌,本章对共生翻译学的学科理据和学科建构情况进行详细阐述。

一、共生:生命之根本,翻译之真谛

本节从"共生"的概念、起源及词源出发,阐述生物共生进化的发展历程和生物共生理论的形成过程,分析共生进化观与竞争进化观的对立性差异,借鉴生物共生理论在社会、经济、教育、文化、美学、人工智能、军事科学等学科领域的跨学科研究经验,论证共生翻译学在生物学、语言学和中华传统哲学层面的三大学理依据,分析共生对翻译学诸多问题的解释力,对翻译文化的可塑性和对翻译研究的适切性,探寻不同生物能量互补与不同语言文化能量互补的关联性、同构性以及方法论基础。

1. 共生理论:物种创新源于共生进化

(1) 共生:概念及起源

共生(symbiosis)是自然界生物间极为普遍的生态现象,是生物学中的一个极其重要的基本概念。1879年[1],德国真菌学奠基人德·贝里(Heinrich Anton de Bary)首先使用该词描述生物物种之间的依存关系,指不同生物密切地生活在一起(the living together of unlike organisms)。共生作为广义的生物学概念由此产生。德·贝里后来将"共生"界定为两种生物密切地生活在一起,一种生物生活在另一种生物的体内或体表,二者彼此相互依存(Any two organisms living in close association, commonly one living in or on the body of the other, are symbiotic, as contrasted with free living.)[2]。国内早在20世纪90年代就有学者介绍共生的概念发展以及共生生物学(symbiology)的学科演进情况。复旦大学洪黎民教授把共生概念界定在狭义和广义两个范畴里:广义上讲,共生指"各种各类生物间以及与外界环境之间通过能量转换和物质循

---

[1] 一说为1878年。见 Sapp, J., *Evolution by Association: A History of Symbiosis*, New York: Oxford University Press, 1994, p.7.
[2] Schmidt, G. D. & Roberts, L. S., *Foundations of Parasitology* (9th Edition), New York: The McGraw-Hill Companies, 2013, p.2.

环而建立起来的密切联系";狭义上讲,共生指"各种各类生物之间的组合状况和利害程度的关系"①。柯为很早就尝试对共生生物学进行学科层面的界定②,认为共生生物学揭示的是生物界不同种群之间形成的共生体(symbiont)以及共生群落(symbiotic community)之间相互作用的生命活动关系。生物学及其众多分支学科研究以及生物教科书中一般都指狭义上的共生。比如,就职于美国加州伯克利大学(University of Berkeley, California)和法国巴斯德研究所(Institut Pasteur, Paris)的加拿大学者罗杰·斯坦尼尔(Roger Yate Stanier, 1916—1982)等四人合编的、通行于20世纪60—80年代的教材《微生物世界》(*The Microbial World*)中,描述到不同生物持续密切组合以应对生存环境的挑战,着重探索了两种生物搭伴间的代谢互补和能量转换关系,详细阐述了微生物同植物、动物以及其他微生物之间不同程度的亲密关系③。我国魏江春院士认为共同生活的不同生物之间存在着三种共生关系,即各方均受益的互惠共生(mutualism)、一方受益但另一方不受害的偏惠共生(commensalism)和一方受益另一方受害的相克共生(antagonism)亦即寄生(parasitism)④。刘润进、王琳认为广义共生概念包括互惠共生(mutual symbiosis)、共栖(commensalism)和寄生共生(parasitic symbiosis);狭义共生(narrow symbiosis)概念包括:第一、生物之间的组合状况和利害程度的关系;第二、生物之间互惠共生和偏惠共生关系⑤。《现代汉语词典》把"共生"界定为:两种不

---

① 洪黎民:《共生概念发展的历史、现状及展望》,《中国微生态学杂志》1996年第4期。
② 柯为:《注视共生生物学发展的新动向》,《微生物学通报》2006年第1期。
③ Stanier, Roger Yate, John L. Ingraham, Mark L. Wheelis & Page R. Painter, *The Microbial World*, New Jersey: Prentice-Hall, 1986, pp.559–584.
④ 刘润进、王琳:《生物共生学》,中国社会科学出版社2018年版,第2页。
⑤ 同上。

同的生物生活在一起,相依生存,对彼此都有利,这种生活方式就叫共生。比如,白蚁肠内的鞭毛虫帮助白蚁消化木材纤维,白蚁给鞭毛虫提供养料,如果分离,二者都不能独立生存①。白蚁和鞭毛虫就属于功能体共生关系,这种互利互惠的关系通常被认为是狭义共生。

(2) 共生概念的词源学追溯

英语中的 symbiosis 一词是生物学术语名词,指两个或多个不同种类的有机体之间紧密的、长时间相互依存的共生关系,如一种植物与使其受精昆虫的共生关系。该词是中世纪英语词汇,源自古希腊语 συμβίωσις。其中,συμ 指 with 或 same,βίος(bios)指 life,后来逐渐演变成了 symbiosis。该词的共生含义涵盖甚广,包括互利共生(mutualism)、偏利共生(commensalism,亦作共栖或不利无害共栖)和相克共生(parasitism,亦作寄生)。

20世纪以来,人们对生物界的共生现象产生了极大的兴趣,对共生现象的研究业已渗透到各个学科,并被赋予了独特的学科内涵,在不同学科中衍生出了关于"共生"的不同术语表达。比如,conviviality(社会学)、intergrowth(化学、物理)、coexistence(哲学、政治学)、concrescence(过程哲学)、paragenesis(岩石学),等等。生态学和生物医学领域常用 commensalism 指代共生,意为共食者、共生体、共栖、共生的动植物。commensalism 是中世纪英语词汇,源自拉丁语 commēnsālis,com-指在一起,mēnsa 指餐桌,主要指两种不同生物之间密切但并非互为依存的生存关系,换句话说就是密切生存的两种生物中的一方是受益者,而另一方并不会因此受

---

① 中国社会科学院语言研究所词典编辑室编:《现代汉语词典》(修订本),商务印书馆2000年版,第441页。

到损害。同 symbiosis 一词的涵义相比，commensalism 的涵盖面明显收窄。

（3）生物共生进化研究概述

自从德国著名真菌学奠基人德·贝里对生物共生的自然生态现象作出概念界定以来，许多进化生物学家陆续介入共生进化研究领域。进入 20 世纪，达尔文主义（Darwinism）遭遇了生物理论领域的强力挑战（formidable challenges）[1]。20 世纪，苏联的一批进化生物学家被认为是共生起源研究的先驱[2]。其中，安德雷·谢尔盖耶维奇·法明茨恩（Andrei Sergeevich Famintsyn, 1835—1918）尝试从植物中分离叶绿体并使其生长。康斯坦丁·谢尔盖耶维奇·梅里日可夫斯基（Konstantin Sergeevich Merezhkovsky, 1855—1921）发展了"双原生质"理论（twoplasm，指细胞内的细胞），发现叶绿体起源于蓝绿藻。梅里日可夫斯基承认达尔文关于生物内部结构进化的复杂性以及生理过程是最可靠的生命进化指标的观点，但否认达尔文提出的"自然选择"（natural selection）是生命进化的主要因素，认为"进化的新颖性起源于共生"[3]，这个过程被其称作"共生起源"（symbiogenesis），共生起源研究也在他"领先于生物界七十余年后"得以成为 20 世纪生物学领域"合理正当且系统的构成部分"（legitimate and systematic part of biology）[4]。波利斯·米哈伊洛维奇·库佐-波利延斯基（Boris M. Kozo-Polyansky, 1890—1957）认为细胞的游动性（motility）源于共生。

---

[1] Khakhina, Liya Nikolarevna, *Concepts of Symbiogenesis: A Historical and Critical Study of the Research of Russian Botanists*, eds., by Linn Marqulis & Mark Mcmenamin, New Haven & London: Yale University Press, 1992, p. vii.
[2] Ibid., p. xi.
[3] Ibid., p. x.
[4] Ibid., p. viii.

生物学家的进一步研究发现,在不同物种之间,动物与植物、动物与真菌、植物与植物、植物与真菌、植物与细菌、真菌与真菌等都存在着普遍的共生现象。比如,科罗拉多大学伊万·沃林(Ivane Wallin,1883—1969)就论证了新物种是通过共生而产生的,即共生起源(symbiogenesis),指新的组织、器官、生物甚至物种都是建立在长期、甚至永久的共生基础上的,沃林把这称为"生物共生主义"。植物学家司哥特(G. D. Scott)在其《植物共生学》[1]中提出,"共生是两个或多个生物在生理上相互依存程度达到平衡的状态"。他还就这一概念的起源与发展、共生系统的形态和生理结合以及自然界的共生系统等做了扩展性研究。原生动物学家威斯(Dale. S. Weis)则把共生描述为几对合作者之间稳定、持久、亲密的组合关系[2]。美国生物学家林恩·玛格丽斯(Lynn Margulis,1938—2011)在1981年从生态学角度指出,共生是不同生物种类成员在不同生活周期中重要组成部分的联合[3]。许多生物学家致力于共生进化研究,比如梅林(E. Melin)、威尔逊(E. B. Wilson)、博纳尔(J. D. Bernal)、司哥特(G. D. Scott)、瑞德(C. P. Read)、塔赫塔季扬(A. L. Takhtadzhyan)、斯密斯和道格拉斯(Smith & Douglas)、梅纳德·史密斯(Maynard Smith)、劳(Law)以及玛格丽斯和费斯特(Margulis & Fester)等。苏联生物学家塔赫塔季扬、美国进化生物学家玛格丽斯和英国生物学家博纳尔(J. D.

---

[1] Scott, G.D., *Plant Symbiosis in Attitude of Biology*, London: Edward Arnold, 1969, p.58.

[2] Weiss, Dale S., "Protozoal Symbionts" in *Experimental Microbial Ecology*, Richard G. Burna & J. Howard Slater, Oxford: Blackwell Scientific Publications, 1982, p.320.

[3] Margulis, L., *Symbiosis in Cell Evolution: A Detailed Trement of Serial Endosymbiosis Theory*, San Francisco: W. H. Freeman, 1981, p.449.

Bernal)被认为是现代生物共生起源研究的杰出人物。现在,"几乎每一个从事生命科学研究的生物学家都承认,真核生物起源于内共生,即动物、植物、真菌、原生生物都由两种或多种曾经各自独立生活的原核生物(细菌)的合并共生进化而来"①。

莉亚·哈金那(Liya Khakhina)所著、林恩·玛格丽斯和马克·麦克梅纳明(Mark Mcmenamin)编写的《共生起源思想》一书较为详细地介绍了共生进化论的研究历史。此书将共生起源研究分为四个发展阶段:第一阶段(1860s—1907)是孤立的实验和理论探索阶段,核心人物为法明茨恩和梅里日可夫斯基;第二阶段(1905—early 1920s),共生起源理论得到详尽表述,也极具争论,核心人物仍然是法明茨恩和梅里日可夫斯基;第三阶段(1920s—end 1930s),生物学家尝试将自然选择论融入共生起源理论,核心人物是库佐-波利延斯基;第四阶段(1960s—至今),共生起源理论在生物化学和分子生物学领域全面复兴,有众多知名学者参与②。

生物学家们的共生进化研究历程和实证,证实了生物间互依共存的密切关系和共生起源这一生物进化的普遍机制和自然法则。自然界的共生关系非常复杂,随着生态学、植物学、微生物学、真菌学等生物学分支学科的发展,对共生概念的理解与界定也随之有了新的认知和表述。中国科学院魏江春院士把在共同生活的生物中,各方从中受益的关系称为互惠共生(mutualism);一方从中受益,另一方从中并不受害的关系称为偏惠共生(commensalism),也

---

① Khakhina, Liya Nikolarevna, *Concepts of Symbiogenesis: A Historical and Critical Study of the Research of Russian Botanists*, in Linn Marqulis & Mark Mcmenamin, New Haven & London: Yale University Press, 1992, p. xv.

② Ibid., p.15.

称共栖;一方从中受益而另一方从中受害的关系称为相克共生(antagonism),亦即寄生(parasitism)①。

(4) 玛格丽斯提出共生理论

美国国家科学院院士、国家科学勋章获得者、有"20世纪生物界英雄"之称的美国生物学家林恩·玛格丽斯出版了一系列共生著述,包括《真核细胞的起源》(*Origin of Eukaryotic Cells*,1970)、《生命初始》(*Early Life*,1982)、《性别起源》(与萨根合著,*Origins of Sex*,1986)、《共生是进化创新的源泉》(*Symbiosis as a Source of Evolutionary Innovation:Speciation and Morphogenesis*,1991)、《细胞进化中的共生》(*Symbiosis in Cell Evolution*,1992)、《五王国:地球生命之门》(与施瓦茨合著,*Five Kingdoms:An Illustrated Guide to the Phyla of Life on Earth*,1997)、《倾斜的真理:论盖娅、共生和进化》(与萨根合著,*Slanted Truths: Essays on Gaia, Symbiosis, and Evolution*,1997)、《共生星球:进化新视角》(*Symbiotic Planet:A New Look at Evolution*,1998)、《心灵、生命和宇宙》(与庞塞特合编,*Mind, Life and Universe*,2007)等二十多部。玛格丽斯通过实验实证提出了"内共生起源说"②(endosymbiosis theory)和"细胞进化共生说"③(cell symbiosis theory),证实了"真核细胞是由若干种原始原核细胞通过共生进化而来"④,内共生是生物进化与物种创新的源泉,共生是生命世界

---

① 刘润进、王琳:《生物共生学》,中国社会科学出版社2018年版,第iii页。
② Margulis, L., *Origin of Eukaryotic Cell*, New Haven: Yale University Press, 1970.
③ Margulis, L., *Symbiosis in Cell Evolution: Life and Its Environment on the Early Earth*, San Francisco: W. H. Freeman, 1981.
④ Smith, D.C., "Foreword", Margulis, L. & R. Fester, eds., *Symbiosis as a Source of Evolutionary Innovation: Speciation and Morphogenesis*, Cambridge: The MIT Press, 1991, pp.ix-x.

中最基本的属性,"共生"而非"竞争"能够解释生物进化的机制和物种存在的本质性、普遍性和规律性。玛格丽斯的生物共生学说也被称为共生理论(symbiosis theory)①,这被认为是20世纪生物学领域取得的最伟大成就之一。

(5) 共生进化与竞争进化

玛格丽斯对传统而牢固的"物竞天择,优胜劣汰"的达尔文进化观构成了新挑战,她同意达尔文在1859年提出的"一切生物源自共同的祖先,生物之间的相互关系是一切关系之中最重要的,生物的进化主要是在生物的相互关系之中";但她认为达尔文的自然选择进化论只是部分地解释了生物由简单到复杂的进化过程,尤其否定了他提出的"弱肉强食"生存竞争进化观。她提出"生命并不是通过战斗,而是通过协作占据整个地球的"②。在玛格丽斯看来,生物进化的最主要过程是共生融合,而新达尔文主义(neo-Darwinism)则"过于关注生物体之间的竞争"③,沉溺于"源于个体随机的遗传性突变(变异)的积累"④的机械主义生物学世界观。这样,生物通过协同共生而不是残酷竞争才得以进化的生物共生进化观就成了玛格丽斯学说的核心观点。共生不是否认竞争,但竞争、淘汰只不过是维持生物多元共生与平衡的自我调节手段与过程,万物之中没有永远的对立,只有循环的平衡,共生才是推动大

---

① Khakhina, Liya Nikolarevna, *Concepts of Symbiogenesis: A Historical and Critical Study of the Research of Russian Botanists*, eds., by Linn Marqulis & Mark Mcmenamin, New Haven & London: Yale University Press, 1992, p. xii.

② Margulis, L., *Symbiosis as a Source of Evolutionary Innovation: Speciation and Morphogenesis*, Cambridge, Ma: The MIT Press, 1991, p.11.

③ Margulis, Lynn, "Science's Unruly Earth Mother", *Science*, 1991, 252(5004), pp.378 - 381.

④ Margulis, L. & Dorion Sagen, *Slanted Truths: Essays on Gaia, Symbiosis, and Evolution*, New York: Springer-Verlag Inc. 1997, p.270.

自然进化的基本法则。这对处于当下时空坐标中的人类提供了理性审视自然、人类、社会与发展关系的科学依据。

玛格丽斯还与英国大气学家洛夫洛克(James Lovelock)共同推进了"盖娅假说"(Gaia Hypothesis)的研究。"盖娅假说"最先由洛夫洛克于20世纪60年代末提出,盖娅是古希腊神话中最早的神,开天辟地时由混沌所生,是掌管大地的众神之母,西方人至今仍把地球称作"盖娅"。洛夫洛克的"盖娅假说"喻指地球生命体和非生命体形成的一个可以相互作用的复杂系统。这是一种崭新的地球生态系统观,其核心观点是,地球上的生命与其物质环境(包括大气、海洋和地表岩石)是紧密联系在一起的系统进化。按照洛夫洛克描述,"盖娅假说"至少包含五层含义:第一、地球上的各种生物有效地调节着大气的温度和化学构成;第二、地球上的各种生物体影响生物环境,而环境又反过来影响达尔文所说的生物进化过程,两者共同进化;第三、各种生物与自然界之间主要由负反馈环连接,从而保持地球生态的稳定状态;第四、大气能保持在稳定状态不仅取决于生物圈,而且在一定意义上为了生物圈;第五、各种生物调节其物质环境,以便创造各类生物优化的生存条件[①]。洛夫洛克甚至直接把"盖娅假说"称为地球生理学(geophysiology),就像生理学用整体性的观点看待植物、动物和微生物等生命有机体一样,地球生理学把地球看作一个整体性的有机系统,认为地球是"活着的",是一个"巨生命系统(mega-life system)",具有自我调节的功能。这里所指的地球的"生命",不是生物或生理意义上的代谢和繁殖,而是指一个能够进行能量与物

---

① Lovelock, J. E. & L. Margulis, "Atmospheric Homeostasis by and for the Biosphere: the Gaiahypothesis", *Tellus A*. 1974, 26(1-2), pp. 2-10; Lovelock, J. E., *Gaia—A New Look at Life on Earth*, Oxford: Oxford University Press, 1979.

质转换并使其内部维持稳定的体系。总之,地球是个巨大的共生系统,是一个精密而完整的共生圈。共生圈内的食物链动态地维持着生物间的能量流动,物质通过生态循环保持着生物圈的繁衍生息。生物共生法则维护了大自然的生命秩序,保障了生物进化与物种创新。

玛格丽斯通过与洛夫洛克协作,游刃有余地把她的生物共生进化观应用到气象学、生命科学以及系统生态学领域,不但打破了传统生物学意义上对"生命"的认知与界定,对传统的科学观及科学认知方法也提出了挑战。尽管引发了科学界的激烈争论,但"盖娅假说"带来的科学震荡,不亚于一场科学剧变。

(6) 共生理论的跨学科发展

① 共生理论的学科化演进

随着生物学家对共生进化研究的推进,共生作为描述生物物种关系的方法论逐渐被广泛接受,其作为一切群体中密切联合的能力也迅速得以辐射。进入20世纪70年代后,建立在严密科学实证基础上的共生起源思想在生物学界激发了开拓性的发展。阿尔文·托夫勒(Alvin Toffler, 1970)曾说,"生物学在太短的时间发生了太多的变化"(too much change in too short a time)。在生物学飞速发展的今天,革命性的剧变可能出现在该学科的每一角落,生物学家或许不难发现自己正不断经受由此引发的冲击。

A. 共生生物学

作为对一门学科的追问,共生生物学(symbiology)最早出现在美国生物学家瑞德(Clark P. Read)[①]和施密特和罗伯茨(Gerald D.

---

① Read, C.P., *Parastism and Symbiology: An Introductory Text*, New York: John Wiley, 1970, p.316.

Schmidt & Larry S. Roberts)出版的两本教材当中。对其中"共生"(symbiosis)这一核心概念的界定,前者使用了德·贝里最初给出的广义定义:不同生物密切地生活在一起,后者借用了德·贝里的狭义定义:两种生物密切地组合在一起,一种生活在另一种体内或体表,彼此相互依存[①]。国内最早介绍共生生物学的学者有洪黎民和柯为。洪黎民指出,"共生是一切群体中密切联合的能力,不但是诸多生命分支科学的理论网络,也涉及许多应用问题,而且是一种生物哲学,自然界和人文科学莫不如此"[②]。柯为发表于2006年《微生物学通报》(第1期)的一则名为"注视共生生物学发展的新动向"的科技信息,对共生生物学做了学科层面的界定:"研究共生体的形态、结构或生理、生化的及其功能规律的科学。"[③]刘润进、王琳合著的《生物共生学》[④]将生物共生学界定为研究物种间共生特征、效应与机制、发生发展规律与应用的交叉学科,对人类与其他生物(动物、植物、微生物)、动物与动物、动物与植物、动物与真菌、动物与细菌、植物与植物、植物与真菌、植物与细菌、真菌与细菌、真菌与真菌、细菌与细菌等繁杂的共生关系做了系统阐释,主要研究物种间构建的共生体系的形态与结构特征、共生生物的物种多样性与分布特点、生物共生互作与共生机制、共生效应与作用机制、影响共生体系发生发展和功能的生态因子与调控、共生生物技术研发与应用等[⑤]。共生生物学揭示的是生物界不同种群之间形

---

① Schmidt, Gerald D. & Larry S. Roberts, *Foundations of Parasitology*(Ninth Edition), New York: The McGraw-Hill Companies, 2013, p.2.
② 洪黎民:《共生概念发展的历史、现状及展望》,《中国微生态学杂志》1996年第4期。
③ 柯为:《注视共生生物学发展的新动向》,《微生物学通报》2006年第1期。
④ 中科院院士魏江春教授所作序言中使用了不同于书名的表述:共生生物学。但作者刘润进、王琳认为,生物共生学属于生物学的分支学科,是未来建立共生生物学的基础,也是共生学的分支学科。见刘润进、王琳:《生物共生学》,科学出版社2018年版,第3页。
⑤ 刘润进、王琳:《生物共生学》,科学出版社2018年版,第3页。

成的共生体(symbiont)及共生群落(symbiotic community)之间的相互作用的生命活动关系,反映了当前该领域研究的最新进展和最新理论成果,具有专业基础性、学科交叉性、理论实践性以及集基础生物学与医、农、林、牧、渔应用科学为一体的综合性。

B. 共生学

玛格丽斯的共生进化观的发展逐渐突破了生物学的范畴,引发了广泛的跨学科效应。相比"优胜劣汰"的达尔文竞争进化观,共生进化观广泛地解释了自然生物之间的生态法则和普遍规律,也更符合人类社会的理性发展。因为共生"不仅具有较强的理论性,也有极佳的实践性;既能够吸纳人类各大文明的古老智慧,也能够针砭当今社会的精神症候……在美国、日本等国家受到极大的重视,并得到广泛的运用"①。

19 世纪 70 年代以来的一个半世纪里,人们对自然生物中共生现象的认识不断加深,科学实验不断取得实证,这为人类在自然生态系统中的角色提供了理性思考的依据,正如洪黎民所言,"群落中生物相互关系的复杂性,鲜明地揭示了个体或群体胜利或成功的奥秘,在于他们在这个群体中密切联合的能力,而不是强者压倒一切的'本领',自然界如此,人文科学中的生物哲学亦可如此理解"②。生物共生法则不但成为一种生物哲学,还是诸多生命分支学科的"理论网络",已从一种自然生物共生法则逐渐演变为一种广义的社会共生哲学,并演化为具有广义普适哲学特征的共生学为人们所接受,人们对自然界与人文领域的诸多问题和困惑,可寻求以共生为前提和归宿的解决之道。

---

① 孙国柱:《当代共生学研究的现状与展望》,《青藏高原论坛》2014 年第 3 期。
② 洪黎民:《共生概念发展的历史、现状及展望》,《中国微生态学杂志》1996 年第 4 期。

共生学是以实践为最主要形式的学科,"是一种实践性的学说……一个事实与价值相统一的范畴……是具有独立意义的新兴学问"①。在我国青岛农业大学,共生学作为选修课程,早在2004—2005学年就已开设②。孙国柱认为共生学应与纯粹哲学并列,前者更倾向于实践哲学、希望哲学和生活哲学③,这对于认为只有完整的形而上理论体系才能构成学科基础的理论家们可能有些失望;但事实是,以实践为主要学科形式的共生学现已渗透并广泛应用于众多学科之中并已产生了极为丰富的成果,涉及人类学、社会学、哲学、政治学、经济学、管理学、教育学、美术学、人工智能、军事科学等诸多人文学科领域。生物共生理论已演变为一种崭新的世界观和方法论,其哲学意义和现实意义已经远远超出生物学界限,已从生物共生学说发展为诸多学科门类的"共生学"。共生理念给人类自然科学与人文领域的研究带来了无限的勃勃生机,已从具象化的生物生存法则上升到抽象化的哲学处世准则。人类已经认识到共生是人类社会与自然界和谐共荣的普遍法则,也是社会发展的基本动力。

C. 共生哲学

共生已成为一种哲学理念。于真认为,共生理性是共生哲学的科学基础,即"把思维方法上遵从科学理性和在人生哲学价值判断上以人类共生为最高价值"④。袁年兴在其《共生哲学的基本理念》一文中,从共生的进化理念、共同理念、合作理念、互惠理念和相变理念五个层面对共生进行了哲学本质的剖析,使共生哲学研

---

① 孙国柱:《当代共生学研究的现状与展望》,《青藏高原论坛》2014年第3期。
② 刘润进、王琳:《生物共生学》,科学出版社2018年版,第 iii 页。
③ 孙国柱:《当代共生学研究的现状与展望》,《青藏高原论坛》2014年第3期。
④ 于真:《共生论》,香港文艺出版社2011年版。

究的内涵进一步具体化和系统化①。卢风揭示了传统的主客二分与共生理念的对立性与对抗性,认为僵硬的主客二分思维模式导致了人类作为主体的扩张性、侵略性和宰制性,造成了自然、环境及生态的失衡②。吴飞驰对共生理念进行了哲学层面的反思,认为"人类因共生存而彼此之间具有'互主体性','我'与'他'彼此互依,自由共在"③。

李思强在《共生建构说:论纲》一书中提出世界和谐、共荣、共生三个基本原理,他从社会学维度系统地论述了共生的四个层次,即在经济一体化格局中的人类共同利益导致人类共生;不同民族异质文化共生;不同个体的自由个体共生;电脑技术和互联网条件下的"人机共生""人网共生"。这样,共生的审视对象进一步具象化、现实化、时代化。李思强还将美国哲学家怀特海提出的"过程哲学"引入共生视角,使这一现代西方颇有影响力的哲学命题与共生哲学建立联系,以揭示人与自然共生共荣的协同关系。他的共生建构理念就是"融汇整合中西长处的新哲学"④。

朱建国的《共生主义初探》在共生观念与佛教理念之间建立起联系,提出了共生主义的 15 个常识,对共生主义的宇宙观、伦理观等做了界定,认为中国古代哲学经典《易经》中存在共生主义的哲理基础。王世进、胡守钧认为"有必要从共生的视角、理论和方法,对整个人类社会的历史生存和发展进行最一般、最根本的哲学阐述",提出以共生存在论、共生价值论、共生伦理学和共生发展观为

---

① 袁年兴:《共生哲学的基本理念》,《湖北社会科学》2009 年第 2 期。
② 卢风:《共生理念与主客二分》,《南昌大学学报(人文社会科学版)》1999 年第 4 期。
③ 吴飞驰:《关于共生理念的思考》,《哲学动态》2000 年第 6 期。
④ 李思强:《共生构建说:论纲》,中国社会科学出版社 2004 年版,第 30 页。

共生哲学的基本范畴和理论体系①。吴飞驰认为,儒家"万物一体"的思想在道德形上学的层面含蕴着现代共生哲学的基本内涵,能为人类走出当下的天与人、人与自然、人与我、人与人的对立与两撅提供无尽的传统智慧与现代明鉴②。王雅认为,"生生""感通""偕行"构造了《易传》中的天人共生哲学③。日本学者对共生的哲学内涵理解主要有三个层面:第一个是"共生的共同",即异质共生。这种共生理念认为共生是在承认种种异质者"共存"的基础上旨在树立新的结合关系的哲学,是向异质者开放的社会结合方式,代表人物有山口定和井上达夫。第二个是"共同的共生",即同质共生,代表人物为尾关周二。尾关周二综合了异质共生与同质共生的特点,认为人本来是在同质性和异质性的交织中生存的,因而必须以此为前提实现人性化。第三个是以黑川纪章为代表的"圣域"共生,黑川纪章认为,共生的思想是"力图承认相互的圣域的思想"④。另外池田大作、黑川纪章与水谷幸正都认为,21世纪人类的指导理念是共生,与佛教里的"生命一如"朝向是一致的。

共生理念揭示了人与宇宙、自然、社会互依共存、共辱共荣的普遍性和本质性特征,为我们理解人生、价值、意义等提供了科学依据与理性标尺。近代以来,随着工业革命与科学技术的飞跃突进,机械的主客二分哲学主宰了人类的世界观,人高贵于自然、主宰自然的狂妄所带来的对立与对抗无处不在,人类理性的萎缩和

---

① 王世进、胡守钧:《共生哲学论纲》,《长安大学学报》2016年第3期。
② 吴飞驰:《"万物一体"新诠——基于共生哲学的新透视》,《中国哲学史》2002年第2期。
③ 王雅:《"生生"、"感通"、"偕行"——〈易传〉的天人共生哲学》,《周易研究》,2010年第3期。
④ 尾关周二:《共生的理想——现代交往与共生、共同的理想》,卞崇道等译,中央编译出版社1996年版,第123页。

主体性的无限扩张与膨胀造成了人口爆炸、资源衰竭、环境破坏、生态失衡、行为失范与良知泯灭。自然的人化导致大量的生物物种急速绝灭,人的大社会化导致了大量自然村庄的消失,语言生态尤其是方言生态被严重破坏,甚至消亡。进入 21 世纪,人的异化所导致的自然异化灾难频繁发生:土壤沙化、全球变暖、火灾频繁、旱涝不均、河流干涸、酸雨雷暴等;自然异化对人类带来的直接间接惩罚也无处不在:食物中毒、基因变异、病毒繁衍、洪水旱灾、暴力犯罪、蔑视生命等,人类已无法不思考自身与后代的未来。

在当下的时空坐标中,人类急需一种理性光芒为其扭转沦丧的车轮,而共生恰好为人类重拾理性提供了哲学工具。人类要重回自然,"把自然的一草一木都看成是与人一样有生命的,都是人类情感生命的体现"①。这不仅是对"自然人化的拯救,而且还是人与自然的解放,是人与自然向更高境界的提升"②。当然,人类对重回自然化一定会赋予新时代的崭新意义,不会背叛科技,退守到低级的动物性本能,被动地适应自然周遭的一切;恰好相反,它意味着"超出自身生物族类的局限,主动地与整个自然的功能、结构、规律相呼应,相建构"③,即意味着人对自然的超越性回归与理智性共生。"哲学的基础是自身所处的时代"④,自然人化与人类生存的科技化、智能化使人类不仅脱离了自然的怀抱,也迷失了自己的心灵;要重返人自然化,实现天人合一的理想生存状态,共生是必然选择。

---

① 李庆本:《梁实秋与中国近代浪漫主义的终结》,《东方丛刊》1998 年第 2 辑。
② 李燕:《共生教育论纲》,山东师范大学博士学位论文,2005 年。
③ 同上。
④ 于建福:《孔子的中庸教育哲学》,中央编译出版社 2004 年版,第 46 页。

总之，21世纪的共生哲学试图用科学和理性导引人类的心灵、约束人类的欲望。从哲学视角考察共生，自然要从宇宙、自然、社会、人类协同发展的普遍性与规律性以及人生、价值、意义的理性判断上进行考察，并通过实践检验后形成系统的理论体系。

② 共生理论的多元人文发散

人类对神奇自然的探索充满了神奇。欧洲文明进程中的科学、逻辑、实证传统很大程度上推进了人类自然科学发展。女性主义科学史家卡罗琳·默切特（Carolyn Merchant）指出欧洲近代的科学革命产生了一种看待世界的崭新眼光（a new way of looking）。19世纪70年代以来，生物共生的自然进化法则逐步得到自然科学实证，已被广泛接受，并从一种自然生物共生哲学演变为一种广义的社会共生哲学。现在，共生理论已经成为诸多人文社科领域的新的方法论，成为普遍适用的现代社会思维方式。生物之间的自然共生进化法则为人类在自然整体系统中的角色提供了理性思考的依据。

A. 社会共生论

共生时代的共生诉求使不少中国哲学家、社会学家从自身文化中去寻找对共生理念的呼应和支持。胡守钧认为《易经》和共生论之间有密切的联系，他把《易经》看作是一部哲学著书，因为它包罗万象，世间万事万物大到宇宙，小到花草都可以用《易经》去解释，而占卜与风水只是其中的一小部分。胡守钧还把《易经》精炼地概括成"阴、阳、变"三个字，阴阳必须调和，阳极需阴，阴极需阳，也就是"易"，即变化。"穷则变，变则通，通则久"是《易经》的核心哲学。"一阴一阳之谓道"，即事物对立面的相互作用是事物发展的动因，因而阴阳其实就是平衡，亦即和谐；而和谐即共生。

胡守钧对共生理念的思考涉及方方面面，他在《走向共生》(2002)著述中对社会系统、计划社会、经济与权力交织、劳资共生、企业发展、社会转型、科学与人文交融、《周易》哲理、异端与科学、儒家文化与西方文明等层面进行了横向交错透视，从多角度思考了社会的大问题，认为生物共生法则同样适用于人类社会，社会共生是人类生存与发展的基本存在方式，人类强大的社会性使得任何个人都无法脱离社会群体而存在，人与人之间的互为依存关系源于人的生物性本质，这就注定了人的生存与发展必须遵循"共生"这个不二法则。

共生作为社会学概念，是指"不同群体中的个人密切地生活在一起，是人的基本存在方式"[①]。人是社会性的生物，社会由众多共生关系构成，人的社会共生现象客观存在，人是个体与自我的存在，也是集体与社会的存在，人无法独立于自然、社会与人际之外。共生是关于人如何存在、如何选择以及社会关系如何演化和优化的哲学，一种有了冲突与竞争时以共生为前提的伦理指向与社会精神，社会发展就是优化共生关系。由此，共生是一种"社会分析工具，是人生发展理论，更是一种社会改造哲学"[②]。共生是人与客观世界、主观世界以及人际社会的基本关系和存在形式，是人与物质空间、社会空间及精神空间的关系建构和存在状态。

胡守钧的《社会共生论》是探讨社会共生理念较早的著作。他从系统论出发，借用共生生物学的相关概念，对社会共生现象进行了全面剖析，认为社会共生论是"一种关于人如何存在、如何选择的哲学，是关于社会共生现象这类存在的学说"[③]。胡守钧视野开

---

① 胡守钧：《社会共生论》，复旦大学出版社 2010 年版，第 3 页。
② 同上书，序第 10 页。
③ 同上书，序第 4 页。

阔、概括精准、阐述深透,使社会共生论的结构、内涵更加系统化、条理化和明晰化。他的社会共生论的核心观点是:社会由各个层面的共生系统所组成;和谐共生是在合理的度内分享资源;社会进步就在于改善人的共生关系①。这部专著从人的基本生存方式,社会共生关系的形成、维持、演化、要素、结构、分类、系统等36个层面进行了论证,为提倡社会共生理念做了道德、法律、宗教、政治、经济、文化、教育等方面的探索,使我们对人与人、人与自然、区域与区域、民族与民族、国家与国家关系的审视有了新的思维坐标。

B. 共生经济

在经济领域中,关于管理、经营、分配与企业的共生和发展已经成为基本理念诉求,互利和协作已成为中小企业的雇主与雇员的共同方针。袁纯清运用共生理论研究小型经济,并取得了理论上的重大突破。他认为,共生"不仅是一种生物现象,也是一种社会现象;不仅是一种自然现象,也是一种可塑状态;不仅是一种生物识别机制,也是一种社会科学方法"②。吴飞驰在《企业的共生理论:我看见了看不见的手》一书中指出,"在家庭、部落、国家等各类组织中,和谐合作始终是生活的主流……每个人追求的终极目标是和谐共生,与他人共生,与自然共生,与宇宙共生"③。胡爱生通过对水稻杂交技术的研究,认为从科学到技术,再从技术到科学,"生命这种多重共生构建关系,决定了生物形态建成中的基因表达是在生物与环境的交互作用中完成的,从而揭示了生命共

---

① 胡守钧:《社会共生论》,复旦大学出版社2010年版,扉页。
② 袁纯清:《共生理论——兼论小型经济》,经济科学出版社1998年版,第5页。
③ 吴飞驰:《企业的共生理论:我看见了看不见的手》,人民出版社2002年版,第283、294页。

生进化规律①。他的《论合作对经济学的影响》是以农业科学视角进行共生研究,并致力于共生理论和产业实践相结合的早期尝试。通过对共生理论的经济学拓展,共生观念对推进企业优化合作、互利共赢、可持续发展等经济转型与发展产生了深远影响。

C. 共生文化

共生文化是不同文化之间互依共栖、互通共存的多元生态。文化共生为多元文化共同发展提供了理性支持和可能空间,相互性"是人类文明交流、互鉴共生的内在机制"②。

邱仁富认为,文化共生的根本价值向度是社会主义文化的发展和繁荣,他对文化共生的空间、形态、动力、路径和向度等方面进行了考察,以图推动文化共生的水平和质量③。邱仁富还探讨了共生与和谐的辩证统一性,认为二者是不可或缺、不同层次的文化发展基本要素,其中,共生是实现和谐文化的前提,和谐是文化共生的保证和终极价值向度④。在探讨语言与文化的关系时,邱仁富认为语言作为一种文化载体,其"描述的地方性知识所带来的价值观念变迁的影响力及其叙述方式的建构力"值得重视⑤。王宏印就民族文化典籍与我国多元一体总体文化的关系,讨论了少数民族文化典籍翻译研究对于汉族文化研究和传统国学产生的逆向影响,以及我国民族典籍翻译的学科归属问题,探讨了多元互补、相互促进、共同繁荣的民族典籍翻译策略,以期合理利用我国少数民族的

---

① 胡爱生等:《共生系统构建的科学与技术》,《现代农业科学》2008 年第 12 期。
② 邱仁富:《相互性:人类共生的内在机制新探》,《经济与社会发展》2021 年第 2 期。
③ 邱仁富:《文化共生论纲》,《兰州学刊》2008 年第 12 期。
④ 邱仁富:《文化共生与和谐文化的建构》,《兰州学刊》2008 年第 5 期。
⑤ 邱仁富:《多元文化互动中的语言及权力》,《甘肃理论学刊》2016 年第 4 期。

多元文化资源①。刘满芸认为认同、阻抗、顺应、调适是翻译中的基本语言文化共生方式,是跨越文化上的"卡夫丁峡谷",突破语言认知疆界,包容异质文化个性,进而推动人类语言文化多样性繁殖与发展,实现语族间语言文化能量的转换与创新的共生必由之路②。仲跻昆认为在文学文化方面要反对"欧洲中心论",主张多元、对话与共生,因为世界重要的文明或文化体系,比如中国文化体系、印度文化体系、阿拉伯-伊斯兰文化体系和古希罗起始的西欧文化体系总是相互交流、相互影响,交织在一起的③。

D. 共生教育

李燕在其博士论文《共生教育论纲》中指出,"共生由生物世界向人与自然关系以及人类社会的延伸,即标志着人类对共生的认识已经从事实的层面进入价值的层面(由科学而人文),而这一点对人类个体而言,更加突出了人的共生性。不仅如此,纷繁复杂的共生内容也标志着个体的生存与发展也已经由生物层面、心理层面过渡到精神(审美、伦理与哲学)层面,并且这三个层面的和谐统一才是人的整全的生命观,从而人类生存境界得以提升与高贵"④。共生学在教育领域已渗透到方方面面,从管理到教学,从大学到小学,共生的理念诉求已深入人心,因为共生"渊源于生物学领域、内蕴于'和而不同''世界大同'的理念、产生于近现代哲学反思、应对于现时代发展的共生哲学以其独有的理念即生命理念、过程理念、

---

① 王宏印:《多元共生,稳定发展,共同繁荣——关于我国民族典籍翻译的学科归属与文化资源的利用》,《民族翻译》2019年第1期。
② 刘满芸:《翻译中的语言文化共生方式解读》,《翻译论坛》2016年第3期。
③ 仲跻昆:《多元、对话、共生中的阿拉伯文学文化》,载于北京大学北京论坛办公室编:《北京论坛(2004)文明的和谐与共同繁荣:"多元文学文化的对话与共生"外国文学分论坛论文或摘要集》,2004年,第77—92页。
④ 李燕:《共生教育论纲》,山东师范大学博士学位论文,2005年。

异质共存理念、关系理念、中和理念及生活理念而成为时代的关键词和发展趋向,它追求人与自然、人与社会、人与人以及人自身的和谐共生"①。李燕试图在知识化、信息化、网络化的21世纪建立起一种共生教育理论体系,以解决我国当前单向度的教育发展问题。她从共生哲学理念出发,就当前教育中狭义的科技取向的知识化与物化形态给以批评性反思,对现代教育中"竞争"向度的非均衡性及其弊端进行了系统性分析,对人与自然共生下的教育环境与教育生态保护、人与环境的协调以及教育环境对人之生存与发展的重要性进行了详细梳理,并就共生教育中教育目的取向、课程建构、师生关系、共性与个性教育等内涵给予解读。这是目前对共生教育探讨最全面、最系统的一次尝试。

从共生理论视角关注农村中小学留守儿童的教育发展问题,目前的研究涉及心智健康、思想道德、心理健康、行为习惯、情感需求、教育扶贫等方面。牛宏志在共生理论的指导下,就农村劳动力转移过程中留守儿童缺乏双亲呵护和指导而出现的心智不健全、思想道德、心理健康、行为习惯等儿童可持续发展问题做了分析,认为应充分发挥家长、学校、教师的共生体作用,采取有效的方式对学生进行心理健康教育②。王超、吴美珍针对绍兴越城区农村留守儿童情感缺失现状做了研究③。严耀燕等基于共生教育理论提出"四点半课堂"青少年教育帮扶共建模式,认为校校共建、校社联盟、政府购买服务、社工服务、"互联网+"教育等联动共建模式,能

---

① 李燕:《共生教育论纲》,山东师范大学博士学位论文,2005年。
② 牛宏志:《基于共生理论视角下的农村留守儿童心理健康研究》,《新课程》2018年第4期。
③ 王超、吴美珍:《共生理论下绍兴越城区农村留守儿童情感缺失现状研究》,《智富时代》2016年第S1期。

够合力助推青少年的健康成长①。王晓红在共生理念下分析了农村隔代教育涉及的家庭、学校、社会等多种因素,从家庭重视对策设想、渗透共生教育理念,学校重视策略设计、贯彻共生教育原则,社会重视助力整合、创设共生理念环境等方面,对农村隔代教育优化策略进行了研究②,等等。推进共生教育理念的发展,就是要把人的自然化、社会化和身心化教育纳入一个整体的共生关系网络当中,实现人与自然和谐(环境价值)、与社会合作(社会价值)、与自我圆融(个体价值)的三位一体的共生教育价值理念和培养目标。

E. 共生美学

共生在美术图形创意与美术设计中的应用已达到极致。共生图形是指形与形之间具有共用的部分或轮廓线,通过相互借用、相互依存,以异常紧密的方式将多个图形整合成一个不可分割的整体,在视觉上形成动感和趣味性,起到以一当十的画面效果。共生同构是美学上的一种严密思维与共用线产生的组合结构,体现了永恒、循环、共生的特征(如图1-1)。

图1-1　鲁宾杯③

图1-1是一尊鲁宾杯(Rubin's vase),是以美术图形解释共生

---

① 严耀燕、刘浩、冯健秋:《为信念坚守,为孩子奉献:基于共生教育理论下青少年教育扶贫共建模式研究——以玉林师范学院"四点半课堂"为例》,《教育现代化》2019年第73期。
② 王晓红:《共生理念下农村隔代教育优化策略研究》,《成才之路》2018年第7期。
③ Pind, Jörgen L., *Edgar Rubin and Psychology in Denmark*, Switzerland: Springer 2014, p.95.

同构的最典型的美术作品之一。当我们看图像时,会产生一种魔幻的感觉:若以黑色为底色,则正面看到的是一尊对称的杯子;若以白色为底色,则正面看到的是两张侧面的、轮廓分明的人脸。杯子与人脸通过图底相生和双关轮廓的巧妙同构,精密组合而成,体现了你中有我、我中有你的契合共生,在视觉上达到了神奇的美学效果。此类共有边形、依形同构的共生理念在美术与设计领域的应用比比皆是。

共生之于中华文化之美更是不必多言。中华传统美学中的共生之美体现在美术图形中形与形之间的共享与共用,即图形的一部分或结构线彼此相依,以一种舍你无我、舍我无你的异常紧密的方式,将两个或多个图形整合成一个不可分割的整体。这种表现手法在视觉上具有强烈的感染力,这种共生意识下产生的构图构造,体现了万物循环、平衡、共生、永恒的特征。中华太极图就体现了共生理念之下的美学想象(如图1-2)。

图1-2 太极图①

太极图也称阴阳鱼,有"中华第一图"之称,被广泛用于解读中华传统哲学、医学、气功、武术等内涵和精髓。双鱼互依,负阴抱阳,刚柔并济,正负相生,寓意着万物并育、相生相克的阴阳平衡与和谐共生理念,形象地表达了阴阳轮转、相反相成的万物变化规律。同时,长久以来鱼在中国都是祈福多子多孙的精神象征,这样的图形设计寄托了万物生生不息的生命精神,体现了博大的中华

---

① 左汉中编著:《中国吉祥图像大观》,湖南美术出版社2009年版,第310页。

哲学文化内涵。

三兔共耳图出自敦煌飞天藻井图案的中心装饰纹样(见图1-3),早在中国隋朝的庙宇中就能看到,在中世纪的英国教堂内和蒙古人的金属器皿上也有,这使学者们非常好奇。三只兔子的耳朵连在一起,往同一个方向奔跑,彼此连接着对方,却又永远追不到对方。这样的图形存在于不同宗教之中,该做何解释? 有一种解释是,三只兔子分别代表"前世""今生"与"来世",就像这三只兔子的耳朵彼此相连、叠合而同构的共生形态,前世、今生与来世是互相联系着的,所以有"因果报应""因果循环""生死轮回"之说。抛开宗教轮回的意味,三兔共耳、互连共听、生命共存、互生互长明显寓有合作生存、生命共生的深蕴。

图1-3　三兔共耳图①　　　　　图1-4　唯吾知足②

通过汉字偏旁部首之间的共用关系,也能巧妙地反映出人世间的共生现象、共生理念和共生诉求。图1-4借用汉字字符组合而产生了形意共生的美学效果与文化喻义,这种依形同构、互借互用、依意共生的古钱币设计既体现了物我相生的中华传统文化精

---

① 左汉中编著:《中国吉祥图像大观》,湖南美术出版社2009年版,第324页。
② 同上书,第250页。

髓,也传达了人们对金钱的一种中和理念和认知态度,真可谓既有"才",又有"财"。

中华传统民间艺术中形意共生的例子不胜枚举,传统吉祥图案极其丰富,人们将美好的意愿融入吉祥的共生图形当中,比如中华传统民间艺术"四喜人纹图"就是利用共生手段实现两体同构,将两个娃娃巧妙地组合成四个娃娃的形象,以此表达婚姻美满、人丁兴旺的美好寓意(见图1-5)。中华传统文化中的福禄寿喜吉祥图也是利用共用图形构造寄托人们对家道昌盛、富贵平安、延年益寿的美好意愿,已成为中华民族代代相传的护符。

图1-5 四喜人纹图①

F. 共生与人工智能

共生之于计算机人工智能是人类与人工智能的存在与发展关系,是彼此利害的依存、转化和共生的演化关系②。共生关系中既相互依存又相互竞争的进化之路,启示了人类与人工智能共生演

---

① 左汉中编著:《中国吉祥图像大观》,湖南美术出版社2009年版,第21页。
② 于雪、翟文静、侯茂鑫:《人工智能时代人机共生的模式及其演化特征探究》,《科学与社会》2022年第4期。

化的可能性,为人化自然生态和人工智能和谐共处提供了理论桥梁;而共生之于生态是人与人工智能存在的共生生态关系,生态转换创造了人化自然生态的可能,同时也孕育了人工智能成为独立生命的可能性①;共生之于军事科学是人机共生作战决策系统的关键技术体系及其运行和发展的概念及系统建构②;等等。生物共生法则对宇宙自然、人类社会发展取向的强大解释力使其远远超出了生物学界限,为自然科学与人文学科的跨域研究打开了无限空间,共生蕴含着的宇宙生命休戚与共的理性本质,已从具象化的生物生存法则上升到抽象化的社会科学,成为一种普遍适用的现代社会思维方式。

(7) 小结

林恩·玛格丽斯通过实验实证证实了真核细胞起源于相互作用的生物个体组成的群落,指出了共生是生物进化与物种创新的源泉,形成了共生理论。共生理论对共生进化论的科学发展及其与达尔文的竞争进化论的分道扬镳为当下社会的诸多社会、生态和发展问题提供了理性思考。将共生理论的自然科学观应用于翻译学领域,就形成了自然科学观的翻译文化效应,这符合自然科学观人文进化的历史规律。将自然科学观应用于人文科学领域,不是逻辑演绎的结果,而是类比和借用、联想和借鉴③的结果。翻译学意义上的语言文化共生与自然生物共生之间是一种同构性类比和隐喻关系,是一种从共生视角描述和解释翻译的研究方法,深解语言文化共生与自然生物共生之间的同构性、可喻性和规律性是

---

① 吴铮:《生态转换与人机共生:人类与人工智能存在的关系研究》,《人民论坛·学术前沿》2020 年第 11 期。
② 郑少秋等:《人机共生作战决策系统:发展愿景与关键技术》,《火力与指挥控制》2022 年第 7 期。
③ 胡守钧:《社会共生论》,复旦大学出版社 2010 年版,第 3 页。

共生翻译学的学理视阈和方法论基础。

2. 语言属性：生物属性与社会属性

生物语言学（biolinguistics）是生物学与语言学的交叉学科，其起源可以追溯到1959年克拉仁斯（C. L. Meader）和穆思肯（J. H. Muyskens）出版的《生物语言学手册》（Handbook of Biolinguistics）[1]。生物语言学是语言学的生物学研究范式，乔姆斯基（Avram Noam Chomsky, 1928— ）是语言生物属性观的典型代表。生物语言学以语言生物性为共同理念，以语言天赋论为理论前提，认为人类语言具有先天生物属性和基因遗传特性，生物共生与族群语言共生具有生物学上的同一性，"语言本身兼具生物和人文双重性质"[2]，人类语言的生物物种进化和个人经验习得都会受到生物机制和社会机制的双重制约。按照语言能力具有其他生物系统的一般特性来讲，乔姆斯基提出的"语言机制三要素"值得关注，即任何一种语言机制都同时受基因天赋（genetic endowment）、外部环境（experience）和普遍法则（principle）三要素的共同制约[3]。生物语言学以"基因天赋"为语言认知基础；生态翻译学以"外部环境"（适应选择）为前提，理论根植于达尔文的"生物竞争"进化论；共生翻译学则以生物共生的"普遍法则"为前提，理论根植于玛格丽斯的"生物共生"进化论。在资本竞争、利益追逐、地缘动荡造成全球生态危机而引发习近平"人类命运共同体"之倡议的当下，共生翻译学的价值取向和研究意义突显。

---

[1] Meader, C.L. & J.H., Muyskens, *Handbook of Biolinguistics*, Toledo, OH: Herbert C. Weller, 1959.
[2] 杨烈祥：《生物语言学的论题和前瞻》，《外语与翻译》2015年第3期。
[3] Chomsky, N., "Three Factors in Language Design", *Linguistic Inquiry*, 2005(36), p.6；杨烈祥：《生物语言学的哲学基础》，《语言教育》2015年第4期。

杨烈祥认为,人类语言习得的遗传性体现了语言的基因物种特征,人类个体经验触发的语言习得能力与认知语言学的体验哲学观点相容,人类语言生物机制与生存环境的关联与社会语言学相兼容,人类语言的生物功能与功能语言学相兼容,生物机制受时空限制又与历时语言学相一致①。生物、认知、神经、心理、病理等诸多现代语言学分支学科对基因、神经、种系、心智、大脑、心理等语言生物机制(基因与演化)的研究②体现了语言学研究的认知转向和方法论上的自然主义跟进;对语言的遗传基因、神经机制和认知心理等研究成果③表明,语言物种进化观④与语言的生物性和社会性的同一性属性观可以作为共生翻译学探索生物多样性共生与语言文化多样性共生之关系的语言认知基础。科学、技术与社会研究是跨学科研究的集中概括,共生翻译学探索生物多样化与人类语言文化多样化的同一性机制与普遍性关联,这是因为"共生不仅是一种生物现象,也是一种社会现象;不仅是一种自然现象,也是一种可塑状态;不仅是一种生物识别机制,也是一种社会科学方法"⑤。

共生翻译学研究人类语言文化的共生现象、性质、方式和规律,探索翻译与自然、与世界、与社会等外部世界之间的共生关系和翻译学内部诸要素之间的多元共生关系。跨语言接触是新语言

---

① 杨烈祥:《生物语言学的论题和前瞻》,《外语与翻译》2015 年第 3 期。
② Jenkins, L., *Biolinguistics*, Cambridge: Cambridge University Press, 2000; Lakoff, G. & M. Johnson, *Metaphors We Live By*, Chicago: University of Chicago Press, 1980;王寅:《认知语言学》,上海外语教育出版社 2007 年版;杨烈祥:《生物语言学的论题和前瞻》,《外语与翻译》2015 年第 3 期;等等。
③ Hauser, D., et al., "The Faculty of Language: What Is It, Who Has It, and How Does It Evolve?", *Science*, 2002, 298 (5598), pp. 1569 - 1579; O'Brien, S., *Cognitive Explorations of Translation*, New York: Continuum International Publishing Group, 2011, pp.175 - 196.
④ 吴文、唐玉凤:《生物语言学》,中国社会科学出版社 2017 年版,第 3 页。
⑤ 袁纯清:《共生理论——兼论小型经济》,经济科学出版社 1998 年版,第 5 页。

特征和新话语形式的源泉,这为语言文化的异质共生提供了现实基础。翻译作为语言接触的场合,其结果可能导致原语的语言特征随翻译进入译语当中,并且极有可能在译语中传播到非翻译文本之中①。翻译的转化过程实质上是一个"自我"与"他者"的"互化"过程。知识能量的互为转换是共生翻译方法论的现实基础。群落中个体之间的共生作用是生物进化与物种创新的源泉,共生也是人类"语言群落"进化的必然,翻译即"语言群落"中的两种或多种语言之间的互为作用过程,是知识能量的转换机制。

(1) 共生体:生物学概念

生物界的共生体(symbiont)指两种不同生物因相互依存而形成的具有一定结构和功能的有机体(organism)②。生存关系紧密但不形成共生结构,就只构成生物之间的共生关系(symbiotic relationship),这类共生属于共生群落或生态群落(symbiotic or ecological community)③。事实上,自然界不同生物构成的共生体不只限于两种生物,还有三种甚至更多种类的生物形成的共生体,即多物种共生(multi-species symbiosis),也称为复合共生体或共生复合体(multiple symbionts)。

杨仕健认为,生物间的各种共生方式可分为两大类:功能体共生(holobiont-symbiosis)和非功能体共生(non-holobiont symbiosis)。功能体共生属于个体生物有机体体内形成的共生结构,指微生物在动植物有机体的体内与动植物相互依存,即动植物有机体个体体内的共生。比如哺乳动物与其肠道菌群的共生,白

---

① Kranich, S., "Translations as a Locus of Language Contact", in House, J., ed., *Translation: A Multidisciplinary Approach*, Basingstoke: Palgrave Macmillan, 2014, p.96.
② 刘润进、王琳:《生物共生学》,科学出版社 2018 年版,第 11 页。
③ 杨仕健:《关于"生物共生"的概念分析》,《自然辩证法通讯》2019 年第 6 期。

蚁与其后肠微生物的共生,植物根系与土壤真菌的共生。非功能体共生属于不同生物有机体之间的共生,即生态群落中不同种类的动植物有机体个体之间的共生。前者是个体生物有机体体内的共生(intra-individual symbiosis),后者是生态群落内部不同生物有机体之间的共生(inter-individual symbiosis)①。

(2) 文本即机体

生态群落之间、生态群落内部的个体生物有机体之间以及个体生物有机体体内的共生作用是生物进化与物种创新的源泉。洪堡特(Wilhelm von Humboldt, 1767—1835)、达尔文(Charles Robert Darwin, 1809—1882)、波普尔(Karl Popper, 1902—1994)、乔姆斯基等学者都曾追问过自然生物共生与人类语言共生之间的同一性和普遍性问题。比较语言学创始人洪堡特认为,语言是一个具有完备构造的有机体②,进化论创始人达尔文"看到了生物演化和语言演化之间的相似性"③,批判理想主义创始人、进化认识论学者波普尔认为知识、科学和语言都不过是自然选择的结果④,形式主义语言学奠基人乔姆斯基基于笛卡尔的语言天赋论,认为语言具有遗传特质的生物属性,语言能力是一种"特定物种能力"(the species-specific capacity)⑤,是物种生物禀赋的一部分(part of the biological endowment of the species)⑥,等等。当下,认知、神经、心理、生物、病理等诸多现代语言学分支学科对基因、神经、种系、心

---

① 杨仕健:《关于"生物共生"的概念分析》,《自然辩证法通讯》2019 年第 6 期。
② 威廉·冯·洪堡特:《论人类语言结构的差异及其对人类精神发展的影响》,姚小平译,商务印书馆 1997 年版,第 113 页。
③ 杨烈祥:《生物语言学的哲学基础》,《语言教育》2015 年第 4 期。
④ 同上。
⑤ Chomsky, A. Noam, "Review of B. F. Skinner's Verbal Behavior", *Language*, 1959,19(1).
⑥ Chomsky, A. Noam, *On Nature and Language*, Cambridge: Cambridge University Press, 2002, p.1.

智、大脑、心理等语言生物机制（基因与演化）的研究体现了语言学研究的认知转向和方法论上的自然主义跟进，对语言的遗传基因、神经机制和认知心理等研究成果表明，语言的机体观已经成为语言科学研究的一种方法。

文本即机体，文本是生命。文本机体（生命）观有两种意指：一是生物学意义上的类比、隐喻和转指，即不指生物或生理意义上的代谢和繁殖，而指一个能够进行能量与物质转化并使其内部维持稳定的体系。二是文本具有生命的客观性，而无需隐喻。如果按照上面所说，语言具有生物物种特质，文本机体的实指观即可成立，但在研究中可能会有两个路径：思辨与实证。本雅明强调原文生命与译文生命的共生关系，认为译文本是"来世生命"，并强调了艺术作品的生命和来世生命观应以完全无隐喻的客观性来看待……因为生命并不仅局限于有机的形体[1]。德里达认为，"翻译在一种新的躯体、新的文化中打开了文本的崭新历史"[2]。国内喻作生命的翻译研究有"字有生命"[3]、"投胎转世"[4]、"原作生命的延续"[5]、"生命化的存在"[6]、"有生命力的个体"[7]、"生生之谓译"[8]等机体主义的"翻译生命观"[9]的认识论不一而足。原文和译文既是文本生命的体外共生体，又是文本生命之间的延续体，翻译作为一

---

[1] 瓦尔特·本雅明：《译者的任务》，陈永国译，载于陈永国主编：《翻译与后现代性》，中国人民大学出版社 2005 年版，第 4 页。
[2] 雅克·德里达：《书写与差异》（上册），张宁译，生活·读书·新知三联书店 2001 年版，第 25 页。
[3] 陈福康：《中国译学理论史稿》，上海外语教育出版社 2000 年版，第 348 页。
[4] 钱钟书：《林纾的翻译》，商务印书馆 1981 年版，第 18 页。
[5] 许钧：《试论译作与原作的关系》，《外语教学与研究》2002 年第 1 期。
[6] 刘云虹：《试论文学翻译的生成性》，《外语教学与研究》2017 年第 4 期。
[7] 于德英：《翻译之喻的历史化：钱锺书的"人化"译文观》，《外语研究》2019 年第 3 期。
[8] 陈东成：《大易翻译学》，中国社会科学出版社 2016 年版，第 22 页。
[9] 罗迪江：《当代翻译研究的机体主义建构：翻译生命观的构想》，《中国翻译》2021 年第 5 期。

种生命再生之旅,"始终处于新陈代谢之中,它需要守经达权、变化会通,使译文生命与原文生命融会贯通,让原文生命在异域中得以再生,翻译之旅才会绽放各自的生命之花"①。

共生翻译学视角下的共生体指两种不同语言文化在翻译文本生成过程中以及生成之后所产生的相互依存、相互转化的文本内外的营养性关系。微观而言,一个词就是一个有机体。作为语言个体的词是音、形、义三位一体的、符号表征的有机体,这与生物界由不同生物(微生物与动植物)结合而成的共生体的机制一样——谁也离不开谁。共生是生物生态现象,是生物生存方式;语言是社会现象,是人类(大到一种语言,小到一种社群方言)的生存工具,也是族群的生存方式。中观而言,文本是个有机体,文本语言无疑是翻译研究的核心对象,原文本、译文本是两个彼此独立而又密切互依的体外共生体,是两种语言文化交互渗透、交汇而成的你中有我、我中有你的互依关系。宏观而言,人类所有语言族群是一个共生体。人类以语言族群为社会结构方式,人类所有的语言是一个共生群落,人类语言群落间产生的关系是相当紧密而复杂的。生物界"不同生物种类成员在不同生活周期中重要组成部分的联合"②是普遍的共生现象,人类不同语言群落在不同历史时期产生的语言文化交互进化的共生现象也普遍存在。比如我国在新中国成立初期的俄语普及时期和改革开放以来的英语普及阶段,就是不同语言群落在不同时期的密切联合。翻译是人类不同语言群落间产生大量相互作用的生态场,翻译作为不同语言接触的场合,其

---

① 罗迪江:《当代翻译研究的机体主义建构:翻译生命观的构想》,《中国翻译》2021年第5期。
② Margulis., L., *Symbiosis in Cell Evolution: Life and Its Environment on the Early Earth*, San Francisco: W. H. Freeman, 1981, p.419.

结果可能导致原语的语言特征随翻译进入译语当中,克拉尼奇(S. Kranich)认为这是一种众所周知的语言"介入"(interference)现象。并且,如果原语语言特征频繁出现在译语文本中,就极有可能在译语社会中传播到非翻译文本之中[①]。通过翻译而产生的文本是新语言生命形成的重要途径,是产生新概念、新词汇、新组合、新表达、新话语等新的语言生命的生态场,而其带来的共生效应则体现了生物共生法则与宇宙物质运动统一性的特征和规律。

3. 共生思想:中华传统哲学之衣钵

生物共生法则与中华传统哲学经典中"道法自然""天人合一""执中致和"等思想精髓有着本质上的同一性,因而已成为一种哲学理念。相较西方哲学中的"自我性"和犹太哲学中的"异己性",古典形态的中华传统哲学思想圆熟、极致而典雅。萃取中华传统哲学中的共生思想精华,是构建共生翻译学的哲学基础。孔子的"以仁治天下、推己即人",倡导的是"仁治";儒学中的"万物并育而不相害,道并行而不相悖"(《中庸》),推崇的是"仁爱";墨家的"兼相爱、交相利"(《墨子》),弘扬的是"兼爱";王阳明的"天地万物而为一体"(《大学问》),阐明的恰恰是"共生"。胡守钧认为《易经》与共生论之间有密切的联系,世间万事万物都可以用《易经》去解释。李思强在其《共生建构说:论纲》中借鉴了中华易理中一切均"相反相成"的哲理,从"天下同归而殊途,一致而百虑"(《易传·系辞下》)中捕捉到当下世界经济一体化与文化多样化并行不悖、和谐共生的道理,认为从中华易理与西方道德观的交汇与互补中能够

[①] Kranich, S., "Translations as a Locus of Language Contact", in House, J., ed., *Translation: A Multidisciplinary Approach*, Basingstoke: Palgrave Macmillan, 2014, p.96.

达成世界伦理共识。一方面,"现代人类文明已有一个相对统一的维度,即全球一致的发展经济、发展科技和竞争中的协作";另一方面,"在理念上承认和接受合理的多元,平等地对待异质的个体和群体,使整个世界的道德状况得到一个根本的改变"①。朱建国把他提出的"共生主义"归源于《易经》,他宣称《易经》是一部伟大的"共生主义"启蒙哲学,《易经》中有许多共生思想的模式和语言,并预言有"共生主义光辉"的《易经》会使全人类看到真正的"万物共生"理性。

中国哲学很少排外,对域外信仰和思想总是采取化解与包容的态度,"道法自然""天人合一""阴阳平衡""温良恭俭让""和为贵"等哲学思想显示了中国哲学的共生底蕴与共生境界。中国传统哲学思想有极强的共生本质特征,与西方哲学与宗教思想的"同己共生"相比,中国哲学更富"异己共生"的特质。世界上很多哲学家、思想家、历史学家和文学家都对中国哲学与文化思想颇为敬仰,启蒙泰斗伏尔泰在其《世界通史》中感叹"我们不能像中国人一样,这真是大不幸",他指的是孔子的"仁治";霍尔巴赫曾经呼吁"欧洲政府非学中国不可"②,他指的是中国哲学伦理中的"德治";托尔斯泰在给友人的信件中曾经赞叹,"很难想象,这是多么不同寻常的道德高峰",他指的是儒家学说的"仁爱"理念,他甚至在日记(1884年)中激赏地写到,"应该使这一学说成为公共财富"。1988年,76位诺贝尔奖获奖者齐聚巴黎时曾大声疾呼,人类要在21世纪生存下去,必须回到2500年前去吸取孔子的智慧。相对论物理学家爱因斯坦曾表示,西方科学的发展是以两个伟大的成就

---

① 李思强:《共生构建说:论纲》,中国社会科学出版社2004年版,第33页。
② 同上书,第35页。

作为基础,即希腊哲学家在欧几里德几何学中发现的形式逻辑以及文艺复兴时期发现的通过系统实验有可能找出因果联系;而令人惊奇的是这些发现在中国都做出来了。世界著名信息经济学家、诺贝尔奖获得者查理森·威尔海姆相信,《易经》中包含的信息论思想不仅启发科学家们创造出了计算机,而且正在成为越来越多普遍西方人日常生活的决策指南。无独有偶,哲学家莱布尼茨从《易经》中发现了二进制数学进位制。类似的例子无法尽数。

总之,共生理论的生成及其强大的跨学科特质与理性内涵,在生物学、哲学、社会学、经济学、文化学、教育学、美学、人工智能等领域产生了丰富而坚实的跨学科理论渗透经验。将自然生物共生观和人文共生观统合起来,萃取中华传统哲学中的共生思想精华,能够彰显"人类命运共同体"这一时代理念的中华哲学理论根基,能够推进翻译学与中华传统哲学之间的思想界面与关系价值的研究,也希冀能为翻译研究与翻译行为提供一种价值引导与实践示范,为构建成熟而理性的翻译理念,维护翻译学的健康发展提供新的理论支持,更希望能以此新的视角来拓展翻译学的探索维度。

二、共生翻译学:学科建构

共生翻译学主要以生物共生理论、生物语言学中语言的生物性和社会性双重属性的语言认知观以及中华传统哲学中的共生思想精华为学理依据,以共生生物学、共生哲学、社会共生论、一般系统论以及共生文化、共生经济、共生教育、共生美学等广联视角为辅助,探索人类语言文化的共生现象、性质、方式和规律,探寻人类语言文化相互作用过程中的共生机制与效应,探讨翻译与外部世界以及翻译学内部诸要素之间的多元共生关系,探析不同语言文化之间的交互作用和共生关系。共生翻译学从"共生"的概念、起源及词源学追溯出发,阐述生物共生理论及其衍生出的共生生物学、共生哲学等共生分支学科以及广义共生学的生成与发展态势。基于生物共生的自然生态法则迸发出的强大跨学科辐射能量和学术阐释力,探索生物多样性与人类语言文化多样性的同一性机制和普遍性关联,分析不同语言文化间的内在共生本质和规律、外在共生现象和模式,深析共生翻译学的跨学科建构理据、知识构成及思想内涵,阐释跨语言文化共生的基本原理,对共生翻译学的理论内涵进行文献分析、关系演绎和系统归纳,形成一个内在关联、有机统一、内涵自洽的概念、术语和命题序列,构建共生翻译学的学科知识体系和理论思想框架,这对国内惯于"西论东借"的翻译学术话语惰性是一种改变上的努力,冀望拓宽翻译学的研究途径和认知维度,服务翻译学的学科体系发展。

1. 学科界定和学科性质

(1) 共生:共生翻译学的核心概念

共生作为生物学概念,指不同生物密切地生活在一切[1],是生物间"相互性的活体营养性联系"[2],是一种生物间互为依存的生存方式和普遍生态现象;共生作为社会学概念,指不同群体中的个体密切地生活在一起,是人的基本存在方式[3]。那么,共生作为翻译学概念,广义上指人类语言文化相互依存、密切交融的基本方式,即人类不同语言文化相互依存、互为进化与演变的密切关系;狭义

---

[1] Sapp, J., *Evolution by Association: A History of Symbiosis*, New York: Oxford University Press, 1994, p.7.; Schmidt, G. D. & L. S. Roberts, *Foundations of Parasitology* (9th Edition), New York: The McGraw-Hill Companies, 2013, p.2.
[2] 袁纯清:《共生理论——兼论小型经济》,经济科学出版社1998年版,第5页。
[3] 胡守钧:《社会共生论》,复旦大学出版社2010年版,第3页。

上指翻译中各要素及其相互之间相互依存、密切交融的基本方式,即翻译中各个主体、客体以及主客体之间互为依存、交互作用的密切关系。狭义的共生概念主要体现在四个层面:第一,翻译主体之间的密切关系,指与翻译相涉的人之间的密切关系,涵盖作者、译者、读者、编辑、编审、赞助商、出版商、译评人等;第二,翻译客体之间的密切关系,指原文本、译文本(包括一本一译、一本多译以及不同类型的译本,比如摘译、缩译、变译等)、译编、译评等;第三,翻译理论与方法之间的密切关系,即人类有翻译史以来积淀的各种翻译理论与方法;第四,翻译伦理与规约,即人们关于翻译的形形色色的伦理、规约或制度。翻译,形式是语言,内涵是文化,本质是族群、社会间密切的互为共生关系。

(2) 共生:共生翻译学的思想内核

共生,作为一个翻译学概念,指其生物学意义的语言学转指;作为一种翻译理念,是理性意义的哲学抽象;作为一种翻译态度和学养,是相生相容的伦理意指;作为一种翻译价值观,是对翻译行为的理解与秉持;作为一种审美,是翻译活动中两种语言文化之间美的对视;作为一种方法,是既表达作者意图又兼顾读者理解的思维和技能上的实指。总之,"共生"的基本概念和思想内核及其在语言、哲学、伦理、价值、审美等层面的意涵共同构成了共生翻译学的理论和方法基础。

作为共生翻译学的核心内指和基本表述,共生这一概念的重要性不言而喻。将生物生命系统中的共生法则引入翻译学进行研究的理据性、适切性和必要性在于,共生"不仅是一种生物现象,也是一种社会现象;不仅是一种自然现象,也是一种可塑状态;不仅是一种生物识别机制,也是一种社会科学方法"[①]。生物之间的自

[①] 袁纯清:《共生理论——兼论小型经济》,经济科学出版社1998年版,第5页。

然共生法则为人类在自然整体系统中的角色提供了理性思考的依据,共生作为"自然界包括全人类在内的所有生物群体之间密切联合、需求互补、共同发展、协同进化的能力"①,现已演变为"诸多人文社科领域的新的方法论,成为普遍适用的现代社会思维方式和社会科学研究工具。

翻译学意义上的共生与自然生物共生之间是一种同构性类比和隐喻关系,是一种从共生视角描述和解释翻译、深解语言文化共生与自然生物共生之间的同构性、可喻性和规律性的研究方法。共生翻译学将共生看作人类语言文化生态的根本价值向度,将译文本看作一个共生体,一个开放的空间,一个不同语言文化共生的生态场,一个两种语言文化交互渗透(reciprocal interpenetration),母语语言文化的"自我"(self)遭遇外来语言文化的"他者"(other)且经过碰撞、交汇而后形成你中有我、我中有你的营养性能量互依关系。翻译的互文化(intertextualization)过程表明语言是有机的,语言文化间的共生是本质的、普遍的、开放的、动态的和可塑的。

人类共生以语言为基础,以翻译为纽带,以思维共性的普遍性为生物与心理机制。共生进入翻译学的意义在于,相比达尔文提出的"优胜劣汰,适者生存"(适应选择)的"竞争进化论"而言,"共生进化论"是对生物生存普遍存在的更深层规律的认知。共生是生物进化与物种创新的源泉,是生命世界中最基本的属性,"共生"而非"竞争"能够解释生物进化的机制和物种创新的本质性、普遍性和规律性。将共生理论的自然科学观应用于翻译学领域,就形成了自然科学观的翻译文化效应,这符合自然科学观人文进化的历史规律。将自然科学观应用于人文科学领域,不是逻辑演绎的

---

① 刘润进、王琳:《生物共生学》,科学出版社2018年版,第 iii 页。

结果,而是类比和借用、联想和借鉴①的结果。

(3) 什么是共生翻译学?

广义上说,共生翻译学是研究人类语言文化共生的现象、性质、方式和规律的科学。狭义上说,共生翻译学是研究翻译主体、翻译客体、翻译理论与方法、翻译伦理与规约及其相互之间密切关系的学说。共生翻译学着眼于研究各种翻译共生现象的客观存在,厘清各种共生关系互依共存的性质、特点及演变规律。翻译是人类语言文化共生的生态场,各族群间语言、文化、人际和社会的嬗变与进化,除了社会、政治、经济、科技等综合因素的推动外,翻译是重要因素。了解不同语言文化共生现象背后的本质与规律,进而树立一种成熟、理性、规范、科学的方法来指导人们的翻译理论与实践,这是共生翻译学的目标指向。共生翻译学以"共生是人类语言文化生态的根本价值向度"作为共生翻译伦理观,论证并建构了以"同质相合,异质共生"为核心理念的共生翻译话语模式,并基于这一基本理念,将翻译界定为"向同质和异质双向开放的跨语言文化认知、转换和交际活动"②。

语言的共生就是人的共生,翻译就是如何促进语言的共生,进而推动人的共生的问题。所以,共生翻译的本质是一种态度,一种如何对待翻译的态度,一种站在哲学的高度审视语言的方法,一种竭力用共生思维认识翻译存在与翻译规律的研究路径。共生翻译是一种研究翻译如何存在、如何指导翻译的哲学,它着眼于研究翻译如何促进人类语言与文化的繁茂与共生。

共生翻译学以研究翻译的共生现象、性质、方式和规律为宏观

---

① 胡守钧:《社会共生论》,复旦大学出版社 2010 年版,第 3 页。
② 刘满芸:《共生翻译研究刍论》,《上海翻译》2016 年第 5 期。

路径,从翻译与客观世界的共生、与语言文化及社会的共生、与人的共生、与文本的共生等共生关系出发,研究翻译中共生万象之客观存在、共生现象之性质、共生矛盾之成因、共生过程之事实、共生未来之走向,审视翻译中的基本共生关系、共生要素、共生系统、共生环境、共生机制、共生模式、共生伦理、共生批评、共生审美等问题,解释翻译的关系本体、共生实在、共生价值和共生思维。翻译的共生关系是人类语言文化进化与发展的基本方式,翻译中的各种共生关系如何演化、怎样优化,是共生翻译学关注的基本问题。

(4) 学科性质

共生翻译学是翻译学与生物学、生物语言学等诸多语言学分支学科、中华传统哲学等多学科的融合研究,是以生物共生理论为主要理论依据,以共生生物学、共生哲学、社会共生论、一般系统论以及共生经济、共生文化、共生教育、共生美学、人工智能等学科为广联辅助视角,在自然属科的生物学、人文属科的语言学和哲学与翻译学之间搭建的跨学科整合研究,是多元化时代与多学科交叉发展的产物。共生翻译学以生物共生的自然生态法则为伦理依据,从共生的哲学意义出发,认为无论是共生、系统、有机,甚或是生态,这些概念的本质都是物质与物质、组分与组分、要素与要素、成员与成员之间的"秩序"逻辑关系,因此翻译具有整体共生、动态共生和相对共生的特点。一切翻译行为和观念皆处于相对性与动态性的变化之中,既不可能遗世独立,也不可能亘古不变。整体指普遍,动态指变化,相对指平衡。

2. 研究对象和学科框架

(1) 研究对象

共生翻译学将生物共生的自然主义科学观、生物语言学中语言生物性和社会性双重属性的语言观和中华传统哲学的共生思想精华引入翻译学领域进行跨学科整合研究,探析自然生物多样性与人类语言文化多样性之间的同一性机制和普遍性关联,以研究翻译中的共生现象、性质、方式和规律为宏观理路,探讨翻译学与外部世界、与社会综合发展、与其他学科之间的密切关系与共生形态,分析翻译学内部诸要素之间的多元共生关系,揭示语言文化间的异质共生特质与多元共生形态,探索不同语言文化的内在共生规律。

(2) 学科框架

共生翻译学以"共生"为核心概念和思想内核,探析文本的生命质感,对学科做出基本界定,梳理学科的研究对象和基本性质,确定学科内容的研究范围和具体研究方法,从关系、要素、系统、环境、机制、模式等层面探索不同语言文化间的多元共生形态和内在共生规律,从本体、价值与方法层面梳理共生翻译学的理论逻辑关系,阐释共生翻译学的伦理、批评与审美内涵,从文化、间性与道通层面揭示人类语言文化间多元共生的本质、特征和规律,拓展译学研究的共生内涵和共生维度。

3. 基本研究内容

共生翻译学以共生、机体、能量、空间、模式、关系等基础概念作为本学科知识框架的引介和解释,以共生理性、共生翻译、翻译共生、共生伦理、异质共生、"圣域"共生、人机共生等基本术语作为共生话语体系的基本搭建要素,以"翻译即共生""共生即关系""文本即机体""能量即价值"等蕴含共生内涵和生命质感的判断为基本命题。这些概念、术语和命题穿行于本书的行文逻辑演进之中,一起构成了共生翻译学的概念工具体系、逻辑话语框架和基本研究内容。

第一章对共生翻译学的学科理据和学科建构情况进行阐述。第二、三、四章从翻译的基本共生关系进入话题，首先厘清各种翻译共生关系及其交互关系和整体关系的脉络，并从中提取出翻译中的基本共生要素，为接下来的系统、环境、机制、模式等共生视角的分析提供基础性铺垫，以此展开共生翻译学的内容脉络和话语逻辑。翻译中的共生关系、共生要素、共生系统、共生环境、共生机制、共生模式等共同构成了共生翻译学的基本原理。

第五章探讨共生翻译学的基本理论框架。共生翻译学以共生关系为本体，对翻译中的共生现象进行解释、概括和把握，从共生视角对翻译的本体论、价值论和方法论等若干命题进行剖析与阐释，提出共生翻译学本体论的关系本体观，价值论的属性价值、关系价值、能量价值和行为价值的价值多元统一观和方法论的关系思维、整体思维和有机思维的多元共生观。方法既是实践的经验，又是实践的起点，是实践与发展的循环。共生翻译学倡导"关系"中的实践和"关系"中的发展，通过对翻译活动价值的多元认知，深化翻译研究的关系思维意识，构建翻译研究的关系认知能力和关系共生能力。换言之，共生翻译学以"共生"为理论内核，以"关系"为理论本体，以"价值"为理论主体，以共生思维为方法基础，对共生翻译学的理论内涵进行文献分析、关系阐释和系统归纳，创设一个内在关联、有机统一、内涵自洽的理论逻辑框架，形成一个理论知识、理论观点和理论方法的有机整体。共生翻译学的本体维、价值维和方法维三个理论维度相互支撑，共同构成一个"三脚架"式的有机整体。

第六章探讨共生翻译学的伦理观、批评观和审美观。共生翻译学的伦理基础是共生，批评基础是"善"，翻译批评是"淑世"行为,应体现自身的理据、功能和价值。审美是翻译活动的重要范畴,翻译是一个综合而开放的系统,审美是翻译活动绕不过去的主题,是翻译活动的基本要素之一,仁美、信美、智美是共生翻译学的审美基石。

第七章分析共生翻译学的文化观,对文化、间性与道通之间的关系进行阐释。生物共生揭示了异质与互补的生命逻辑关系。西方哲学、文艺美学等领域兴起的间性研究同样富含差异、互动与互补的内指,间性的本质是一种关系存在,是不同领域之间既彰显差异和独立又建构相似和关联且相互作用的体现。间性作为差异性和相似性之间关系的总和,与中华传统哲学中"道通为一"的思想异曲同工。共生翻译学借"间性"和"道通"视角来拓展共生翻译学的文化话语,佐证共生翻译学所倡导的"同质相合,异质共生"的共生翻译理念。

第二章

关系和要素

共生之于翻译有无限的阐释视角，既可以从宏阔的现象、性质、方式和规律入手，也可以着眼于语言、文化、人际、社会层面的交叉和纷繁关系；但就渐进性而言，从翻译的基本共生关系进入话题，首先厘清各种翻译共生关系及其交互关系和整体关系的脉络，有助于从中提取出翻译中的基本共生要素，为接下来的系统、环境、机制、模式等共生视角的分析提供基础性铺垫，也有助于铺展共生翻译学的内容脉络和话语逻辑。翻译中的共生关系、共生要素、共生系统、共生环境、共生机制、共生模式等构成了共生翻译学的基本原理。

一、翻译的基本共生关系

共生关系是人类语言文化进化与发展的基本方式，翻译学内部、翻译与其他学科之间、与整个社会发展结构和综合环境之间都构成了真实的共生关系。共生翻译学从翻译中的各种共生关系出发，观察、审视、描写、研究各种翻译共生现象，研究翻译中的人间万象，透视各种翻译共生关系的内在机理，梳理翻译共生关系的现象、性质、方式和规律。研究翻译的共生关系应像研究社会共生关系一样，将翻译共生现象当成客观事物对象，当作社会本身具有的现象和本质去研究，用翻译事实解释翻译共生现象，探讨翻译共生矛盾，优化翻译共生环境，推动语言、文化、人际、社会等诸多翻译生态的和谐共生。

翻译的对象是文本,而文本是一个符号化了的大千世界,译者身处的社会又是一个纷繁复杂的多元环境,要厘清翻译中的各种共生关系势必棘手。宏观而言,翻译与大千世界是一种共生关系,翻译与语言、文化、社会、人类世界、宇宙自然等都存在着层递性和扩展性共生关系(如图 2-1)。

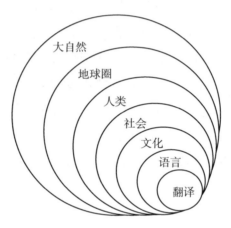

图 2-1　翻译与大千世界的共生关系

中观而言,翻译体现了语言、文化、人际及社会之间的共生关系。这又可分为两个层面:一是原语语言文化与译语语言文化之间的共生关系;二是翻译与特定社会综合环境之间的共生关系。翻译共生关系的复杂性、交错性与广延性不亚于社会共生关系,可以说,翻译的中观共生关系涵盖了语言共生、文化共生以及由此推动的人际共生和社会共生。若以"共时"为剖面,则可图示为图 2-2。

图 2-2　翻译的中观共生关系

微观而言,翻译的共生关系指向诸多翻译存在关系,微观层面的翻译共生关系很多很杂,包括主体、客体、文本、文类、理论与方法、伦理与规约、翻译形式、翻译个体、翻译群体、翻译资源、翻译批评等诸多层面及其交互层面和整体层面的繁杂共生关系。微观的共生关系琐碎而微繁,为便于梳理和描述,可以将它们归纳为翻译主体、翻译客体、理论与方法、伦理与规约四个层面进行分析。

1. 翻译主体

狭义上的翻译主体仅指译者,但译者自身并不能形成任何形式的共生关系。若从共生视角观察,翻译主体是指与翻译相涉的"人"之间的共生关系,人的社会性导致了人的各种纷繁复杂的社会关系的产生。翻译主体既指创作主体(作者)、翻译主体(译者)、阅读主体(译语读者)之间的密切纽带关系,也指原语作者、原语读者、译者、译语读者、译评人、译审、编辑、编审、赞助商、出版商、翻译公司、出版审查部门、翻译组织(或协会、机构)等之间的互为依存的复杂共生关系,具体主要体现在以下几个层面:(1)作者与译者之间的共生关系。比如,莎士比亚与朱生豪、梁实秋、卞之琳等被译者与译者之间的共生关系。(2)译者与读者之间的共生关系。比如,《哈利·波特》译丛的译者与其读者群之间的共生关系。(3)作者、译者、读者之间的共生关系。比如,曹雪芹与杨宪益、戴乃迭以及杨、戴英译版《红楼梦》的读者群之间的共生关系。(4)译者与译者之间的共生关系,包括个体译者之间的共生关系,比如,"一本多译"的译者之间的共生关系,不同作品的译者之间相互排斥、借鉴与互补的共生关系;合译者之间的共生关系,指两人或多人共译一部作品;集体译者之间的共生关系,比如,以某一组织、机构、协会名义出版的译作的参译者、某一巨著的译委会成员或某些系列丛书译者之间的共生关系。(5)译者与译评人之间的共生关系。可以说,没有译者就没有译评人,而译评人对译者作品给予何种评价又会对译者的声誉、其译作在译语文化市场上的销售造成影响,进而也影响到译语读者受众。因此,二者互为共生。(6)译者与赞助人、出版商之间的共生关系。(7)译者与编辑、编审之间的共生关系。(8)译者与翻译组织、协会、机构之间的共生关系。(9)各种翻译组织、协会、机构相互之间的共生关系,等等。总之,从原作变成译作,再从译作变成译语文化市场上供译语读者消费的精神产品,整个过程当中各个阶段的参与者都是关于"人"——翻译主体——的活动的总和,这些翻译主体就是一个以译者为纽带的共生关系(系统)(如图2-3)。

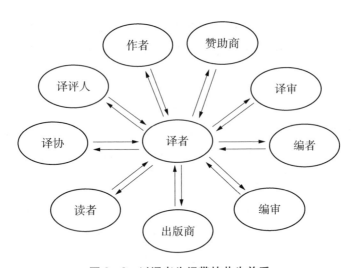

图2-3 以译者为纽带的共生关系

翻译主体的共生关系是一个动态的构筑、破裂、再构筑的循环过程。就像人人都希望建立与保持优质的人际与社会共生关系一样,翻译各主体之间也希望如此。翻译的主体共生关系是多维的,每两个或以上的翻译主体之间都可以构成翻译主体共生关系,每个翻译主体都有选择的愿望和自由,也就是说,共生关系的形成是双方或多方选择的结果,是主体双方或多方需求角力与平衡的结果。那么,要实现优质的翻译主体共生关系,就要努力满足各个翻译主体不断变化的愿望与需求,要时常调研、评估翻译主体关系的实际情况与动态变化,不断调整、修正各种共生关系,保持其运行的平衡性与生命力。因为,如果共生主体中一方的需求反复或长期得不到满足,共生关系就会产生裂痕,甚至最终导致破裂。

2. 翻译客体

翻译的客体对象是文本,而文本是大千世界的符号化表征。原文本表征大千世界,译文本通过再现原文本而映照大千世界,译语读者对译文本的理解终归要与现实世界建立关联,文本阅读的目的就是要回到现实。它们之间的关系可以图示为图2-4。

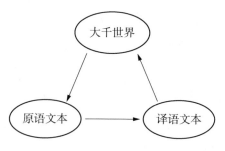

图2-4 文本与大千世界的关系

广义的客体共生关系有:(1)原语语言与译语语言的共生关

系;(2)原语文化与译语文化的共生关系;(3)原语社会与译语社会的互为共生关系;(4)原语国家(地区)与译语国家(地区)的政治地缘共生关系;(5)原语国家(地区)与译语国家(地区)的空间地缘共生关系;(6)原语国家(地区)与译语国家(地区)所共处的整体世界环境下互动与交往的密切关系。

相对于主体的"人",文本就是客体。狭义的客体共生关系仅指原文本与译文本之间的互为共生关系。文本层面的共生关系有:(1)原作与译作之间的共生关系。译作是原作的第二次生命,原语文化在译语社会文化环境中获得生存空间,无疑是译作推助的结果;如若没有原作,译者也不可能成为无米而炊之巧妇。二者互为共生。(2)译作与译作的共生关系。包括不同时代的同源或非同源译作共生以及同时代的同源与非同源译作的共生关系。同源指多种译本同出于一个原文本,比如《哈姆雷特》与其无数个汉译本的共生关系;非同源指不同译本对应各自的原文本。如果更宽泛一些,还可以包括:(3)原作与针对原作的各种书评之间的共生关系。原语文化社会中对原作的各种评论会增强或减弱原作在原语社会的影响,甚至会影响到原作向域外的译介与传播;而没有原作,也无所谓对原作的批评。二者互为共生。(4)译作与译评之间的共生关系。译语文化社会中对译作的各种评价会增强或减弱译作在译语社会的影响,甚至会影响到译作在译语社会特定读者群中的生存空间和时间;而没有译作,就无所谓对译作的评论。二者互为共生。总之,与翻译相关的各种文本是个有机的生态场,是一个密切的共生系统。

再者,人有古今、时代、国家、地域之分,思想(比如意识形态)也有古今、时代、国家、地域之分,但不同时空的人不能携带自己的思想共时地出现在同一个生态场,比如孔子和老子不能与亚里士多德和柏拉图面面相对,坐而论道;现今的教育主管部门也不能穿越时空就教育的棘手问题向孔老夫子当面请教。文本也有古今、时代、国家、地域之分,但文本可以共时地存在于同一个生态场;这就是说历时的人不具共时性,但历时的文本具有共时性,即不同时期的文本可以同时出现在某个时期。文本可以记载、传承不具共时性的人类的思想与情感、道德与精神,进而实现人类物质与精神资源的共时性聚积;而没有文本,就无法记录、保存人类的知识与智慧硕果,文本是承载、连接人类语言与文化的有形工具,它是民族与国家互通信息、互为认知、互为进步的有效途径,人类一直以来都是以此为手段并实现自我强大与繁荣的。因此,文本共生的意义可以上升到人类实现文明进化与和谐共生的哲学高度,可以说,与翻译相关的各种文本是个有机的语言文化生态场,是一个密切的共生系统。

就文本类型而言,翻译的共生关系可以分为:(1)口译文本与笔译文本的共生,这也是翻译文本的两大基本类型。(2)宗教文本、文学文本、非文学文本(包括科技文本、新闻文本、外宣文本、影视文本、歌曲文本、机器文本、网络文本/电子文本、可视文本、语音文本、盲文文本等文本类型的共生关系。(3)机译、机辅、人工智能等技术文本与人工译本的共生。(4)各种翻译文本类型的共生,包括(1)(2)(3)中的全部文本类型。

就翻译形式而言,当前视角下的翻译形式纷繁,它们之间是一种多元共生关系。主要有:(1)各种笔译形式的共生。包括直译、意译、改译、拟译、变译、摘译、略译、删译、节译、选译、编译、跳译、主旨翻译(gisting translation)、梗概翻译(indicative translation)、选择性翻译(selective translation)、众包翻译(crowdsourcing)、人工智能翻译(Chatgpt translation)等不同形式的笔译文本。(2)各种口译形式的共生。包括同声传译、交替传译、会议翻译、视频翻译、远程传译、即时翻译（instant translation）、实时语音翻译（real-time speech translation）、耳语翻译、手语传译、智能语音翻译等。(3)各种机译、机辅、人工智能翻译形式的共生。(4)各种身势语翻译形式的共生。指由肢体、手势、表情混合而成的身势语翻译。(5)语内、语际、符际翻译形式的共生。(6)以上各类翻译形式的互补与共生。不同形式的翻译都会依据特定的翻译策略与方法完成翻译任务或活动，可以说，人类翻译有史以来积淀下的翻译理论与方法是以上各种形式的译者的共同资源，各种形式的翻译反映了人类族群的变迁与社会的综合演化。

从翻译资源层面看，翻译客体共生关系有：(1)与翻译活动相关的人的资源共生。(2)与翻译活动相关的客体文本的资源共生。(3)翻译理论与方法的资源共生。(4)翻译设备、工具等资源的共生。比如计算机、翻译软件、同传设备、电子词典、纸质词典、网络词典、无限通讯词典、人工智能软件等。

主客体交互层面的翻译共生关系指翻译主体与翻译客体之间产生的共生关系，主要包括译者与原语语言文化的共生关系，译者与客体文本对象的共生关系（没有客体文本对象，就没有翻译或译者），也涵盖译者与自身所处语言、文化、人际、社会环境的共生关系，译者与自身社会综合环境的共生关系，译者与自身国家意识形态的共生关系以及译者受自身国家或地区在当下综合社会发展水平限制而导致的被共生关系，等等。

3. 理论与方法

没有翻译就没有人类的共生、和谐与文明，这对欧洲来说尤其是事实。季羡林说过,如果古希伯来语的《圣经》和阿拉米语①的《福音》在两千多年前没有被译成希腊语和拉丁语,在一千多年前的中世纪没有被译成阿拉伯语、英语、法语和德语等近代欧洲语言,那么,基督教文化与欧洲文化就不会产生,西方现代文明就无从谈起。《圣经》的翻译历经两千年,奠定了许多欧洲语言的基础②。《圣经》的翻译是人类翻译史上的最大事件,可以说,翻译是人类文明的火种,译者是盗取人类文明火种的"普罗米修斯"。季羡林认为"中国的翻译理论与实践在世界上具有显著的地位……佛经的翻译自后汉至宋代,历一千两三百年……在世界上是空前的。从实践中产生的理论,也以佛家为最有系统,最深刻"③。

翻译理论与方法层面的共生关系主要有:(1)传统与现代翻译理论与方法的共生;(2)语内与语外翻译理论与方法的共生;(3)个人产生的翻译理论与方法的共生;(4)个人产生的翻译理论、方法与集体(多人组成的研究流派、团队、机构或院所等)产生的翻译理论、方法之间的共生,比如,提出释意理论的巴黎学派;(5)集体与集体之间的翻译理论与方法共生,比如,巴黎学派和莱比锡学派之间的共生关系;(6)以上各种各类翻译理论与方法的共生。

翻译批评层面的共生关系包括:(1)批评主体之间的共生关系;(2)批评主体与批评客体之间的共生关系,前者主要指翻译批评研究者与实施者,后者指批评主体的批评对象,包括译者、译本、

---

① 阿拉米语(Aramaic language),又称亚兰语,是古代近东的通用语言和波斯帝国的官方语言,近代通常指叙利亚的一种方言,属阿非罗-亚细亚语系闪语族西支。
② 季羡林:《季羡林谈翻译》,当代中国出版社 2007 年版,第 1 页。
③ 同上书,第 3 页。

翻译理论与方法以及对翻译批评的批评等;(3)各种译评方法及见解的共生。

人类在漫长的翻译实践中积攒了丰富的经验和方法,显示了极大的个人与集体智慧,体现了神奇的共生力量。纵观人类整个翻译历史进程,可以说各种各样的争论始终伴随着对翻译探索的进程,对翻译的认识也在不断加深,产生了五花八门的理论、方法和原则,但却没有形成一个放之四海而皆准的翻译标准或理论体系,这应是翻译的本质特性使然,因为翻译的标准与方法并不具有唯一性,翻译标准与方法的动态性变化与多样性存在恰恰体现了翻译共生的本质特点。

翻译理论与方法的共生主要体现在历时与共时两个层面,历时侧重时间维度,共时侧重空间维度。对翻译来讲,历时的共生尤为重要。毫无疑问,人类今天繁华的语际交流、国际往来都与人类翻译所取得的理论与方法硕果难以隔断,每一个族群在每一个社会发展阶段都或多或少地要借助翻译的推力来获得空间思维的拓展,谋得社会的进步;而翻译如何有效地服务于当时的社会,要基于前人的翻译经验积累,从这个层面讲,翻译理论与方法就是一种历时的共生关系。人类的翻译史有历时与共时的双重性特征。从纵向时间看,每一个历史阶段所产生的翻译理论方法与翻译实践活动都只是人类翻译历史长河中的一个片段,是翻译历史链条中的一环,具有历时性特征;从横向空间看,在某个特定历史时期的各个国家或民族所发生的各种翻译实践活动,是同一个时空坐标下的共生关系,具有共时性特征。任何人对翻译的研究与实践都无法脱离翻译的历时性成果而仅仅囿于其自身时代的共生条件。人类历史长河中翻译理论与方法的历时与共时双重共生特点,可用图2-5表示。

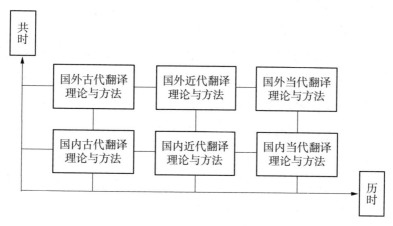

图 2-5　翻译理论与方法的历时与共时特征

从上图可以看出，人类在历时地累积着翻译经验与硕果的同时，也在动态地"扬弃"着或这或那的翻译认知上的不足。翻译作为一个整体的有机系统，其生机与活力恰恰体现在其内部自我否定与新生的质的规律上。

翻译活动的复杂性缘系多种因素：两种语言结构的差异，两种语言习惯表达的差异，受母语语言文化干扰而产生的文化传译中的自守性与排他性，语言的历时性与共时性差异，作者、译者与读者之间的复杂关系以及各自目的的不一，译者的环境、身份、阅历、观念、素养等差异，翻译与其他学科（比如，语言学、文学、美学、伦理学、政治学、计算机科学、人工智能以及其他自然科学）发展的互为影响，种种因素的交织使得人们对翻译的认识、评价与要求无从归于统一。但毫无疑问，正是众多译者与理论家在历史的海洋中不断地进行翻译实践、方法总结和理论思考，才使得民族与国家交流畅通无阻，才使得人类维持着进化与繁荣，才使得人类文明浩浩泱泱向前奔流。

(1) 历时共生

从西方翻译历史看,很大程度上说,古代欧洲民族间的融汇与往来是建立在对古希腊文化传译的基础上,而且早在公元前五世纪就开始了。当时的古希腊城邦雅典已经将殖民地扩张到意大利半岛,彼此间的贸易往来频繁不断。马其顿国王在武力征服不断衰败的古希腊过程中,也在到处传扬着文明发达的古希腊文化。到公元前三世纪,古罗马征服了意大利半岛;而正是通过大量的翻译继承了古希腊文化的衣钵,古罗马才成为地中海沿岸文明的中心。历史告诉我们,翻译是传递人类文明的火炬,是族群间共生的纽带。

西方有记载的翻译史发端于希腊语对希伯来语的犹太经典翻译,但真正开启翻译研究的是古罗马人。在大量译介古希腊文化过程中,罗马学者形成了自己的翻译思想,其中有以西塞罗(Marcus Tullius Cicero,公元前106—公元前43)、贺拉斯(Quintus Horatius Flaccus,公元前65—公元前8)、昆体良(Marcus Fabius Quntilianus,约35—约100)为代表的世俗文学翻译思想和以哲罗姆(St. Jerome,约347—420)、奥古斯丁(St. Augustine,354—430)等为代表的宗教经典(《圣经》)翻译思想。西塞罗的翻译给罗马乃至后来的欧洲引入了不少哲学词汇,也给西方对翻译方法的研究开了先河。他关于翻译的文艺创作观以及"直译"(解释员)与"意译"(演说家)的翻译研究两分法,确定了后世探讨翻译的方向,即翻译的标准与技巧问题。贺拉斯的《诗艺》对后世的文学创作及西方文论发展有重要意义,他主张活译,认为"忠实原作的译者不会逐字死译"(《诗艺》),还赞成本族语可通过译介外来词加以丰富。昆体良也提倡活译,强调"我所说的翻译,不仅指意译,而且还指在表达同一意思上与原作搏斗、竞争"①。我们现在关于翻译研究的各种主体思潮实际上是源于他的这种翻译是创作,是与原作竞争、媲美,是超出原作的思想。哲罗姆是西方早期基督教会四大权威神学家之一,被认为是罗马神父中最有学问的人,他主译的《通俗拉丁文本圣经》被认为是第一部"标准"的《圣经》译本。哲罗姆翻译思想的影响不亚于西塞罗,他提出的区别对待"文学翻译"与"宗教翻译"的文类翻译观对后世翻译理论和实践产生了巨大影响。奥古斯丁是古罗马帝国末期基督教神学家、哲学家、拉丁教义的主要代表、北非地区主教和修辞学教授,是具有传世影响的神学家,著作有《上帝之城》《忏悔录》《论基督教教义》等。其中,《论基督教教义》是从神学角度研究语言学的著作,认为翻译中必须考虑"所指"(客观存在事物)、"能指"(语言符号)和译者"判断"的三角关系,被认为是古代语言学和翻译理论的重要文献,对后世的语言与翻译理论研究有很大影响。奥古斯丁的符号理论为哲学家和语言学家所推崇。

以上可以看出,西方翻译研究从古希腊时代开始就进入一种对立的共存视野当中,一种是语言学翻译理论路线,另一种是文艺学翻译理论路线。前者肇始于哲罗姆、奥古斯丁等《圣经》经典译者,后者发轫于西塞罗、贺拉斯、昆体良等世俗文学译者;前者强调语言的本质性,主张忠实性翻译;后者侧重语言的艺术性,主张创造性翻译。西方在此后历经西罗马帝国崩溃至文艺复兴时期的一千年、14 至 16 世纪欧洲文艺复兴运动的三百年以及近现代欧洲产生的各种文艺思潮,翻译研究都在对立视野中发展。这两种翻译

---

① Robinson, Douglas, *Western Translation Theory from Herodotus to Nietzsche*, Manchester: St. Jerome, 1997, p. 20.

观既对立又互补,形成了一个共生整体,这是西方翻译历史长河中的显性生态特质。

本书将东方的空间范畴限定在中国和印度范围内讨论。双方之间的翻译共生纽带主要是众多的佛教经典翻译,佛经翻译是东方翻译生态场中的繁茂之花。据已知文献记载,中国的翻译事业肇始于对佛经的译入。对佛教经典的翻译大致经历了从东汉末年到北宋期间的一千多年漫长过程,大量的佛教经典被译入,产生了众多佛经翻译大家,引入了丰富而深邃的佛教文化,积累了许多经典翻译理论与方法,推动了中华翻译文化的繁荣与发展。从东汉末年至北宋期间的佛经翻译延续了一千多年,佛经学家在实践中收获了丰富的佛教经典译论和方法,主要以"案本-求信"为主导翻译理念,也兼有对"达"和"雅"的诉求。比如三国时期佛经翻译大师支谦认为翻译应"因循本旨,不加文饰";但也感叹"传实不易"而应"易晓"(《法句经序》)。(梁)慧皎认为支谦的翻译"曲得圣义,辞旨文雅"(《高僧传》),既求"质朴",也尚"文丽"。东晋时期的释道安主张"案本而传",即以"信"为本。符秦国的鸠摩罗什主张"依实出华",他也是最早主张译者署名的翻译家。唐朝玄奘提出了"既须求真,又须喻俗"的文质并重主张,与支谦的既求"质朴",也尚"文丽"的主张一脉相承。佛教理论家任继愈在其《中国佛教史》(第1卷)中提到:"在中国佛经翻译史上,始终存在'质朴'和'文丽'两派";罗新璋认为"案本-求信-神似-化境"是中国传统译论的基本体系[①];傅惠生认为,我国佛经译论是以支谦的"本旨论"(译文为中心)、道安的"案本论"(原文为中心)和彦琮的"译者论"(以"八备"

---

① 罗新璋:《我国自成体系的翻译理论》,《翻译通讯》1983年第7期。

为中心)为基本体系①。

以释道安的"案本"和玄奘的"求真"为佛教翻译的主导理念，同时伴有鸠摩罗什"依实出华"的"达"与"雅"诉求，也始终存在"质朴"与"文丽"的质疑，但却总是在探寻二者之间的共生而非对立，这也符合我国传统哲学中的"和而不同"之道，而并非像西方昆体良那样的搏斗、斗争。现代翻译研究产生的"神似""化境"，直至严复的"信达雅"和许渊冲的"三美论"，都是前人经验基础上的创新，具有历时映照而又自成一体的共生特点。

(2) 共时共生

从空间上讲，横向的、族域内或跨族域的翻译理论与方法是一种共时共生关系，但彼此的共生度有所不同。其一，族域内的翻译理论与方法产生于同一空间，共时性凸显，共生度就强。比如，某一时期出现不同理论与方法的翻译研究或者大量出现同一理论或方法的翻译研究。翻译的共时性能够体现某一个时期翻译理论与方法的繁华程度，再现当时社会对翻译的需求程度以及翻译事业对当时社会的赋能状态。其二，跨族域的翻译理论与方法尽管产生于同一时期，但由于地处不同的空间，其共时性并不明显，共生度就弱。比如，不同空间的族域在同一时期出现了不同的理论与方法，但由于空间的阻隔或社会交往的需求所限，这些新出现的翻译理论与方法未必能够及时产生跨族域的传播，也就不能及时实现其跨族域的共时效果，对当时译语社会翻译事业的影响和需求程度、赋能状态都无法产生较强的共生度，其共时性共生效果可能会延异为历时性共生效果，即在后来的时期或者说不同的时期实现其跨族域传播的效果。

---

① 傅惠生:《我国的佛经译论体系》,《上海翻译》2010年第1期。

4. 伦理与规约

翻译伦理与规约的共生是指翻译共生关系中的各个主体都受一些普遍认同或约定的制度和规范的约束,包括制度、章程、约定、惯例、准则、行业规范、职业道德等,也就是翻译领域的"公序良俗"。伦理与规约层面的共生关系主要有以下几个层面:一是译者及专业翻译机构需要遵守的一般性职业规范与操守,比如国际译联(FIT)通过的翻译工作者宪章、联合国教科文组织(UNESCO)通过的"内罗毕宣言"(Nairobi Declaration)、国际会议口译联合会(AIIC)制定的口译译员的权利和义务等等。二是各个国家中各级各类翻译协会或组织制定的译者及专业翻译机构应遵守的操守准则与职业规范。三是特定行业或协会制定的翻译约定、规范或准则。翻译行业或协会为其成员制定相关的翻译约定、规范或准则,相涉的翻译个体则形成基于这些约定、规范或准则的共生关系。

任何共生关系都存在着约束前提,即共生规则,一旦失去这些前提,特定的共生关系就会被打破,甚至无法存续。比如:动物之间弱肉强食的森林规则只是一些浅表的生存现象,生命类型的多样化和日趋复杂性也不是"通过杀死其他生命,而是通过相互适应对方来实现的。共生维持了事物的存在"[①]。人类社会的共生关系有宗教、伦理、道德、法律、体制等约束手段,而翻译作为人类社会共生系统中的一个子系统同样需要伦理与规约来约束。可以说,人类在不同时期对同一个问题的持续追问,即"如何译",就是从各个层面与角度探索翻译的态度、策略与方法的,其中涉及翻译态度

---

① 张永缜:《共生理念的哲学维度考察》,《辽宁师范大学学报(社会科学版)》2009 年第 5 期。

的部分正是针对翻译的伦理与规约而提出的。比如,"忠实"就既有翻译方法层面的意指,也有翻译伦理层面的内涵;"异化"与"归化"也具有翻译策略与译者态度的双重意义;"作者主体"或"译者主体"是翻译观点,但同样是对翻译伦理的纠结;"作者中心""译者中心""读者中心"这些关于"谁是中心"的争论更是针对翻译伦理与道义层面上的"你争我夺"。另外,不同时期产生的翻译规章制度体现了翻译伦理与规约的历时性共生特点,它们会随着时空的推移而动态地变化。比如,国际翻译工作者联合会于1964年在南斯拉夫的杜布罗夫尼克市举行的第四次代表大会上通过的翻译工作者宪章中,明确规定了译者的义务与权利:译者有权反对任何歪曲、删减或改动其译文的行为;明确强调了译者的道德行为,并认为译者作为"第二作者"(secondary author),对原作者负有特殊义务,翻译必须忠实,并呼吁译者对其不赞同的文本不予翻译。该宪章还对译者享有的译作版权及在译作适当位置明确署名的权利;同时,翻译工作者未经原作作者或原作所有者的同意,不得翻译该项作品,还要尊重作者的其他各项权利。这就等于明确界定了作者与译者之间的规约关系。该宪章于1994年的挪威奥斯陆会议上做了修订。还有,美国翻译协会对翻译者及专业翻译机构的操守准则与职业规范做了明确而详细的规定,包括忠信翻译、专业资质、服务品质、职业道德标准、专业善良惯例等。联合国教科文组织在1976年11月22日通过了一项"内罗毕宣言",全称为《关于对翻译者和翻译作品提供法律保护,以及采取实际措施提高翻译者地位的倡议书》。其中,对翻译工作者的各项权益,包括地位、报酬、合同、专业机构、培训、工作环境等内容做了明确阐释。另外,国际会议口译联合会为保护会议口译译员的利益于1953年11月成立,宗旨包括评估口译译员的语言能力水准、制定口译实务的专业与道德水准、监督译员的工作条件和国际协议执行情况、提高译员培训水准、保障译员利益等。总之,权利与义务就像一个人的左右手,时刻不能分离;译者在行使翻译的各项权利的同时,也要承担包括伦理、规约在内的各项翻译义务。

某种程度上讲,译者的个人素养、翻译取向决定着译文的质量与品位。翻译的伦理与规约规定了各主体之间的翻译操守与行为规范,是各主体之间协调与共生的伦理尺度。面对各种形态的翻译共生关系,各方参与者应通过对翻译中各种问题的层面与脉络进行研究和梳理,从微观到中观,从中观到宏观,从个体到整体,从共时到历时,从片面到全面,去描述、观察、认知、分析翻译中的各种共生现象,对不合理的共生现象给予剖析和改良,使之趋于合理,对合理的共生现象予以稳固,以维持翻译共生关系的优质性与生命力。

二、共生翻译三要素

宇宙、世界之深奥,自然、社会之纷繁,使得翻译主体在面对如此广袤的客体时感到千差万别,甚至是天壤之别。上一节简述了翻译的宏观和中观共生关系,详细梳理了微观层面的翻译共生关系。宏观的翻译共生关系指出了翻译与语言、文化、社会、人类世界、宇宙自然之间存在着的层递性和扩展性共生关系。中观的翻译共生关系从语言、文化、人际、社会四个层面做了简述。微观的翻译共生关系主要从主体、客体、理论与方法、伦理与规约四个层面做了梳理。这些并不是翻译中的全部共生关系,但已显现出翻译共生关系诸多层面及其交互层面和整体层面的纷繁复杂特性。若从各种共生关系的共性角度观察,可以发现一般的翻译共生关系都具备空间、关系、能量三个基本要素,如图2-6所示。

图2-6 共生翻译三要素

空间是关系的场所和容器,关系是共生的模式和实在,能量是关系的价值和旨归。就翻译而言,文本即空间,文本是一切关系的总和,呈现出语言、文化、人际、社会等复杂交错的共生关系。文本是能量的载体,能量是文本的承载物,是外显的语言符号的内置部分,是知识的总的概括。知识是"一切翻译活动的核心,是人类跨文化生活的能量"[①],是一个巨大的能量场,一个囊括了自然科学、社会科学和人文科学,广博而浩瀚的能量集合体。从品名到概念,从域名到技术,从思想到审美,几千年的中西方融合史就是知识能量的转化史,也是人类知识文明的互鉴与共生历史。从雅典民主文明到欧洲大陆的文艺复兴,从波斯帝国的扩张到东西方丝绸之路的贸易融合,从欧洲工业革命到美洲新大陆的地域探险,知识无时无刻不在语际和族际的旅行之中。知识无疑是翻译系统的内隐特征,语言是翻译系统的外显特征。语言是"翻译之用",文化是

---

① 李瑞林:《知识翻译学的知识论阐释》,《当代外语研究》2022年第1期。

"翻译之维"①。翻译在"文化交流中通过对新知的引介,激发对原有认知模式的重新思考并促使知识谱系的扩容和思想变化,由此发挥出独特的历史文化功能"②。

1. 空间

共生翻译学意义上的空间是一个文本形式的物质或虚拟存在,具有语言、文化、人际、社会维度上的外溢性和曲张性。空间是语言生产的"产房",也是语言受限的界域;是语言"活着的"居所,也是语言"死亡的"墓穴。文本是一个共生空间,空间是关系的容器,也是关系的场景。列斐伏尔提出的空间理论走进了经济学、社会学、文化地理学、空间政治学、美学、翻译学等学科和后殖民理论、女性主义理论以及各种文学理论之中,空间理论的现代性和后现代性阐释不断涌现。列斐伏尔受马克思主义社会空间批判理论的启发,将空间与社会生产结合起来,将以往"空洞的""物理或地理的""可感的"(马克思哲学人类学)"诗意栖居的"(海德格尔存在论)空间赋予了社会属性,曾经被视为抽象场域的空间,变得实在起来,不仅被赋予了本体存在特性,还容纳着社会关系和社会生产,成为生产实践行为的具体场所和实践产物,并在"创造和存在行为中,得以现身并蕴含其中"。难怪福柯适时地指出,"当今的时代或许应是空间的纪元"③。

人类语言文化的共生空间可用三元空间来阐述。人类是个共

---

① 杨枫:《知识翻译学宣言》,《当代外语研究》2021年第5期。
② 王晓路:《论翻译的历史文化功能:认知模式与知识谱系》,《外语教学与研究》2021年第2期。
③ 米歇尔·福柯:《不同空间的正文与上下文》,陈志梧译,载于包亚明主编:《后现代性与地理学的政治》,上海教育出版社2001年版,第18页。

生体，人类的一个无比重要的共生表现形式就是语言文化上的共生，人类赖其思维的共性和普遍性这一生理和心理机制使其在不同语言文化之间形成了事实上的互为共生关系。就像不同生物各有其共生空间和生态环境一样，人类族群间的语言文化也有其互为进化与共生的空间与环境，可称其为"三元空间"(trialectics of spatiality)。为便于表述，笔者在此仅以传统的纸质文本作为描述对象来替代语言文化的其他载体形式，如实物、音乐、图像、视频、肢体、电子、人工智能等非纸质文本形式。

　　语言文化的共生发生于三个不同的空间：第一空间(first space)，即原语语言文化空间，属于相对独立的单语文化空间，主要载体是原语文本；第二空间(second space)，即译语语言文化空间，也属于相对独立的单语文化空间，主要载体是目标语文本；第三空间(third space)，即双语文化空间，属原语与译语文化交汇的空间，主要载体是翻译文本。人类语言文化要实现共生，首先需要进入一个双语交汇空间，即"第三空间"，即翻译文本。比如，外译内的过程中，母语语言文化的"自我"(self)遭遇外语语言文化的"他者"(other)，二者经过碰撞、交汇，在母语语言文化中会产生诸多新的语言文化形态，而后经过沉淀与过滤，经过母语文化社会的生活化实践与规范化调适，最终进入第一空间，成为母语文化的一部分，从而完成"他者"向"自我"、"异质"向"同质"的转化过程，从语言层面到文化层面，都会参与其中，并逐渐形成一种你中有我、我中有你的共生格局，且共生度会越发加强和深化。内译外亦然。尽管如此，各民族因其时间、地域、历史的自我构成性，第一空间与第二空间的语言文化依然会保持其相对的独特性征；而翻译文本处于原语文化和译语文化之间的交汇区(in-between space)，二者客观上须顺应彼此之间的同质性，调和彼此之间的差异性，而以协商或折中的方式呈现出一种新的面貌，一种既不同于原语社会文化的文本，也不同于目标语社会文化的文本，因而被称为"第三空间"。

后现代主义空间理论的发展，也为人类语言文化共生的空间提供了思考路径和解释方法。在传统社会文化理论领域，相比丰富的时间与威严的历史，空间总显得落寞与寂寥；然而，时间与历史始终脱不开与空间的干系，时间是空间的序列，空间才是能量转换的场所。当历史走进后现代语境时，空间也因其自身无限的延展而显示出强大的存在。后现代政治地缘学家和城市理论家爱德华·苏贾（Edward Soja，也译作索亚）受后现代先驱列斐伏尔（Henri Lefebvre）、福柯（Michel Foucault）等人的影响，提出了"第三空间理论"（third space theory），给予了"空间"与"时间""历史"同等的地位。霍米·巴巴在后殖民主义语境下的多元文化研究中提出了不同于"自我"与"他者"的"第三空间文化"（culture of third space），即在不同文化遭遇的"中间地带"（in-between space）产生的"混杂文化"（hybrid culture），企图用混杂性（hybridity）去打破殖民者和被殖民者、自我与他者之间的严格分野，挑战少数族裔和社会底层弱势群体被边缘、被消音的无情事实。

可以说，相比第一和第二空间，第三空间里弥漫着复杂的双语社会关系，时间和场域的自构性左右着这个空间里的诸多交互关系，译者要在这个空间生态场中行使族群间语言文化互为进化与共生的使命，其交互身份与作用就显得尤为重要。

2. 关系

关系是事物之间相互作用、相互影响的状态，是人与人、人与事、人与场（时间、空间、环境）之间某种性质、方式和程度的联系，同时蕴含着逻辑性(时间、方位、因果、条件等关联序列)、影响力和重要性等含义。生物间的共生是一种自然生态关系,是"各种各类生物之间的组合状况和利害程度的关系"①。其实,一切事物都具有关系属性,事物的属性就是关系属性。共生的实质是一种关系实在,"共"才能"生",共即互动、互补与互惠,是关系存在的条件,生是生发、生命和生机,是条件的结果和状态。共生是一种关系存在、关系模式、关系发展,具有关系属性,共生的关系属性是其固有的属性特征。共生翻译学的本体是共生关系,共生关系的本质是互利互惠,互利互惠的基础是互主体性。

共生翻译学以共生关系为本体,对翻译中的共生现象进行解释、概括和把握,从共生视角对翻译的本体论、价值论和方法论等若干命题进行理解与阐释,提出共生翻译学本体论的关系本体观,价值论的属性价值、关系价值、能量价值和行为价值的价值统一观,方法论的关系思维、整体思维和有机思维的多元共生观。方法既是实践的经验,又是实践的起点,是实践与发展的循环。共生翻译学倡导"关系"中的实践和"关系"中的发展,通过对翻译活动中关系属性和关系价值的认知,深化翻译研究的关系思维意识,构建翻译研究的关系认知能力和关系共生能力。相关内容将在第五章集中阐释。

日本学者尾关周二在《共生的理念与现代》一文中立足现时代与社会,把共生总结为三种类型,即圣域共生、竞争性共生与共同性共生,其中,他倡导共同性共生,认为竞争必须是在不破坏共同性价值的条件制约下进行②。"圣域"共生意味着尊重相互所具有的

---

① 洪黎民:《共生概念发展的历史、现状及展望》,《中国微生态学杂志》1996 年第 4 期。
② 尾关周二:《共生的理念与现代》,《哲学动态》2003 年第 6 期。

个性和领域,即"每个文化中有一个由信仰、观念、价值、神话和特别是那些把一个特殊的共同体连接到它的祖宗、传统、逝者的东西构成的特定的核心"①。这是人类早期群体生存的精神支柱,以古代中国为例,儒家文化思想在中国的认同乃至后来的"神化"都是一个确证②。

从关系视角看,共生宏观上指人类不同语言文化相互进化与演变的密切关系;微观上指翻译的主体、客体以及主客体之间的互为密切关系,彼此之间交互关联,互为作用。至于译本,它就像一个生命体的诞生,其过程是漫长、复杂而纠结的。在这个过程当中,参与了这个生命体孕育、成熟、诞生的"当事者"或"主体链",包括原作作者、翻译发起者、赞助商、译者、编辑、审查人、版权人、译评人、出版商、营销商、读者等,构成了一个"为实现翻译目的而共同维系"的主体共生网络,这些参与者都会影响"译本"这个生命体的形与质;而这个主体共生网络又与当下的社会、经济、政治、语言、文化、风尚、教育等层面的现实生态相辅相融。

3. 能量

生物之间的共生是通过彼此能量的代谢互补与互为转化而实现的。能量(energy)其实是一个超学科(transdisciplinary)概念,这缘于"科学与技术的发展使得概念获得了巨大的跨学科辐射能力"③。

---

① 埃德加·莫兰:《复杂性理论与教育问题》,陈一壮译,北京大学出版社 2004 年版,第 42 页
② 李燕:《共生教育论纲》,山东师范大学博士学位论文,2005 年。
③ Müller, Ernst, "Introduction: Interdisciplinary Concepts and Their Political Significance", *Contributions to the History of Concepts*, 2011(2), p.47.

超学科指"穿越于学科间,运用其概念、理论或方法"①,为一组"学科建立某种共有的原则体系"②,即从其他学科那里借用概念、理论和方法服务于某一学科对象。

能量作为概念最初由英国科学家托马斯·杨(T. Young)于1807年首先提出,用于度量物质运动的物理量,一般解释为物质做功的能力。到19世纪,能量成为物质运动能力的共同量度,并逐渐以不同的形式出现,经跨学科辐射而演化为动能、光能、热能、内能、势能、声能、电能、磁能、原子能、化学能、生物质能、太阳能等。教育领域的"能量教育"也从对能量的机械运动认知层面跨越到人的个体发展与价值建构层面。

能量作为翻译学概念,是跨语言文化转化过程中所产生的知识和观念总和,包括工具、技术、建筑、养殖、种植、思想、语言、文化、情感、习俗、思维、认知等物质和精神世界的知识和观念。知识"是人类跨文化生活的能量"③,翻译是"人类拓展知识和能力边界的一种跨语言认知与实践方式"④,是跨语言的"知识加工、重构和再传播的文化行为和社会实践"⑤。概念语汇、句法表征和修辞风格等语言特征是翻译中知识转换的重要构件,是语言能量的基本要素。翻译中再现原语的语言特质和话语形式,为实现语言文化的异质共生提供了可能的结果。揭示原语语言的异质特征,汲取其意义的指示力量,克服"自然"和"归顺"表达的惰性和惯性,实现语言知识旅行

---

① Lattuca, Lisa R., *Creating Interdisciplinarity: Interdisciplinary Research and Teaching among College and University Faculty*, Nashville: Vanderbilt University Press, 2001.
② OECD, *Interdisciplinary: Problems of Teaching and Research in Universities*, Paris: Organization for Economic Cooperation and Development, 1972, pp. 25-26.
③ 李瑞林:《知识翻译学的知识论阐释》,《当代外语研究》2022年第1期。
④ 同上。
⑤ 杨枫:《知识翻译学宣言》,《当代外语研究》2021年第5期。

的最大能量转化值,这是共生翻译的本质诉求;而保留原语语言中的句法构造、动态结构和语言机制等异质能量是实现译语语言生长、原语与译语共生的积极语言再现活动。原语语言因其历史积累与文化嬗变而具有的形成性、结构性的内质和凝练性、描述性的张力,会通过翻译而激发新的译语表达形式,进而实现知识能量转化过程中语言思维的突破和语言知识的增值。总之,翻译是"语言群落"中的两种或多种语言之间的交互作用过程,是知识能量的转换机制。翻译的转化过程实质上是一个"自我"与"他者"的"互化"过程。语言能量的互为转化是共生翻译学方法论的现实基础。

语言是文本的物质表象,语言承载的意义是文本的能量,知识和观念是语言承载的全部意义,是文本内嵌的能量。文本是个开放的空间,在这里,语言和文化随时间、历史的进程以及社会的进化而不断地吐故纳新[①]。知识能量的语际转化与文本旅行深受人类文明进步和特定社会发展的制约,是一种知识跨域活动的社会现实和历史现实。由此,翻译不是一个人的事情,也不是一个群体的事情,多样化而逐渐形成的普遍性,即共性,是人们认知翻译的基础。从符号学层面讲,翻译就是把语言符号的褶皱打开;从文化人类学层面讲,翻译就是把神秘的疆域打开;对于道德家而言,翻译就是一项审慎的美德;对于美学家而言,翻译就是审美的旅程;对认知论而言,翻译就是对"陌生"的认知(胡塞尔)。总之,人们在阐释语言与知识、认知与思维、思维与价值之间的复杂关系时,有无限的阐释视角,自然也会演绎出不同的结果。或许翻译的更高价值在于超越知识本身,使译语读者实现更高维度的成长——思维。

---

① 刘满芸:《共生理论视阈下的翻译研究》,《中国翻译》2016年第3期。

第三章

系统和环境

系统和环境构成了共生翻译学基本原理的两个不同考察层次。之所以将"系统"引入共生翻译研究视角，是因为一般系统论始于对生物生命的系统性认知，是将生物中部分之关联和部分之整体之间的相互作用扩展到普遍意义上一般事物之间的相互关系，探寻超出生命范畴的事物之间普遍存在的相关性、多元性和整体性，并最终上升到哲学和方法论的思维高度。富有生命质感、部分与整体统一的一般系统论对共生翻译研究具有"协同"作用，因为"共生"始于生物生命之间互依共存的自然生态法则，却也是超出生命之外，超越生物识别机制，上升至价值判断、社会理性和哲学高度的，跨越自然与人文之间屏障的现代科学思维方法。环境，大到大千世界，中到社会环境，小到译者周遭及其内心世界，三者之间的复杂交互作用自始至终伴随着译者的翻译过程。共生翻译环境将从主体环境、客体环境和综合环境三个方面进行阐述。

一、共生翻译系统

1. 系统的生命质感

（1）系统：从生命出发

美籍奥地利理论生物学家、哲学家、一般系统论的创始人路德维希·冯·贝塔朗菲（Ludwig von Bertalanffy, 1901—1972）是20

世纪杰出的思想家。他从生物科学出发,将生命引向开放的系统研究,通过系统之间的关系来描述生命中的活力因素,并将生物学意义上对系统关系的认知和理解扩展到一般或普遍意义上的系统中去,并以此创立了20世纪具有深远意义的一般系统论。贝塔朗菲的研究涉猎医学、心理学、行为科学、历史学、哲学等诸多学科,其渊博的知识、浓厚的人文科学修养为世人所敬仰,他的一般系统论被誉为"一道划破技术时代天空的思想灵光"。

系统(system)一词源于古希腊文(systεmα),指由部分构成的整体。要素(elemeutum)源自拉丁文,指古希腊哲学中的原质、原始的物质实体。系统在宇宙间是普遍存在的,从无机物到有机物,从微生物界到生物界,从物质世界到精神世界,从人类社会到人类思维,从自然科学到社会科学,系统无所不在。系统的定义应该涵盖一切系统所共有的特性。贝塔朗菲将系统定义为:相互作用的要素的集[1],明确指出要素之间的相互作用以及系统对各要素的整合作用。具体来说就是,如果某一集合满足下列两个条件:第一,集合中至少包含两个不同要素,第二,集合中的要素按一定方式相互联系,那么,该集合则为一个系统,其中的要素为系统的组分(成员)。

对"系统"的界定五花八门,比如,美国学者克朗(Robert M. Krone)认为,系统是由相互关联的要素组成的复杂集合[2];苏联哲学家列·尼·苏沃洛夫将系统看作"是某种统一的和整体的共同性,它具有其存在的某些内在规律"[3];我国的《中国大百科全书》(哲学卷)对"系统"(system)的解释是:由要素组成的有机整体;钱

---

[1] Bertalanffy, Ludwig von, *General System Theory: Foundations, Development, Applications*, New York: George Braziller, 1969, p.56.
[2] R. M. 克朗:《系统分析和政策科学》,陈东威译,商务印书馆1985年版,第20页。
[3] 列·尼·苏沃洛夫:《唯物辩证法》,宋一秀、易杰雄译,黑龙江人民出版社1984年版,第160页。

学森把"系统"界定为:相互作用和相互依赖的若干组成部分合成的具有特定功能的有机整体[①];王浣尘则把"系统"定义为:由相互联系、相互作用着的一些事物组成的总体,或说是由关联部分组成的总体[②]。这些五花八门的定义显示出,不管是从哲学、语义,还是从功能出发,不同学科视野下的学者会用不同的表述方式对系统进行描述或界定。那么,抛开狭隘的学科界限,从这些定义中抽取出共性的部分,便可以得出一般意义上关于系统的描述:具有相互关联的个体所组成的集合;一个系统须由若干要素(部分、组分、成员)组成,具有一定的结构,各要素间具有一定的相互联系、相互制约的方式;还具有一定的功能,即目的性;同时,系统中的各要素处于运动与变化之中。

(2) 系统的基本特征

贝塔朗菲的定义说明了一般系统论的基本特征,指出系统的基本特性有三个:多元性,即系统是多样性、差异性的统一;相关性,即系统不存在孤立的要素或组分,所有要素或组分之间构成相互依存、相互作用、相互制约的关系;整体性,即系统是所有要素或组分构成的统一复合体,整体不仅是空间上的,也是时间上的整体。

贝塔朗菲首先是一位理论生物学家,他的一般系统论始发于"生物机体论",其先将生物有机体看作整体的系统,考察生物系统中不同层次的组织原则,提出了机体系统论思想。之后又对生物生命系统以外的各种系统的共性上升到一般性和普遍性思考,对不同系统中存在的相似性和同构性进行了理论和方法层面的提取,将"系统"一般化和普遍化,形成了哲学层面的理论思想。这

---

① 钱学森、许国志、王寿云:《组织管理的技术——系统工程》,《文汇报》1978年9月27日。
② 王浣尘:《总体和整体》,《系统工程理论与实践》1986年第4期。

样,贝塔朗菲确立了一种以系统概念为核心,能够概括一切领域中系统思想的一般系统论理论框架。一般系统论将科学主义与人文主义密切结合而进行交叉学科探索,尝试利用自然生命科学的现象去探寻宇宙运动的普遍规律和法则,并经过理论提炼和哲学思考,使部分、整体、相关、动态、层次、多元、开放成为不可或缺的理论要素。

系统是多元的,可以是物质的、概念的、静止的、动态的、封闭的、开放的等。系统的静止和封闭状态是暂时的,系统是随时空环境而动态变化的。系统内外、系统之间的物质、能量和信息处于不断的交换和转化之中,所以,系统并非是永恒的,而是在不断的重构之中。重构并非瞬息万变,而是基于系统组分相对稳定的条件下的物质、能量和信息的输入和输出,这体现了系统的动态性和稳定性相对平衡的运动特征。

相关性是针对系统中个体要素或组分之间的关联性,没有孤立的个体要素或组分,各个要素或组分之间既相互合作又彼此制约,共同构成系统的整体。整体是个体相关联的整体,相关是整体之内的相关。相关性和整体性是人们理解和认识复杂世界的方法论,有了系统的整体思维、相关思维、多元思维和开放思维作为系统的方法论指导,人们认识事物、解决问题就会更加全面、辩证,可以避免局部、孤立的封闭思维。

2. 社会共生系统

(1) 社会共生系统的"构成"

胡守钧将社会共生系统定义为"相互关联的社会主体的集"[①]。

---

① 胡守钧:《社会共生论》,复旦大学出版社 2010 年版,第 12 页。

社会主体包括个人和组织,社会共生系统由社会主体构成,整个人类社会就是一个共生系统。每一种社会共生关系都有自己的特征,因为各自的"构成"不同。一个共生个体(或团体)可能"构成"不同的社会共生关系,在每一种共生关系中的行为和角色各不相同,比如,一个共生个体同自身家庭、工作同事、师生、同学会、业余活动团体、校外培训机构、学术兴趣小组等都构成了不同的共生关系。总之,大到宇宙自然、人类社会,小到单位、街道、家庭都是大大小小的共生系统,都是社会共生系统的"构成"。就社会共生系统的基本特征而言,胡守钧认为有四种:整体性、等级性、稳定性和适应性。

(2) 社会共生关系的特征

关于系统的整体性,胡守钧给出了一个较为哲学的解释:由要素构成的系统,具有要素所没有的性质[①]。胡守钧认为,系统的质不等于所有要素的质的堆积。这大概是出于古希腊哲学家亚里士多德提出的那个"整体大于部分之和"的著名命题。贝塔朗菲在阐述他的一般系统论的整体性原则时,就充分肯定了亚里士多德的这句名言的内涵。的确,古希腊的哲学家们普遍重视事物的整体性,赫拉克利特就把世界看作是"包括一切的整体"。古代这种朴素的整体观至今仍然是现代系统论的一条基本原则。我们知道,整体是由部分构成的,构成整体的各个部分以一定的结构方式组合在一起,每个部分都有自己的功能;但组合的方式不同,产生的功能、能量和结果就不同。实际上,现代系统科学就对整体和部分的关系做了更为全面的透视,认为整体和部分的关系有三种情况:整体大于部分之和、整体等于部分之和、整体小于部分之和。那

---

① 胡守钧:《社会共生论》,复旦大学出版社2010年版,第13页。

么,部分与部分相互作用的结果,其综合效应是大于、等于还是小于各部分之总和呢?这种综合效应决定于部分之间相互作用的性质。系统的整体由个体构成,但并不是由系统的个体叠加而成,所以,构成整个系统的特征或者说系统的整体性特征不能由孤立的个体要素的特征来累加,正如拉兹格在其《系统哲学引论》中所说,"整体大于部分之和"这个神秘的说法的真正意思是,"整体可以从数学上表述为不同于其各部分的性质和功能的简单之和"①,因为整体是由各个部分构成的复合体,其特征与原始要素特征相比,是"在一种各种力不断起作用而且它们引起的扰动是处在通过自稳定可以校正的范围内的环境中,系统不仅能够存在,而且能够进化"②。

胡守钧认为,系统的整体性其实是系统作为一个具有质的规定的物所具有的性质。任何一种社会共生系统都具有质的规定性,这种质的规定性决定了社会共生系统的特征不能成为其成员特征的"累加",因为构成方式对系统的特征有决定性作用。不同的社会主体的人组合在一起,可能爆发极大的创造力,也可能产生极大的破坏力,事物的质的规定性决定了它所起的作用与功能。

等级性是缘于系统与系统内诸要素及其与外界相互关系的转化,这种关系被描述为:假设系统 A 由 N 个要素构成,其中每个要素又是由若干要素构成的系统,系统 A 是更高一层系统的要素。这就是所谓的等级性③。欧文·拉兹洛把这种等级性描述为"如某个给定系统 a 有组分系统 $c_1, c_2, c_3, \cdots c_n$ 的确定结合,其和用 R

---

① 欧文·拉兹洛:《系统哲学引论——一种当代思想的新范式》,钱兆华、熊继宁、刘俊生译,商务印书馆 1998 年版,第 49 页。
② 同上书,第 60 页。
③ 胡守钧:《社会共生论》,复旦大学出版社 2010 年版,第 14 页。

表示,当其组分也是系统且其本身又是某个更大系统的一个组分时,系统 a 就是某等级体系的一部分:$[a=(c_1, c_2, c_3, \cdots c_n)^R] \subset b$。这里的 a 是 b 的一个下层系统(组分),并且所有的 c 都是与上层系统 a 有关的可比系统)"[1]。显然,社会具有等级性,社会共生关系中的主体(每个个人或组织)都属于社会共生系统中的某个等级,而且因构成方式或类别的不同会属于不同的等级,即等级的多重性身份。等级性是社会共生系统中的一个突出特征。

稳定性指系统要素之间、构成方式以及功能作用的恒定性与常态性。朴昌根认为,所谓稳定性是"指系统的结构与功能在涨落作用下的恒定性,亦即系统状态或状态序列或输入-输出关系在涨落作用下的恒定性。换言之,说一个系统是稳定的,是指该系统具有自身的度量规定,维持自己的质的规定性的统一,使涨落引起的量变不会越出引起质变的界限"[2]。实际上,质的恒定性即系统的稳定性。

社会共生系统的适应性是指系统维持与环境共生关系的能力。其实,一个系统与外界环境(其他相关系统)以及其内部自身要素之间的相互适应程度是社会共生关系状态的重要表征。因此,如何建立、保持稳定的适应性共生关系是复杂的社会议题。

总之,通过了解系统在自然科学与人文科学中的实际存在,透视系统的一般性哲学意义,能对系统的普遍存在性及其在社会共生关系中的功能与应用认识得更加清晰与透彻,为优化社会秩序和决策起积极作用。

---

[1] 欧文·拉兹洛:《系统哲学引论——一种当代思想的新范式》,钱兆华、熊继宁、刘俊生译,商务印书馆 1998 年版,第 66 页。
[2] 朴昌根:《系统学基础》,四川教育出版社 1994 年版,第 245 页。

3. 共生翻译系统之特征

(1) 共生翻译系统的界定

共生翻译系统是指相互关联的翻译各要素的集合。每一种翻译共生关系都有自己的共生特征,因为其具体的"构成"情况不同。比如,一个翻译主体在某个共生关系中的行为、地位或身份,就不同于他/她在另一个共生关系中的行为、地位或身份。拿译者来说,在原作者、译者和译语读者这个小的共生单元里,他/她就是作为翻译主体的共生主体,与作为创作主体的作者以及作为阅读主体的译语读者就建立起共生关系,三者同时拥有主体性。而在另一个层次中,比如,某个译者与其他译者的共生关系,或者某个译者与某个(或某些)翻译组织的共生关系中,他/她就是这个共生关系中的组分或要素,但其主体性可能会变弱。同样,在当下商业利益为重的社会环境中,若某个译者被置入赞助商、编辑、编审、出版商、销售商、译评人等共生关系时,译者的主体影响力也会减弱。总之,每一种翻译共生关系都会有自己的特殊性。

(2) 共生翻译系统的构成

翻译中的共生系统由翻译中的各个要素及其相互之间的关系构成。翻译中共生系统的构成是复杂的、动态的和多元的。比如,译者翻译某个作者的作品,他/她就和该作者、该作者作品译作的读者群以及该作者及其作品的研究者或译评人构成了一种共生关系的集合。如果译者翻译的是另一个作者的作品,他/她就和那个作者、那个作者作品译作的读者群以及那个作者及其作品的研究者或译评人构成了另一种共生关系的集合。同样,某个译者与不同的翻译组织或不同的出版社所构成的共生关系会不相同,比如他/她本身或他/她的译作受重视的程度不同,被付报酬、签约译稿的种类、频率或时长会有不同等。反过来说，不同的译者与相同的翻译组织或相同的出版社所构成的共生关系也不会相同，这种不同会体现在地位、待遇、亲密程度等方面。总之，共生翻译系统的构成是复杂、动态而多元的。

(3) 共生翻译系统的基本特征

一般层面而言，系统的本质特征可以分得很细，比如，整体性特征（系统作为一个整体具有超越于系统内个体之上的整体性特征）、群体性特征（系统是由系统内的个体集合构成的）、个体性特征（个体是构成系统的要素，也称要素或组分；没有个体就没有系统）、关联性特征（系统内的个体是相互关联的，没有关联就无所谓共生）、结构性特征（系统内个体是以一种相互关联的方式存在的）、多样性特征（系统是多样性、差异性的统一）、层次性特征（系统内个体的关联是分层次的）、模块性特征（系统内部是可以分成若干子模块的）、模糊性特征（系统与系统内的个体之关联信息及系统的自身特征通常是模糊的）、模型性特征（系统可以通过建立模型进行研究）、独立性特征（系统作为一个整体是相对独立的）、开放性特征（系统作为一个整体又会与其他系统相互关联、相互影响）、发展性特征（系统是动态地演变的）、自然性特征（系统是遵循自然的、科学的规律而存在的）、实用性特征（系统是可以被研究、优化和利用的）、因果性特征（系统与系统内的个体是具有因果关系的）等。就翻译共生系统的基本特征而言，不外乎整体性、关联性和动态性等。

整体性是指系统作为一个整体具有超越于系统内个体之上的整体性特征。作为整体的系统并不是其个体之和，系统的整体性特征也不是其个体特征之和，而是"具有个体所没有的性质"。系统不是系统内各要素的"累加"，而是由各要素"构成"的。"构成"

与"累加"有质的不同,"我们可以说一个要素的累积特征是在复合体里外都一样的特征,因此它们的特征可以通过孤立时已知的要素特征和行为的累积来获得;构成特征是依存于复合体内特定关系的特征,所以要了解这类特征不仅要知道各个部分,还须知道关系"[1]。这就是说,一个要素具有什么样的特征,要看它所在的特定共生关系环境;同一个要素在此共生关系中的特征不同于它在彼共生关系中的特征。这就是系统内要素的构成性。而累加则是指一个要素在任何时候,无论在任何共生关系中的特征都是一样的、静止的、不变的,是独立于任何共生关系之外的,因此一个要素的特征是固有的、恒定的。但事实上这是不成立的,因为任何人、任何事物都处于某一时段或某一空间中的某种共生关系中,其行为和特征都随共生关系的不断变化而变化,孤立的、恒定的事物并不存在。

作为由个体"构成"的系统的整体性,指系统的质不同于系统内各要素质的累加或总和。任何一种翻译共生关系都具有质的规定性,这种规定性是由一个翻译共生关系中的各要素"构成"的,因为要素在特定系统中的构成方式决定了系统的整体性特征不同于系统内各要素特征的简单累加,一个翻译要素在不同的翻译共生关系中因关联性不同所产生的特征也不同。比如,一个翻译教师,他/她与其翻译教学的同事的共生特征就不同于其在翻译学术研究领域建立起来的翻译学术研究者之间的共生关系特征;他/她与家人之间的共生关系特征也不同于其与亲戚、朋友之间的共生关系特征;他/她与学生之间的共生关系特征也不同于其与单位领导之间的共生关系特征等。总之,系统的整体性体现在系统内要素

---

[1] Bertalanffy, Ludwig von, *General System Theory: Foundations, Development, Applications*, New York: George Braziller, 1969, p.57.

之间的结构与方式上,要素以相互关联而形成特定的结构,才构成系统的整体性。翻译作为一个整体的有机系统,其生机与活力恰恰体现在其内部自我否定与新生的质的规律上。

关联性指系统是要素的有机的集合。要素只有在系统中才能体现其意义,能够成为系统中的要素,必定得具备构成系统的相互关联的质的规定性。系统的质不是要素的质的总和,但以要素的质为基础,通过要素之间的结构和关系体现出来。所以,如果不具备构成系统的质的规定性,要素就不能成为系统的要素。

作为翻译主体的译者与其他主体,如作者、译语读者、赞助商、编辑、编审、出版商、销售商、译评人等,在不同的翻译共生关系中的共生方式和结构会有不同,比如,译者与同时期其他译者之间存在共生关系,尤其与本区域(本地市、省区)的译者同行会有密切共生关系。假如译者甲、译者乙和译者丙同属某市或某省翻译协会会员,经常在一起开会,他们就有很多机会互通翻译信息,互换翻译观点,共同探讨翻译问题与发展。相比而言,他们与外市、外省的翻译协会会员之间的共生关系就不那么密切;因为疏于往来,交流不便,掌握的信息对象就会有偏差,对同一翻译问题得出的结论就会有所不同,甚至差异很大。若再与同时期国外的译者相比,可能几乎没有什么来往,其共生关系就很微弱,除非一方著有非常有影响的翻译研究作品,否则,二者之间的共生关系不会有大的改变。若纵向比较,译者与本国各历史时期的译者之间存在着较为密切的共生关系,这里指的并不是生命层面的历时共存,而是指二者之间赖以为生的翻译观点或者翻译作品;可以说,没有各历史时期众多译者翻译遗产和成果的支撑,就没有现代译者的生存现实,现代译者是在汲取历史译者的翻译养料的基础上,维持其翻译研究、产生其翻译成果的,这是一种历时共生关系。某种意义上说,这种共生关系甚至强过某些共时共生关系。总之,翻译主体要素之间相互关联的层次、结构、环境不同,其关联特征也会各异。

动态性指系统中的要素不是一种孤立、静止的关系,而是一种有机的关联和动态的发展状态。系统的动态性表现在,系统内部的结构方式随时间而变化,系统也必定与外部环境存在着物质、能量和信息的交换。系统作为相互关联的集合,其要素间的有机联系与互动只是暂时的状态。贝塔朗菲认为,实际存在的系统都是开放系统,动态是开放系统的必然表现。事物表面的稳定性并不能掩盖其本质的运动性,比如生物体保持体内平衡的重要基础就是新陈代谢,如果新陈代谢停止就意味着生物体的死亡,这个作为生物体的系统就不复存在。

当然,在承认系统动态性的同时,并不能否认其稳定性的存在。从前面的社会共生系统一节中,我们已经了解到胡守钧阐述的系统的稳定性,即具有自身的度量规定,可维持自己的质的规定性的统一,使涨落引起的量变不会引起质变的界限。其实,一个系统在一定的时间或条件下会维持其正常的运转状态,只要系统内各要素之间的角力能保持平衡,该系统就会保持稳定。如果系统内的共生关系打破了共生规范与约定,共生关系就会发生质变,如权力系统的集权化、金融财团的寡头化、行业领域的垄断化、学术圈子的一言堂等。另一方面,系统共生关系的破裂缘于系统内部关系的僵化,不随时间、空间、条件的变化而调整规范与约定,机械地墨守成规、死搬硬套,从而导致系统有机关联的质出现分解、死亡。如在学校,教师教学方法僵化,学生学习乐趣全无,最终导致学生不能合格结业,师生关系破裂;在工厂,老板不能高瞻远瞩、把握全局,致使经营策略失误,产生亏损,工厂倒闭;在公司,老板不能公平划分利益,就会产生劳资纠纷或企业员工关系破裂。

动态演变是一切系统的自然发展规律,翻译共生系统当然也具备所有系统的发展共性。任何系统的共生关系都是在不断的调整与适应中演变的;没有孤立、恒定的要素,也没有僵死的系统。翻译共生关系中的主体既要彼此适应,也要与周围环境与条件适应。任何处于特定时间维、空间维、社会维、语言维、文化维的译者都必须与当下的翻译环境和条件保持动态适应,否则会寸步难行。比如,处在21世纪的今天,翻译家林纾断然不会把外国小说译成半文言体或章回体;鲁迅的"宁信不顺"在今天的多元翻译生态下也不会显得如此响亮;梁实秋的"悉照译,以存真"在今天的翻译研究者看来,或许稍显生硬而拘谨;而朱生豪的"神韵观"、傅雷的"神似观"以及钱锺书的"化境观"等,正是随时局的变化、语言文化的进化以及新生代读者的现实需求所做出的动态性适应,体现了译者与环境共生的灵动性与能动性。

总之,众多翻译共生关系只有处于特定的时空及社会综合环境下,才能维持其共生生态;时空及社会环境变化了,翻译共生关系也会随之而变。动态性是翻译共生系统的活的体现。

二、共生翻译环境

翻译环境涉及诸多复杂因素,可以从不同视角进行审视。翻译环境可以从宏观、中观、微观三个层面来看。宏观而言,翻译面临的环境是包罗万象的大千世界。中观而言,翻译总是被置于某种语言、文化、人际及社会环境之中。微观而言,翻译指向诸多现实环境,包括翻译涉及到的主体、客体、文本、文类、翻译形式、理论方法、伦理规约、翻译个体、翻译群体、翻译资源、翻译批评等诸多层面及其交互层面和整体层面的繁杂关系。为方便梳理,本书主要从主体共生环境、客体共生环境、综合共生环境三个层面加以分析。

1. 主体共生环境

就翻译主体而言,共生翻译环境既指译者自身的认知视野及其所处的自然、社会综合环境,也指翻译各主体共同所处的公共翻译环境。其一,译者无法超越自身对世界的认知和自身所处的时代,译者只能在自身知识范围内和自身所处的社会时空中完成对原语文本的解读,所以,译本是译者作用于自我内心世界与自身社会综合环境的产物。其二,优质的翻译主体共生关系是良好的共生翻译环境的体现,也是实现翻译主体活动的高质量、高效能的有力推手,因此要努力创设优质共生翻译环境,推动现有翻译资源(人力、物力、精神、关系等)均衡增长,不断开发新型翻译资源,努力优化翻译主体之间的共生关系,即在满足共生各方需求的"度"上不断实现新的平衡(如图3-1)。

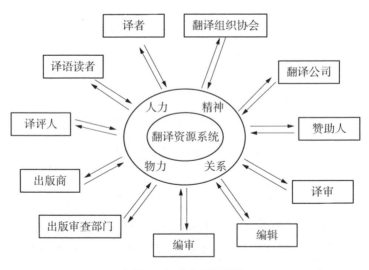

图3-1 共生翻译环境

从图中可知，各翻译主体作为系统中的人，构成了系统中的人力资源主体，共同享用系统中的其他资源（物力、精神和关系资源）；同时也互为享用作为人力资源的各个主体本身。换句话说，各个翻译主体既是翻译资源系统当中的人力资源的一部分，又是分享这些人力资源的成员，他们（她们）既是资源客体，又是资源享用的主体。

译者作为翻译主体，是翻译行为的实施者，要出色地完成翻译任务就必须具备适应翻译环境的能力，与翻译生态场其他主体和谐共存。也就是说，译者应学会在平衡中求得合作，在合作中赢得生存。而平衡总是处于妥协与抗争之间，译者对翻译环境的共生性诉求是指：第一，对内部主体环境的共生诉求。即译者对自身综合翻译素质的诉求，包括母语涵养、外语语言文化功底、文学素养、知识结构与体系、政治思想素养、翻译研究阅历、翻译经验积累和翻译技术工具等。第二，对外部主体环境的共生诉求。即译者在翻译过程中与其他相涉的各主体之间的互动关系，比如：有无学界同行或前辈的指导和提携，是否融入译界科研交流或活动圈子，是否与相关出版部门建立联系并赢得信任，是否有市场营销技巧或渠道，等等。第三，对外部客体环境的共生诉求。即译者所处社会当下的政治体制、经济形态、文化风尚、社会教化等。

2. 客体共生环境

（1）文本环境的共生

文本环境主要指语言环境，即原语语言符号体系与译语语言符号体系之间的映照与交汇。不同的语言体系"经过自身历史的演变和社会生态的进化而对意义的生成、储存、呈现与传输模式完成了独特的建构，族群间思维的天然性差异必然会在译文中通过碰撞、交叉与互补来实现互文性转化，体现了语际间互为进化与共生的形态、方式与过程"①。文本环境涉及音法、词法、句法、语义、语用、篇章、行文、语体等因素，译者所面临的是原语与译语之间的语词组织、语义错位、语用缺位、句法构成、行文逻辑、语篇风格等语言因素的差异，比如，就动宾结构和偏正结构而言，英语习惯于简洁和省略，而汉语习惯于平衡和对称，比如 assign and check up tasks（布置任务，检查任务）；就语言的重复手段而言，英语多省略或用指代关系，汉语则多重复，以加强明确和对称，比如：Failure is the mother of success as well as of innovation（失败是成功之母，也是革新之母）；英语名词、形容词用法常见，汉语则有多用动词的习惯，比如：Much of our prejudice is blind（我们大部分的成见都具有盲目性），等等，这些例子比比皆是。综合而言，英语具象、逻辑，汉语凝练、会意。音法的主要共生手段是音意模拟，追求音意相生的效果，达到音和意的表里融合，如"fool you"（忽悠）、"damn single"（单身狗）、"no Z-turn"（不折腾）等。如果音意无法相生，至少也要保证意义的真实传递和共生伦理。句法与语义的共生在于深层结构的逻辑共生，不在于表层结构的线性共生。语体风格的再现是互通有无的手段，引入异质的语体风格，与语内的语体风格融会而创新，从无中生有，在有中创新，实现互动互惠。总之，语言是人类的第二双眼睛，语族间的共同性与差异性决定着原文与译文之间在表达上的对称性与不对称性，文本类型、翻译的语词、语体及方法上的选择决定着译文与原文的共生度，译本的生产就是语言的生产，而理解语言本质上是理解差异，翻译就是"在自我与他者、同

---

① 刘满芸：《翻译研究文化转向以来的主体滥觞之反思——从"翻译暴力"谈起》，《上海理工大学学报（社会科学版）》2017 年第 1 期。

一性与位移之间的一种差异游戏"①。翻译具有共生功能,即开启跨语言认知,启发人们的心智,促进语言和思想共生进化,同时又允许存而不同。

(2) 非文本环境的共生

不言而喻,翻译的非文本环境是指文本以外的各种翻译因素,即社会、文化、人际等文本外围环境对文本翻译带来的投射和影响。文化主要指不同国家和地区的宗教信仰、生活方式、人情礼俗、时空观念、饮食习惯、法律制度、工具技术等。翻译是译者在两种语言、文化、社会、思维个性以及民族气质上的认知与互动,是自然赋予人类认知宇宙万物的方式方法,也是各民族走出自闭、实现互联共生的桥梁。然而,思维的固化、情趣的差异、时空的位移、观念的流变等又会造成文化间的隔阂,比如,不同的族群对同一事物的认知可能有不同的道德感受、迥异的思想质感、相悖的文化体验和相反的心理联想等。民族性意味着多样性与差异性,意味着自身独特的思维路径、民族情感、思想色彩、异国情调及传统习俗等。各民族自身特殊的生存环境与发展背景促成了其极具个性的生存式样,其民族风物、习俗典故、生活格调等可能唯有本族语言形式才能深透地表达到极致,也只有本民族的人们才能对这些表达理解、感受到极致。所以,原文本的字里行间内含着文化底色,语言差异只是文化差异的表象,文化差异会使理解造成偏差,原文的入微表达、语气、格调、情感氛围,在用新的语言再构时,无法完全复制,体现了共生的相对性和包容性。译者需要进行相应的策略调整,以确保翻译的准确性和文化调适性。

非文本环境也涉及译者现有的翻译工具、软件和设备条件,如

---

① 陈永国主编:《翻译与后现代性》,中国人民大学出版社2005年版,第2页。

翻译软件、语音识别软件、电子词典、在线工具、人工智能等技术工具和软件设备。翻译已经进入虚拟工具时代,译者需要强化翻译技术能力,掌握提高翻译效率和翻译质量的技术手段,节省成本和时间。

另外,非文本环境还涉及法律层面的因素,即翻译工作者需要遵守的法律法规、行业新规、著作权版权、翻译标准和规范、翻译伦理与规约等。要理解相关法律与要求,遵守翻译标准与规范,以确保翻译质量和著权版权的合法性。

3. 综合共生环境

翻译环境是一个复杂的系统,翻译的共生环境是指翻译与外部世界之间、翻译内部诸要素之间以及相互之间的整体和谐与有序状态。翻译的形态是译者对客体文本的心理认知和语言再现活动,是跨语言文化认知过程,而语言又是一个符号化了的大千世界,是对现实世界的反映。所以,翻译的内在本质其实是认知我们身处的客观世界与自我的内心世界。翻译就是要通过语言的表象去揭示语言结构深处的差异,即语言结构差异所涵盖着的深层次的文化个性与思维模式的差异。如果说原文本是作者对其身处的当下社会的经济、政治、语言、文化、风尚、教育等综合环境生态的内在反射与外在缩影,那么译本就是译者对原语社会的经济、政治、语言、文化、风尚、教育等综合环境生态的主观化认知与符号化再现。

翻译的共生环境是一个平衡发展的统一体,参与到翻译过程中的每一方都是这个翻译生态场中不可或缺的一环,他们对"译本"这个生命体的诞生起着"连环式"作用。从传统视角看,翻译只是译者自身的个体行为,译本只是译者的一件孤立作品,跟社会、他人几无关联，充其量只是个人情致使然。但工业化与现代化，尤其是信息化与全球化以来，人类科技突飞猛进，种种信息通过各种传媒瞬间便可到达世间的每一个角落；人类所处的空间被极度压缩，地域联结从未如此紧密，世界变成了麦克卢汉眼中的"地球村"。至于译本，更不再是译者个人单独操纵的"果实"，而是众多因素互为作用的产物。它或许被某个群体利益所驱，为市场经济利益所诱，染社会某种时尚之风，受政府相关政策所困，由人文景致及礼仪教化所感，等等。总之，翻译不再是译者的个人志趣或行为，而是译者在主体共生环境与客体共生环境间取得双向平衡的结果。

共生翻译环境是一个整体的语言与文化生态状态，是翻译主体赖以生存和发展的一切外在条件之总和。翻译主体是原作作者、翻译发起者、赞助商、译者、编辑、审查人、版权人、译评人、出版商、营销商、读者等构成的共同体，这个主体共同体当中的每一个个体互为制约，并在其共同维系的翻译活动中互为交织，动态地维系着翻译主体生态场的平衡，这种平衡就是一种翻译共生形态。而译者作为翻译主体共同体中的核心主体，有其独立性与能动性作用，因为翻译活动"自始至终必须通过译者主体意识和主导作用才能完成。译者处于不同语言和不同文化间各种力量交互作用的交互点上，既是翻译过程的主体，又是译事得以进行的基石"[①]。故此，译者要有所作为，就必须坚定自身的翻译使命，积极创造有利的翻译共生环境与条件，把握翻译实践机遇，勇于挑战困难，甚至权威；同时应清醒看到，译者是主体之中的主体，但不是主体之中的全部，译者主体与其他主体之间，彼此有互依共存的密切关系。

---

① 胡庚申：《生态翻译学的研究焦点与理论视角》，《中国翻译》2011年第2期。

因此，要积极改善与翻译相涉的"人"的环境，即自身主体以外的主体生态环境，也要理性融入自身所处的自然、社会与文化环境，即客体生态环境，要在时空维、社会维、语言维、文化维、交际维等多维环境中，优化自身条件，规避各种不良因素，整体认识翻译时局，宏观把握翻译走向。实际上，任何成功的译本，都是译者与其所处的翻译生态环境进行有效视阈融合的结果。比如，在战火纷飞的抗日战争期间，朱生豪面对炮火连天、贫病交加、翻译工具资料奇缺的恶劣环境，要翻译《哈姆雷特》这样一部"雄浑永恒的交响曲"不可能做到字斟句酌，达到像梁实秋那样"悉照译，以存真"的翻译效果，追求译文的"神韵"才能使其"有所为"。两位译坛大家在对《哈姆雷特》翻译策略的取舍上，虽有各自翻译观与自身素养的显现，但也是积极创造共生环境、有效把握翻译时局的结果。

翻译是译者对自身所处的翻译生态环境的最大化共生诉求的结果，译本是译者努力协调原语作者与译语读者、原语语言文化与译语语言文化之间关系的结果。译者作为翻译活动的主体，在翻译过程中努力使两种语言文化、两种社会的人文生态互为共生，使之有效连接与互为通约，这是一个积极诉求与主动创设的结果。译者面对主体共生环境与客体共生环境中各种主客观因素的搅扰，必须学会整体权衡。实际上，译者对翻译共生环境的积极诉求与主动创设构成了翻译的整个过程。译者要想在自身所处的翻译生态环境中求得生存与发展，并最终取得译事成功，就应主动创设与不断优化共生环境，即在主体共生环境与客体共生环境间取得双向平衡，这是一种共生智慧。

第四章

机制和模式

生物间的共生机制是能量互补和能量代谢转化，以维持生命的能量需求和物种创新所需的新陈代谢。翻译的共生机制在于两种语言文化之间文本和符号形式的能量转化。共生翻译机制分语言转换机制和语言演化机制，二者被认为是语言的形态和语言的内在既彼此协同又相互作用的两种机制。模式是具有某种标准和稳定性的形式，是可以被参照的样式。共生翻译模式聚焦互文共生、关联共生和人机共生三种基本模式。

一、共生翻译机制

人类的语言具有先天生物属性，也具有后天社会属性，这是生物语言学的哲学基础。语言是人类社会演化的结果，人类语言的多样性生态体现了其生物属性的普遍性。自然界中的生物物种共生方式与人类世界中的语言共生方式有着生物机制上的同一性和通约性。族群语言的形成缘于外部生态环境和系统自组织之间的相互作用，也体现了族群语言之间的生物性和社会性差异。共生翻译的机制既是文本层面的，也是社会层面的；文本反映的是语言转换机制，社会反映的是语言演化机制。

1. 语言转换机制

探索人类语言互为进化与演变的运动规律，就要深挖不同语言之间深刻的内在密切关系。在西方，"Logos"在古希腊语中意指

"词"或"有意义的词",古希腊哲学家赫拉克利特(Heraclitus,公元前535—公元前475)最早将其引入哲学研究,用以指代"理性"或"理念",或直译为"逻各斯"。这个词后来被引入基督教教义当中,喻指"与神同一的道"或"圣子耶稣"。古希腊哲学家亚里士多德认为,语言是人类内心经验符号的见解。这些观点直接影响了后来欧洲乃至整个西方对语言的哲学性思考。比如,英国哲学家洛克(John Locke,1632—1740)认为,词语是观念的符号,人的所有的观念皆源于后天的经验所得。现代存在主义哲学家海德格尔更是坚信,语言是人类存在的精神家园,语言的本质就是人的本质。语言与哲学的关系渊远而密切,远在中国古代先秦时期和西方古希腊时期,语言就被置于哲学的高度来审视,语言的神秘性甚至连带出人类自身本源的问题。我国先秦时期的诸子百家对"名"与"实"的关系有很多探讨和记载,老子认为"道"为万物之母,而"名"则生于"道",这显然割裂了"名"与万事万物之间的联系;而墨子所说的"所以谓,名也;所谓,实也",则恰好体现了我们今天所理解的万事万物与事物命名(概念)之间的关系,即我们今天所说的"能指"与"所指"关系。

翻译的人文社会环境与自然空间环境有密切的关联性与交互性,体现了人类语言文化互为进化的密切关系。这种密切关系体现在共生作为人类语言文化进化的互联与互通机制当中,这种共生机制的运作方式便是两种语言符号系统之间的转化(如图4-1)。

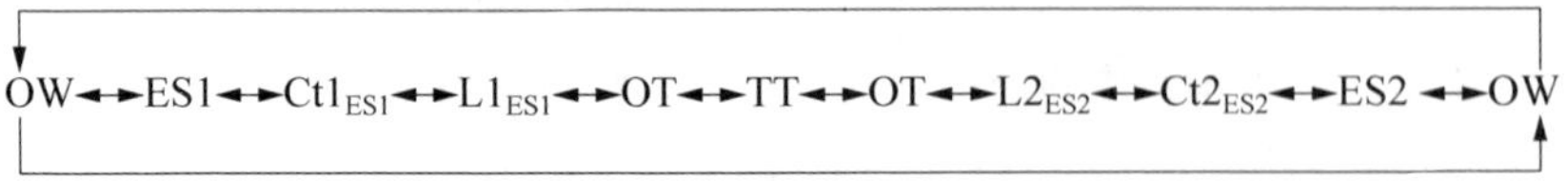

$$OW \leftrightarrow ES1 \leftrightarrow Ct1_{ES1} \leftrightarrow L1_{ES1} \leftrightarrow OT \leftrightarrow TT \leftrightarrow OT \leftrightarrow L2_{ES2} \leftrightarrow Ct2_{ES2} \leftrightarrow ES2 \leftrightarrow OW$$

图4-1 两种语言符号系统的转化

注:OW=objective world; ES1=one ethnic society; Ct1$_{ES1}$=the culture of one ethnic society; L1$_{ES1}$=the language of one ethnic society; OT=original text; TT=translated text; L2$_{ES2}$=the language of another ethnic society; Ct2$_{ES2}$=the culture of another ethnic society; ES2=another ethnic society。

翻译是跨语言认知过程，语言又以符号形态体现大千世界，是对大千世界的符号化反映。所以，认知语言的实质其实就是认知我们身处周遭的客观世界与人类自我内心世界。翻译是作者与读者之间文本形式的交流，是在译者的充分协调下对主客观世界认知和探索上的交流，并最终达到心灵共栖。若用图示，如图 4-2。

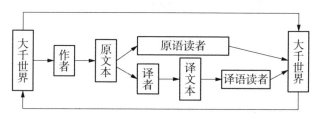

图 4-2　翻译的跨语言认知过程

从本质上说，语言正是伴随着人的一切活动而发挥功效的，翻译就是要确定语词在某一特定场合下的语义效果，所以，理解语言实际上就是理解人在大千世界中的纷繁活动，或者进一步讲，是要理解人在纷繁活动中的复杂思维、观点与情感。语言图像理论(the picture theory of language)创始人维特根斯坦(Ludwig Wittgenstein, 1889—1951)认为，语言的准确意义存在于其应用功能当中，即"语用决定语义"[1]。用我们今天的话来说，就是"语境产生意义"。英国著名语言学家弗斯(J. R. Firth, 1890—1960)曾在其《意义的模式》一文中说，每一个词在新的语境下都会成为一个新词(each word when used in a new context is a new word)[2]。这

---

[1] Wittgenstein, L., *Philosophical Investigations*, trans., G. Ansombe, Oxford: Blackwell, 1953; Alston, W. P., *Philosophy of language*, N.J.: Prentice Hall, 1964, p.33.
[2] Firth, John Rupert, *Papers in Linguistics, 1934-1951*, London: Oxford University Press, 1957, p.190.

说明词的意义是随语境的变化而变化的;而语言是民族个性与思维惯习的物化,语言结构的差异,甚或是对某些词义界定的交叉、错位或不对称,都能体现一种语言所属社会的结构与别种语言所属社会的结构之间的差异。那么,语言究竟是如何构筑我们内心深处的思想的呢?美国社会语言学家沃尔夫(B. J. Whorf, 1897—1941)通过生活中的实际活动与经历,深刻感悟并深入思考了人类思维与语言之间的密切关系。他认为,语族间社会文化形态的差异,是与人的观念(idea)及心智(mind)差异密切相关的,以下是他的相关描述:

> The background linguistic system of each language is not merely a reproducing instrument for voicing ideas but rather is itself the shaper of ideas, the program and guide for the individual's activity, for his analysis of impressions, for his synthesis of his mental stock in trade. Formulation of ideas is not an independent process, strictly rational in the old sense, but is part of a particular grammar, and differs, from slightly to greatly, between different grammars. We dissect nature along lines laid down by our native languages. The categories and types that we isolate from the world of phenomena we do not find there because they stare every observer in the face; on the contrary, the world is presented in a kaleidoscopic flux of impressions which has to be organized by our minds —— and this means

largely by the linguistic systems in our minds.①

沃尔夫在以上描述中指出：人类的语言机制不仅仅是一个可以复制观念并将其声音化的工具，更是一种观念的构筑机制（shaper of ideas），是对人的各种心智活动的编码与指南，是对现实事物与活动的分析与处理，是对所涉活动的综合性心理评价。观念的形成不是一个独立的心智过程（"观念是独立的心智过程"在传统意义上被认为是极其合理的），而是伴随着各种具体语言结构的形成而形成的，而各种语言结构又有或大或小的差异，人类正是凭借自身的心智才使语法规则与现实世界建立起高度一致的联系，并借以认知大千世界。世界之所以给人们变幻万千、奇妙无比的印象，全靠我们的心智，而心智很大意义上和我们大脑中的语言体系有关。

体认语言学（embodied-cognitive linguistics，简称 ECL）认为，现实、认知和语言之间存在横向互动的关系，语言源自人们对现实世界的"互动体验"和"认知加工"，"互动体验"（"体"）强调了语言研究中的唯物论立场，"认知加工"（"认"）突显了语言研究中的人本观立场，因而语言在本质上具有"体认性"②。语言的社会性和实践性以及"人"作为互动主体的能动性表明，语言的生成基于现实世界，语言的认知则基于人与现实世界的互动体验；而空间维度的不同会引发认知主体在体认方式上的差异，也就会产生认知加工上的差异。刘玉梅等在分析空间词"in"的空间关系界限

---

① Cooper, David E., *Philosophy and the Nature of Language*, London: Longman, 1973, p.101.
② 王寅：《值得学界关注的一个新动向：关系论——解读体认语言学的核心原则》，《外国语文》2023 年第 1 期。

(boundary)时,认为体认方式的差异会导致判定"in"的包含关系时出现分歧,语言表达也会随之有异①。翻译的使命是传递信息,但翻译的本质却是要揭示我们赖以表现世界、观念和思维的语言,所以,对语词、语句结构、语言功能的精确理解就成为翻译活动中实实在在的任务。翻译就是要通过语言的表象去揭示语言结构深处的差异,即语言结构差异所涵盖着的深层次的民族个性与思维模式的差异。哲学的意义在于"真正地解开人类的认识之谜,即人类赖以进行认识的语言机制之谜"②。译者的翻译过程是一个向同质和异质双向开放的交互过程,意味着在两种语言文化的生态场中同质互助、异质共存。也正因为如此,作为"居间人"(in-betweener)的译者会受到必要的约束和制约,以保障作者与读者的"会面"与"交谈"真实而"透明"③,使文化的传播真实而有效。

不同族群通过翻译过程中的语言转换机制而实现了自身文明的外向扩展,也就是说,翻译助推了人类语言文化的互依共存。人类族群间的互联与共生在很大程度上系于语言这一沟通纽带,而翻译在人类共生使命中起到了桥梁式工具的作用,翻译所展示给人类的,是奇异曼妙的世界,是异彩纷呈的民族,是珍奇各异的习俗,是鲜亮别致的文化,是争奇斗艳的服装,是千奇百怪的禁忌,是光怪陆离的景观,是费人思量的审美等。某种程度上说,翻译是一种使命性行为,它要完成的使命是架通人类语言与文化的桥梁,消除族群间外在与内在世界的隔阂。

---

① 刘玉梅、王敬媛:《体认语言学视角下 in 空间关系中的"界限"研究》,《解放军外国语学院学报》2021 年第 2 期。
② Searle, J. R., ed., *The Philosophy of Language*, London: OUP, 1971.
③ Benjamin, Walter, "The Task of the Translator", in Hannah, Arendt, *Illuminations*, New York: Fontana Press, 1992, pp. 70 – 82.

需要指出的是,翻译中翻译技术和人工智能的介入使得语言转换超出了人类自然语言转换的边界,人工智能对人类自然语言生成能力的成功模拟意味着今后的文本语言转换,即原文本与译文本之间的转换关系将不再仅由人类主导,甚至可能转变为由人工智能翻译技术主导。人工智能的深度发展牵动着社会经济结构、文化观念、生活方式等方方面面的深层变革,翻译的未来越发变得迷茫。

2. 语言演化机制

语言转换机制的根本在于语言演化机制。人类语言的演化机制是其语言生物性机制与语言社会性机制互为作用、共同参与的结果。语言是社会的反映,是人的生物性演化与社会性演化的符号表达。原文本与译文本的共生只是人类族群间生物性与社会性互依共生的符号转换序列,达尔文19世纪就看到了生物演化和语言演化之间的相似性[1],洪堡特眼中的语言能力像生物能力一样,"在任何个人身上都可以生长起来"[2],其生长的土壤和环境便是社会。语言也像人类种系一样具有自然而成的语言谱系,比如施莱歇尔(August Schleicher, 1821—1868)基于人种的生物演化勾勒出的印欧语言谱系树[3]。乔姆斯基的语言天赋主义将语言视为一种具有生物普遍性和多样性的自然生物客体[4]。人类语言具有共同的生物基础,语言是人类在长期演化过程中获得的天赋内容,因而

---

[1] 杨烈祥:《生物语言学的哲学基础》,《语言教育》2015年第4期。
[2] 威廉·冯·洪堡特:《论人类语言结构的差异及其对人类精神发展的影响》,姚小平译,商务印书馆1997年版,第69页。
[3] 杨烈祥:《生物语言学的哲学基础》,《语言教育》2015年第4期。
[4] Chomsky, Noam, *New Horizons in the Study of Language and Mind*, Cambridge: CUP, 2000; *On Nature and Language*, Cambridge: Cambridge University Press, 2002.

具有基因遗传等物种特质,生物语言学坚持"以语言的生物性为前提,将语言看作一种生物机体,关注其作为生物机体的生物演化和社会演化现实"①。

在心智、大脑、遗传、神经、种系、心理等成为诸多语言学分支学科研究支点的当下,乔姆斯基提出的"语言机制三要素"值得关注,即任何一种生物机制都同时受基因天赋、外部环境和普遍法则三要素的共同制约②。生物语言学以"基因天赋"为哲学基础;生态翻译学以"外部环境"(适应选择)为前提,理论根植于达尔文的"生物竞争"进化论;共生翻译学则以生物共生的"普遍法则"为前提,理论根植于玛格丽斯的"生物共生"进化论。这些都揭示了人类语言生物属性的普遍性是人类语言的社会通约性前提。文本只是语言的产品,而语言的生产则是由人类语言的生物机制和社会机制共同参与的结果。也就是说,人类语言的生物机制和社会机制共同完成了人类语言的演化,文本只是投射了人类语言的演化,而翻译则完成了人类语言之间的转换。所以,人类语言共生的本质在于人类生物属性和社会属性的普遍性和互为通约性,在于人类语言所具有的基因遗传等物种特质的共同生物基础③。

语言是翻译活动的基本要素,研究翻译从来就离不开人类对语言的认知;而对语言的认知又离不开对世界的认知、对人类思维的内在机制的认知。"语言如同呼吸、血液、性别和闪电等事物一样,具有神秘性。人类自能记录思想之日起历来用迷信的眼光看

---

① 威廉·冯·洪堡特:《论人类语言结构的差异及其对人类精神发展的影响》,姚小平译,商务印书馆1997年版,第69页。
② Chomsky, Noam, "Three Factors in Language Design", *Linguistic Inquiry*, 2005(36), p.1.
③ 杨烈祥:《生物语言学的哲学基础》,《语言教育》2015年第4期。

待它"①。语言转换机制涉及不同语言的复杂符号体系的转换,而语言演化机制则是人类漫长物种演化和社会进化的结果。语言作为人类长期演化过程中获得的具有基因遗传物种特质的天赋内容,解释了语言共生这一人类普遍生态和社会功能,也揭示了人类语言互为转换的本质在于人类语言的生物和社会演化。人类语言的表象之下是语言的生物物种属性与社会演化属性的同一性和普遍性机制。

二、共生翻译模式

1. 互文模式

互文性(intertextuality)也称为文本间性,是法国符号学家克利斯蒂娃(Julia Kristeva, 1941—)于1966年在其《符号学:符义解析研究》一书中提出的著名概念,意指不同文本之间是相互关系的,一个文本总会同别的文本发生这样或那样的关联,任何一个文本都是在它以前的文本的遗迹或记忆的基础上产生的。罗兰·巴特(Roland barthes)认为,文本是一个生产场所,意指一个过程或一次实践,是特定语境下的符号重组,任何文本都是互文本②。文本间性后来发展成为文本理论。

翻译的互文化(intertextualization)之旅是一个复杂的过程。在全球化与多元化的当下,"接受差异"已成为一种极其重要的伦理诉求(ethic claim),语言文化间的共生必定内含着人类共同的生

---

① 罗素:《人类的知识》,张金言译,商务印书馆1983年版,第68页。
② Barthes, Roland, "Theory of Text", in *Image Music Text*, Trans., by Stephen Heath, Fontana, 1977.

物机制与认知机制。译者在保持自文化特质的同时,也在通过反思、转化和吸收而丰富自我,自我中早已兼有了"他者"的要素。翻译的互文化过程就是"自我"与"他者"相互渗透的过程,文化的意义本是"一种协商和妥协中的双赢"[①]。在此过程中,差异得到缓解,甚至超越了彼此的二元对立。因为在他文化的参照下审视自文化,通过对比二者之间的表述关系、方式与形态,认清了二者的差异性,并通过差异性之间的融通,提升了自身文化的可塑性,使本不具有完整性和恒定性的语言文化呈现出动态的活性。翻译实践中,语言层面的词汇、惯用法及文体等早已成为自语言与他语言互为渗透的丰富要素,比如:欧洲语言、东亚语言的历史形成过程中,语言间性的特点更多体现在关联性上,即互为建构、互补互通的间性特点,大量的拉丁语和法语词汇进入英语中就是例证。还有,各国语言中的外来语也是一种关系建构,而非一种差异性体现。比如,英语中不计其数的惯用语进入汉语中,汉语中的古诗词与日语中的俳句又经庞德吸收而改造为英语的"意象诗",英语中重"说"不重"唱"的戏剧传统经我国"五四运动"的吸收而衍生出话剧形式,等等;而文化层面(仪式、信仰、礼仪等)的交汇与融通更是跳出了文本,浸入日常交际、社会风尚及生活方式之中。

译者的跨文化身份与作用体现在其对语言文化交互的不竭努力之中,甚至在一些极端性文化差异(比如,禁忌、隐喻等)面前,他(她)也无所畏惧,而将之带入不断协商的"第三空间"地带,使之以"翻译活动的结果",而不是以"原有世界的样貌"(original

---

[①] Pym, Anthony, "On Cooperation", in Maeve Olohan, ed., *Intercultural Faultlines—Research Models in Translation Studies I: Textual and Cognitive Aspects*, Manchester: St. Jerome Publishing Ltd., 2000.

lifeworlds)呈现出来①,空间里弥漫着的复杂气氛得到疏解。互文性使得文化的融通成为可能,没有语言文化间的能量互文,翻译便失却了意义。简而言之,文本间性强调的是文本之间的联系和交叉影响。文本是个开放的空间,是不同语言文化共生的生态场;在这里,语言和文化随着时间、历史的进程以及社会的进化而不断地吐故纳新。

还有一种可能,在文本间性研究中,广泛的文本类型之间的关系都可能被研究,如文学、电影、音乐、艺术、广告等。这些文本在文类形式和内容方面可能相似或不同,它们之间的联系可以是明显或隐蔽的。这里不作详细阐述。

2. 关联模式

生物之间的共生度取决于它们之间的关联度。就策略与方法而言,翻译过程是一个彼此相照、相互关联的过程。斯珀伯与威尔逊(Sperber & Wilson)提出的关联理论(relevance theory),将认知与语用关联起来,从语言哲学、认知心理学、交际学等多学科的角度对语言交际作出解释,指出对话语的理解就是一种认知活动,据此提出了关联原则(relevance principle)和最佳关联假设②。格特(Ernst-August Gutt)在其《翻译与关联:认知与语境》一书中提出了关联翻译理论,认为翻译在于最佳关联性,即以最低的加工成本产生最佳的语境效果③。纽马克在阐述翻译的策略与方法时将翻

---

① Wolf, M., "Culture as Translation- and Beyond", in Theo Hermans, ed., *Crosscultural Transgressions: Research Models in Translation Studies* II, Beijing: Foreign Language Teaching and Research Press, 2007, p.186.
② Sperber, Dan & Deirdre Wilson, *Relevance: Communication and Cognition*, Cambridge: Harvard University press, 1986, p.155.
③ Gutt, Ernst-August, *Translation and Relevance: Cognition and Context*, Oxford: Basil Blackwell, 1991, p.30.

译分为语义(semantic)和交际(communicative)两种类型,旨在适应不同的文本类型;但之后他又意识到了将二者割裂的缺陷,认为"翻译不单纯是二元性或与两种语言有关的各种因素之间的跷跷板",于是又将二者结合起来,从语言、语法、文本、意义、文本结构、读者类型、翻译展望七个层面阐述了他的翻译关联思想,发展为关联翻译法(correlative translation)①,旨在调和以"目标语为中心"和以"原语为中心"的翻译方法在取舍上的矛盾。然而,翻译实践的丰富性与庞杂性特征并不支持翻译方法策略上的一元性(unitary,比如:忠实论),也不支持二元性(dualistic,比如传统的直译、意译二元对立观),而是支持多元性(polynary)、动态性(dynamic)和整体性(holistic)。任何文本类型的翻译都是、也需要以语义为基础,也都具备一种或多种行为目的,但并不仅仅局限于意义和目的的取舍,同时还面临文化的、美学的、伦理的、社会的、历史的甚至政治上的取舍,而不仅仅是语义和交际的问题。译者对意义的抉择并不单纯,会有文化的考量,会赋予意义"美"的外形(语言符号),会有伦理的诉求,会有社会的关照,会有历史的比衬,有时甚至会有政治的角逐,总之,意义总以复杂的面貌呈现于世人。当意义靠近原文、目的靠近读者时,别忘了译者是其间最直接的情感和精神的体验者,因为译者作为"关系中的人",需要考虑文本内外各种因素的影响,也不得不时而"贴紧"原文,时而在原语与译语之间"折中",时而又"转向"译语。译者的翻译行为和翻译观念始终处于动态变化之中,既不可能茕茕孑立,也不可能亘古不变,他(她)随时都在微观的个体身心与宏观的外在社会之间求得平衡与取舍,总

---

① Newmark, P., "A Correlative Approach to Translation", in *Vencuentros Complutenses*, Central Virtual Cervantes, 1994, pp. 33 – 41.

是在不同的策略中穿行,偶尔复制或模仿,幸运时创造,有时解码或编码,时常进行交流,或许还会稍加操纵(但希望"从不食人")①。因此,翻译是一个主客体彼此相照、相互关联、相互建构的过程,建构翻译中的关联方法是翻译有效性的有益探索。

3. 人机模式

技术的工具理性与翻译的人文理性张力下的翻译模式变革如火如荼,无语言障碍的自由沟通在人类伊始就是一个神圣的喻言。《圣经》中描述的上帝对人类语言的"变乱"(confound)也许喻示着人类语言智能的进化,人类语言多样化是人类生存多样态的必然结果和有趣归宿。但硬币两面性的本质使人类面临诸多困扰,多语种给人类带来了语言和思想上的沟通堵塞,人工智能的翻译技术是人类探索的必然。

然而,语言是平面的,思想却是立体的。人工智能时代对翻译形式的改变是否意味着翻译本质的改变,答案在未来,但翻译的意义内容与形式表征的"同一性"不应因技术的参与而改变。克罗宁(Michael Cronin)曾指出,任何新的翻译伦理观都应该增强数字化的自我反省(digital self-reflexivity)意识②,毕竟,语言技术工具和技术应用模式的变革,体现了翻译与时代技术发展的密切结合,但翻译作为一个国家或民族的文学、文化、精神、价值等软实力输出的工具,译者的主体性依然不可替代,翻译技术发展与经济文化发展的张力也定然存在,人们对技术的工具理性与翻译的人文理性互为作用的认知会不断深入。翻译技术环境下,在顺应翻译的工

---

① Chesterman, A. & Emma Wagner, *Can Theory Help Translators?*, Beijing: Foreign Language Teaching and Research Press, 2006, p.26.
② 陈伟、莫爱屏:《〈数字化时代的翻译〉述评》,《外语教学与研究》2014年第2期。

具理性思维的同时,更应遵循人的理性思维。技术体现了人使用工具的能动特性,所以,技术的人文特性与工具特性是水乳交融的。人的发展决定着技术的发展,技术的发展推动着翻译模式的革新。

(1) 人机互为

始于20世纪50年代的人工智能自然语言处理探索的"图灵测试"(Turing Test)[①]发生以来,开发计算机自然语言思维能力的技术不断飞跃且已经成熟,人工智能语言生成预训模型(GPT)已经实现了由传统大数据统计学习到由神经网络深度学习的跨越,由感知智能进入认知智能,人工主体与算法主体实现共生。数据量的扩张,算法、算力、检索能力的升级"融合了基于统计自然语言处理方法的自然语言的结构分析、语义技术,学会了用自然语义完成人机对话"[②],自然语言的人机合作生成和人机对话时代已经开启,图灵所期待的"使计算机具备人的思维能力"[③]已经成为事实。人工智能神经网络的深度学习是"数据资源、技术迭代、科学范式"的转变带来的令人震撼的社会变革,人工智能"借由人机对话深入地介入了语言生活",人机合作实现了"对话代理","人机共生的语言生活"[④]时代已然来临。

人机共生是时下的一种显性翻译模式,即人与机器(智能软件)共同完成的翻译活动、过程、服务或产品,这也被称为计算机辅

---

① Turing, A. M., "Computing Machinery and Intelligence", *Mind*, 1950(59), pp. 433–460.
② 冯志伟、张灯柯、饶高琦:《从图灵测试到ChatGPT——人机对话的里程碑及启示》,《语言战略研究》2023年第2期。
③ Turing, A. M., "On Computable Numbers, with an Application to the Entscheidungs-problem", *Proceedings of the London Mathematical Society*, 1936(42), pp. 230–265.
④ 冯志伟、张灯柯、饶高琦:《从图灵测试到ChatGPT——人机对话的里程碑及启示》,《语言战略研究》2023年第2期。

助翻译,即"由人作为翻译的能动者,利用多种技术与工具完成语言间转换的过程"①。机器翻译(MT)、计辅翻译(CAT)、在线翻译(on-line translation)、大数据(Big data)、区块链(Blockchain)、人工智能(AI)等技术翻译的深化,极大地赋能翻译活动,人与技术的共生与融合愈加凸显。比如,美国 OpenAI 人工智能研究公司推出的一款 ChatGPT(Generative Pre-trained Transformer)全新聊天模式的机器人(chatbot),已经能够通过学习、识别和理解人类的语言来进行对话,协助人类完成任务,质疑人类的问题和假设,还可以承认错误、拒绝请求等,而且生成的语种可以自如转换。翻译模式迎来革命性变革,人工智能翻译技术对翻译的本地化服务、翻译的产业化发展等带来的翻译方式、翻译过程、翻译规模、翻译观念以及翻译研究内涵等方面的革新令人目不暇接。翻译研究的模式不断革新,从传统的科学、艺术、技术层面,到 20 世纪后半叶的对等、功能、目的,再到世纪之交以来的学科、工具、职业等迅速演化,翻译事业的职业化、翻译行业的产业化、翻译观念的现代化和技术化已然兴起。

信息爆炸(information explosion)是当下时代的显性特征。据统计,人类在未来十年内处理的知识总量将超过人类之前 2500 年知识积累之和,在人类曾经有过的所有科学家中,90% 活在当代,且依然在工作。我们每天在因特网上传输的数据量比人类整个 19 世纪的全部信息量都要大,科技词汇总量在 20 世纪末(1991 年)就已达三千万,且未来五年之内将会翻倍②。如此庞大的科技信息

---

① 王华树、李智:《人工智能时代的翻译技术研究:内涵、分类与趋势》,《外国语言与文化》2020 年第 1 期。
② Schneider, T., "Ohne Sprache Keine Chance", in Siemens Nixdorf Informationssysteme, ed., *Dialog Special, Informations-Automatisierung*, 1991(1), p.91.

量若仅靠人工翻译去满足各语种人群，显然是不可能的，翻译技术必须而且已经在承担时代的使命。互联网有强大的信息超链接功能，通过维基（Wikipedia）、谷歌（Google）、百度（Baidu）等互联网链接，可以获取任何相关语言资源来辅助翻译，更有必应（Bing）、有道（Youdao）、译星（Unitrans-star）、DeepL、GT4T、翻译狗、翻译器、讯飞、拍拍易、巴比伦（Babylon Pro）、灵格斯（Lingoes Translator）、格微（Ge Soft）、赛迪（CCID）、译典通（Dr. eye Instant Translation）、译经（Transwhiz）、星际翻译（StarDict）以及金山快译等数不尽的翻译软件和平台，翻译生产力得到了前所未有的提升，翻译劳动力得到了前所未有的解放。要想查阅到更专业、更系统的语言信息数据，可使用相关网络链接渠道，进入Worldlib、Termite、Eurodicautom、Amazon等网络虚拟书店和不计其数的高校数字图书馆。通过有效使用互联网电子工具，可检索全球语言资源信息数据，可谓览遍万维网，助强翻译力。然而，这些翻译技术工具将被人工智能翻译技术覆盖。

翻译事业已步入人机共生时代，翻译技术与工具的实质性进展正引发翻译模式的裂变与重构，"语言与机器"的品质与前景需要深入研究与评估[①]。"共生"是当下复杂性科学中最尖端学术课题的唯一解法。在数字人文时代，翻译研究也要跟上翻译人工智能化的步伐，即翻译研究数字化，关注人工智能时代的翻译技术核心、智慧翻译教育、人工智能辅助下的译后编辑、国家翻译技术能力研究、翻译技术与数据伦理、翻译技术商业伦理等。比如，译者仅具备的搜索技术能力就包括搜索意识、搜索内容、搜索资源、搜

---

① 刘满芸：《翻译技术时代翻译模式的裂变与重构》，《中国科技翻译》2016年第4期。

索方法和信息甄别能力等基本能力,这也被称为"搜商"①。

人工智能在解决平行语料库、数据统计、信息处理、语言自然生成等方面有优势,高分辨率的机译在解决语法、语义、知识、智能、情感等人工译者需要解决的问题上也实现了指数级的突破,对一词多义、词义引申、句型罗列、文化喻义、语义多歧等问题的解决具有了类人化趋势,且占有速度上的绝对优势,在遇到情感、思维、审美等人具有的一些特质的东西时,人工智能已经能够初步模拟人类。就目前看,尽管大数据在积累、统计、管理、分析语言数据方面有巨大优势,但就知识创造而言,基于大数据的人工智能依然只是庞大的二手语料的惊人组合(乔姆斯基语)。乔姆斯基、剑桥大学语言学教授罗伯茨(Ian Roberts)以及Oceanit(科技公司)人工智能总监兼哲学家瓦图穆尔(Jeffrey Watumull)在《纽约时报》"观点"(Opinion)撰文,对人工智能语言模型的缺陷进行了批判。在一篇题为《乔姆斯基:ChatGPT的虚假承诺》中,乔姆斯基承认,当前美国OpenAI、谷歌、微软三大互联网巨头推出的人工智能软件(ChatGPT、Bard和Sydney)都是机器学习的奇迹,但人工智能"将有根本缺陷的语言和知识概念纳入我们的技术,从而降低我们的科学水平并拉低我们的道德规范"②。当然,对技术进步的批判的对立面是反批判。加州大学伯克利分校的博士皮安塔多西(Steven T. Piantadosi)在其发表于《纽约时报》(*New York Times*,2023)的一篇题为"现代语言模型驳斥了乔姆斯基的语言研究方法"的文章中,基于人工智能、依靠深度神经网络转换器而产生的文本生成模型(不仅能够生成语法句子,也能够生成整个话语、脚本、解释、

---

① 张成智、王华树:《数字人文时代译员搜商调查研究》,《中国科技翻译》2023年第2期。
② Chomsky, Noam, "Noam Chomsky: The False Promise of ChatGPT", in "Opinion" of *The New York Times*, March, 8, 2023.

诗歌等),而怀疑乔姆斯基的语言天赋性的主张和语言科学研究的路径①,但这应该被视为两种不同的语言生成路径:人的自然路径和人工智能技术的非自然路径。不能因为人工智能在语言生成能力研究上的突破性进展而忽视人的语言自然生成能力的研究,将人的语言功能的进化交给人工智能也许意味着人的语言机能在进化上的退化。

另外,当翻译遇到技术,谁是主体的问题并非没有争议。就翻译技术而言,一种观点倾向于技术是本体,主张翻译应由计算机语言学专家来研究,因为计算机语言学属于自然科学的研究对象和范畴。另一种观点认为,机器翻译的本体是翻译,主张翻译应由语言学家或翻译学家来研究。其实,这并非一个非此即彼的选择,因为"翻译技术并不是孤立于其他翻译要素的独立存在,其自然属性与社会属性揭示出翻译技术实质上是智力要素、实体要素和协作要素的有机统一"②。冯志伟从基于规则的机器翻译、基于统计的机器翻译和基于神经网络的机器翻译的发展历程中,深刻地认识到"把基于语言大数据的连接主义方法和基于语言规则与常识的符号主义方法巧妙、精准地结合起来,把机器翻译研究推向深入……机器翻译与人工翻译应当和谐共生"③的重要意义。胡壮麟在梳理了韩礼德"对机械翻译、逻辑学引导的机器翻译、计算机与机器翻译、智能计算与机器翻译的认识与看法"后,认为韩礼德的

---

① Piantadosi, Steven T., "Modern Language Models Refute Chomsky's Approach to Language", in "Opinion" of *The New York Times*, March, 2023, https://www.linglab.cn/news/3514。
② 王华树、李智:《人工智能时代的翻译技术研究:内涵、分类与趋势》,《外国语言与文化》2020年第1期。
③ 冯志伟、张灯柯:《机器翻译与人工翻译相辅相成》,《外国语(上海外国语大学学报)》2022年第6期。

机器翻译观对"今天机器翻译技术革新与语言层面研究的协同发展依然具有重要的参考价值"①。

(2) 文本署名

用机器代替人的劳作,始终是人类的智力梦想,翻译自动化则是其一。人工智能技术极大地推动着翻译技术的开发,并牵动着翻译模式、翻译过程、翻译规模、翻译观念以及翻译研究内涵等方方面面的划时代革新。2014 年 8 月,在柏林(Berlin)召开的第 20 届国际译联(FIT)世界翻译大会发出标志性的时代之问:"人工翻译与机器翻译?翻译工作者与术语学家的未来"(Man vs. Machine? The Future of Translators, Interpreters and Terminologists)。自那以来,翻译技术就成为叩问时代的主题。2017 年 8 月,在澳大利亚布里斯班(Brisbane)举行的第 21 届世界翻译大会,以"颠覆与多样化"(Disruption and Diversification)为主题,聚焦翻译技术、全球化趋势、政策因素和经济因素带给语言服务行业的颠覆和改变。2022 年 6 月,第 22 届国际翻译家联盟世界翻译大会在古巴巴拉德罗(Varadero)举行,主题为"世界无障碍:语言专业人士在构建文化、促进理解及建设永久和平方面的作用",试图突出译者和语言工作者的文化国际传播作用,然而,翻译技术却对他们构成越来越大的职业空间挤压。人工智能翻译技术的新型模式正基于数据、算法和算力而完成,"机器翻译+译后编辑"的翻译工作形态正在被时代遗弃,因为机器翻译基本解决了句法问题,如果没有专业知识的障碍,目前的人工智能软件几乎可以取代"译后编辑"的工作,翻译行业正在迅速演化,翻译事业的技术化、翻译职业的智能化正扑面而来。

---

① 胡壮麟:《韩礼德谈机器翻译》,《天津外国语大学学报》2023 年第 1 期。

人工智能技术主导下的译文在准确性、规范性、可读性、创造性及文本意义转换方面已经接近,甚至超越人工翻译能力,甚至不需要人工译后编辑,但像生产线一样模式化的机译文本语言模式恐难以避免千篇一律的"机器化"风险。下面四组例子以笔者于2015年8月分别在百度、有道、必应、谷歌四大在线翻译平台搜索到的译例与2023年6月9日在这些平台搜索到的同样译例做一比较,另外增加了最近OpenAI和ClaudeAI智能聊天机器人的智能翻译,来探看翻译技术的晋级速度与效能。其中,(1)是2015年8月的搜索结果,(2)是2023年6月9日的搜索结果,OpenAI和ClaudeAI智能聊天机器人的智能翻译只有(2)。

例:要同时打电话、看时间、并用掌上电脑做记录?手腕手机会帮你做到。

百度翻译:

(1) At the same time to make a phone call, look at the time, and use a handheld computer to make a record? Wrist mobile phone will help you do.

(2) Do you need to make phone calls, check the time, and take notes on a handheld computer at the same time? A wrist phone will help you do it.

有道翻译:

(1) To see the time to call at the same time, record, and hand-held computers do? Wrist phone will help you to do it.

(2) Talking on the phone, checking the time and taking notes on your PDA at the same time? Your wrist

phone will do that for you.

必应翻译：

（1）You want to call at the same time, look at the time, And handheld recording? Wrist phone will help you do.

（2）Want to make phone calls, check the time, and take notes on your PDA at the same time? The wrist phone will do it for you.

谷歌翻译：

（1）To simultaneously call at the time, and recorded with the Pocket PC? Wrist phone will help you do it.

（2）Want to make a phone call, check the time, and take notes with your handheld at the same time? A wrist phone will do it for you.

OpenAI 翻译：

（2）Want to make a phone call, check the time, and take notes on a PDA all at once? The wrist phone can help you achieve this.

ClaudeAI 翻译：

（2）Want to make calls, check the time, and take notes on your palmtop at the same time? The wrist phone can help you do that.

上面的第一种翻译出自 2015 年。很明显，那时机器翻译的通病是语法不通、逐字罗列、限字面义等；若遇到一词多义或语词新组的情况，机器尚无能力应付。第二种翻译的语法问题几乎不存在,几乎无需译后编辑修改,已经能够识别并避免句法逻辑错误,但在语言风格与句式组构上呈现出"机器脸"的一面。下面是在线资源和翻译软件对物理学中"弹簧套"(spring house)的各种翻译:

例:The protective effect of this metal spring house is obvious.(这种金属弹簧套的防护功效是显而易见的。)

百度翻译:
(1) 这种金属弹簧房子的保护作用是明显的。
(2) 这个金属弹簧屋的保护作用是显而易见的。

有道翻译:
(1) 这种金属弹簧房子的保护作用是显而易见的。
(2) 这种金属弹簧屋的保护作用是明显的。

必应翻译:
(1) 该金属弹簧的房子的保护作用是显而易见的。
(2) 这种金属弹簧屋的保护作用是显而易见的。

谷歌翻译:
(1) 该金属弹簧的房子的保护作用是显而易见的。
(2) 这种金属弹簧屋的防护作用是显而易见的。

OpenAI 翻译:
(2) 这个金属弹簧房子的保护效果显而易见。

ClaudeAI 翻译:
(2) 这个金属弹簧屋的保护作用是显著的。

从"金属弹簧房子"到"金属弹簧屋",尽管在"金属"的限制下,"弹簧"并没有被"春天"带偏,但也并没有太大的改观。这两款智能聊天软件也没有达到专业识别高度。这说明遇到专业组词,机器翻译仍然存在语义不清、逻辑混乱、限于字面等问题，机器翻译对这种临时组合的专业意群尚不能有效识别。假如没有"金属"二字，机器翻译的"一根筋"现象，即"认词不认语境"现象会更严重。尽管时隔近八年，上面的例（1）和例（2）都没能在"金属弹簧"的语境下准确再现"弹簧套"的术语表达。尽管以上这些出自开放在线资源和免费软件的翻译在质量上要比付费在线资源与有偿使用软件差一些，但也显示出翻译技术与工具在术语语言搭配、专业识别能力等层面尚不尽人意。鉴于目前语言服务行业的功能性、规模性、急速性与即效性需求特点，技术翻译比人工翻译更受用户青睐。再者，翻译公司所承揽的翻译项目往往任务繁重、时间紧迫，需要各方协作才能及时完成，他们对翻译工具的依赖程度就更大，对翻译工具的选择也不同，比如：手持移动设备（hand-held devices）、人工智能软件（ChatGPT 等）、在线翻译、语音识别翻译、专业导译、电话翻译等。另外，客户对译文的需求层次和质量标准也更具多样性，比如主旨翻译（gisting translation）、梗概翻译（indicative translation）、选择性翻译（selective translation）、实时语音翻译（real-time speech translation）、即时翻译（instant translation）、会议翻译、耳语翻译、视频翻译以及众包翻译（crowdsourcing）等。毫无疑问，翻译技术对语言服务行业的意义非同小可。

  机器翻译已从传统的机械性语言转换阶段过渡到智能性高端语言服务阶段，尤其眼下人工智能翻译技术的介入，使自始以来担纲翻译主体的广大译者有了岌岌可危之感，因为翻译机器会端掉译者的饭碗，会夺走译者的种种翻译乐趣，会弱化甚至石化译者的翻译思维智力与翻译技能。我们必须对翻译技术的使用问题，即技术转向之后的翻译走向作出思考。如果一个传统译者需要做的大部分翻译工作都已经被机器取代了，尤其对应用文本而言，翻译技术将覆盖翻译项目管理、翻译流程管理、译后编辑等一系列任务，替代了译者需要完成的几乎全部翻译工作，这是否意味着应用文体的翻译将很快完全让位于翻译技术？或准确地说，让位于计算机程序操作员？而计算机操作员在程序操作过程中也使用了翻译记忆库当中的人工翻译成果、翻译记忆软件编写者的成果、各种在线资源的成果，这样生产出来的译文，到底该被冠以什么名呢？是译？是编？是编译？是机助编译？甚或是技术翻译？

眼下，什么样的文本可以全部或部分交给机器翻译？这是一个值得关注的问题。对应用类或非文学类文本的翻译应该大力探寻机器、多媒体介入手段，甚至应该最终完全让位于机器、多媒体或全自动机器翻译；而对情感、艺术、伦理、审美等人文类型的文本仍是人工翻译的主要用武之地，也是目前机器无法完全取代的。换句话说，机器翻译是一种机械性语言技巧的使用，是便捷人的生活、改善人的工作效率的；但机器翻译仍无法满足人的情感与审美需求，甚至无法满足人的智力与道德需求。翻译的人文性永远无法与翻译的机械性相互抵消。所谓对翻译模式的评估更多地应指职业化翻译领域，如果对文学翻译中语言的准确性、艺术性及感染力进行模式化评估，恐怕少有人认同；而针对文学文本中繁丰词汇的理解，则更多是要通过语境去处理。机器翻译当然也可以探寻词汇在此类文本中含义的普遍性与使用频率，以缩短翻译时间，降低翻译耗能。

人工智能登场的机器翻译质量无疑会越来越好，翻译技术的发展与使用为翻译研究开辟了新天地，但人们对人机共译的伦理关系与可信度问题也越发关注，有学者已在探讨运用翻译技术进行非技术文本翻译。我们来看下面这段颇具人文情态的例子：

例:翻译所展示给人类的,是奇异曼妙的世界,是异彩纷呈的民族,是珍奇各异的习俗,是鲜亮别致的文化,是争奇斗艳的服饰,是千奇百怪的禁忌,是光怪陆离的景观,是费人思量的审美①。

百度翻译:

(1) Translation to show human is magical and lithe and graceful world, colorful ethnic, exotic different customs of, is a bright and unique culture, is the costume contests, taboos are strange, bizarre landscape, fee is consider the aesthetic, and so on.

(2) What the translation presents to humanity is a strange and graceful world, a colorful nation, a rare and diverse customs, a fresh and unique culture, competing costumes, various taboos, dazzling landscapes, and a thought-provoking aesthetic.

有道翻译:

(1) Translation shown to humans, it is singular lithe and graceful world, is its different national, is a different exotic customs, are unique culture, bright is bright costumes, is strange taboo, is bizarre landscape, fees are about aesthetic and so on.

(2) What the translation shows to mankind is a strange and wonderful world, a colorful nation, a rare and different customs, a bright and unique culture, a

---

① 刘满芸:《共生翻译学建构》,复旦大学出版社2015年版,第1页。

competing dress, a strange taboo, a grotesque landscape, and a thoughtful aesthetic.

必应翻译：

（1）Translate shown to humans, is singularly graceful world, are colorful people, is a rare variety of custom, is bright and unique culture, is the costume contests, are all sorts of taboos, is a bizarre landscape is for people thinking of the aesthetic and so on.

（2）What the translation shows to mankind is a strange and beautiful world, a colorful people, a rare and different custom, a bright and chic culture, a colorful costume, a strange taboo, a bizarre landscape, and a thought-taking aesthetic.

谷歌翻译：

（1）Translation of the show to mankind, providing a graceful bizarre world is colorful nation, is rare different customs, it is bright and unique culture, costumes contests, is strange taboo, is bizarre landscape, a fee people consider the aesthetic and so on.

（2）What translation shows to human beings is a strange and graceful world, colorful nations, rare and diverse customs, bright and unique cultures, colorful costumes, strange taboos, bizarre landscapes, and Thoughtful aesthetics.

OpenAI 翻译：

（2）What translation presents to mankind is a world

full of strange wonders, a multitude of diverse ethnic groups, a variety of exotic customs, vibrant and unique cultures, flamboyant clothing, a myriad of strange taboos, bewildering landscapes, and thought-provoking aesthetics.

ClaudeAI 翻译：

（2）Translation showcases to humans a wonderful and charming world, colorful and varied ethnic groups, strange and different customs, bright distinctive cultures, competing and colorful clothing, all kinds of taboos, strange and bizarre landscapes, costly aesthetic considerations.

可以看出，第(1)类翻译技术对人、事与物的识别界限模糊，对语境意义的控制与衔接能力依然很弱，对复杂语段的翻译远不能达到令人期待的效果，但必应翻译大体上传递出了原语段的意思，已经达到基本流畅阅读的程度。第(2)类的翻译技术已经完全克服了用词和语法句病问题，但在可读性上依然有明显的雷同感。从这两款智能聊天软件的翻译看，OpenAI 翻译流畅，用词避免了重复，行文结构匀称，具有了语言形态上的审美意味，比如"a multitude of""a variety of""a myriad of"等；另一款的用词则显得罗列特征很明显。

数字研究与人文研究相辅相成的互为时代已经来临。陆俭明认为，数据、算力、算法驱动的人工智能神经网络深度学习中，语言学正被边缘化……语言研究要走与其他学科融合交叉之路[①]。目

[①] 陆俭明：《语言本体研究应走数字化之路》，载于国家语言文字工作委员编：《中国语言政策研究报告(2021)》，商务印书馆 2021 年版，第 213—214 页。

前,机器翻译对语言服务行业起着越发重要的作用,也更加便捷和高效。那么,通过翻译技术形成的翻译文本究竟应该怎样署名?毕竟,它不同于由译者完成整个文本翻译过程的"译",也不同于译者基于个人翻译能力或社会语境限制而做出增减的"编译"。"译"和"编译"完全是人工行为,而翻译技术参与的译本是由翻译技术工具、翻译软件、翻译记忆以及译后编辑等合力而完成的,译者甚至可以根本不懂外语,就可以完成一项翻译任务的操作。这也许意味着,今后此类译本的署名方式需要做些改变,以体现译本产出过程中的人机互为关系,即翻译中的人机共生关系,这也是翻译的伦理范畴。对基于机器和人工智能技术的翻译文本,如果有人工参与的译后编辑工作,其署名应随时代而变,体现译本产出过程中的人机互为关系。方式可以是:在译者姓名之后加补注,即:译者姓名(机助编译)或者译者姓名(技术译本)[①]。如果是机器和人工智能技术独立完成的翻译文本,基本没有人工参与的译后编辑工作,则应完全标识为"技术译本"或"(软件名称)译本",比如:"OpenAI 译本"。

---

① 刘满芸:《翻译技术时代的译本署名问题研究》,《中国科技翻译》2016 年第 1 期。

第五章

本体、价值与方法

共生翻译学以"共生"为理论内核,以"关系"为理论本体,以"价值"为理论主体,以共生思维为方法基础,对共生翻译学的理论内涵进行文献分析、关系阐释和系统归纳,创设了一个内在关联、有机统一、内涵自洽的理论逻辑框架,使理论知识、理论观点和理论方法成为一个有机整体。本体维的阐释焦点有关系本体、关系质量和互主体性,价值维的阐释焦点有关系价值、能量价值和行为价值,方法维的阐释焦点有关系思维、整体思维和有机思维。共生翻译学的三个理论维度相互支撑,共同构成一个三脚架式的有机整体(如图5-1)。

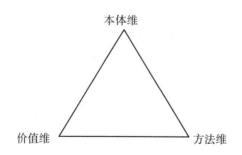

图5-1 共生翻译学的三个理论维度

一、本体维:以关系为本体

共生翻译学以关系为本体。共生的实质是一种关系存在,共生的关系属性是其固有的属性特征。共生翻译学的本体是共生关系,即关系本体。共生关系的本质是互利互惠,互利互惠的基础是互主体性。共生翻译学的本体维主要以共生关系为本体,探索翻译与自然、世界、社会等外部世界的共生关系以及翻译学内部诸多要素之间的共生关系,探讨与翻译相涉的各主体之间为实现既定翻译目标而共同维系的主体共生关系。本体维的主要阐释焦点有关系本体、关系质量和互主体性。

1. 关系本体

从古希腊的实体本体论,到黑格尔的辩证本体论,再到海德格尔的存在本体论,从实体的超验感知,到思想的辩证运动,再到"此在"的存在基础,都是对"在者之上"的形而上追问。直至马克思主义的社会关系本体论,才直视实践中的活动和关系中的实践,即"人的活动背后的社会关系"[1]。马克思主义哲学的社会关系本体论是历史的、辩证的,是随实践而变化的。实践(活动)是历史的本质,也是现实的本质,关系是历史的现实,也是现实的现实。关系是现实的全部内容,是一切事物所固有的客观属性,事物的变化是彼此相互作用和关系演变的结果。关系能够呈现事物在时空运动中的彼此关联性和相互作用性,是"人类主体实践和认识活动最广泛的对象性建构,是联结认识和实践的主体与客体的桥梁"[2]。卢卡奇在《关于社会存在的本体论》一文中指出,社会存在是一个"关系"本体,马克思主义哲学关于社会关系本体论是劳动——实践的本体论,劳动使主客体之间形成对立统一的关系,而主客体的对立

---

[1] 胡建东、穆艳杰:《从实践本体论到社会关系本体论——马克思哲学的本体论基础》,《学习与探索》2022年第1期。
[2] 陈伟群:《关系范畴是哲学的基本范畴》,《中央社会主义学院学报》2008年第4期。

统一关系构成了社会存在的根本内容。社会存在就是主客体关系的存在，是主客体相互作用的结果①。马丁·布伯(Martin Buber, 1878—1965)在其关系哲学(relational philosophy)中谈及关系本体论时，用"我与你""我与它"阐释本体存在于主体与客体的关系之中②。

共生的实质是一种关系实在，"共"即互动、互补和互惠，是关系存在的条件和过程，"生"是生发、生命和生机，是条件的结果和状态。生物层面的共生是生物间互为依存的生存方式和生态现象，是物种之间能量代谢互补、物种创新进化的自然法则；伦理层面的共生指人与物、人与事、人与人之间的存在逻辑和准则，客观世界、主观世界和人类社会以及人与人之间的关系莫不如此，且不以人的意志为转移；社会层面的共生是不同的个人密切地生活在一起，是人的社会结合方式和基本存在方式；共生之于翻译也是一种关系实在，共生是人类不同语言文化相互进化与互为演变的密切关系，是翻译中各要素及其相互之间的密切关系。本书第二章已经阐述到，翻译与主客观世界、人类社会以及人与人之间都是一种共生关系，翻译与语言、文化、社会、人类世界、宇宙自然都存在着层递性和扩展性的共生关系，微观的翻译共生关系指向诸多翻译存在关系，包括主体、客体、要素、文本、文类、文体、理论方法、伦理规约、翻译个体、翻译群体、翻译形式、翻译资源、读者受众、翻译批评等诸多层面及其交互层面和整体层面的繁杂共生关系。总之，翻译作为一门学科，更是社会共生关系中的一个单元、一个领域和一个子系统，是一种客观存在。翻译学科的内部、翻译与其他学科之间、翻译与整个社会发展结构及环境之间、翻译与客观外部

---

① 刘卓红、彭玉峰：《社会存在是"关系"本体——解读卢卡奇〈关于社会存在的本体论〉的一个新视角》，《学习与探索》2012年第5期。
② 马俊、Hou Jian：《马丁·布伯关系本体论视域下的孔子仁学》，《孔学堂》2019年第2期。

世界之间都构成了真实的共生关系。

翻译不只是对原文本的"基底样式"的符码识别和语际转化，更是一种关系建构，从原文本到译文本，从原语语言文化到译语语言文化都是一个"共"与"生"的关系建构过程，一种跨语言、跨族群、跨地域、跨时空、跨文本、跨文化、跨社会的未知认知、差异认知和关系建构过程。翻译的关系属性在于其与客观世界、主观世界、人类社会以及人与人之间纷繁复杂的密切共生关系特征。翻译活动具有关系特性，呈现出一种以译者的实践活动为出发点的主体与世界之间、主体与社会环境之间、主体与主体之间、主体与客体之间的关系实在，是以译者为纽带建立起的、在特定翻译活动中形成的相互作用关系，既涉及与译本生产所建立起来的主客体互动关系，也涉及与译本生产之外的社会、人际、意识形态、权力利益等各种互动关系。总之，一切现实存在的翻译关系构成了以翻译实践为基础的共生关系网络。

2. 关系质量

共生是一种关系实在。共生翻译学以关系为本体，探讨翻译中的共生现象、性质、方式和规律，从翻译与人的共生，翻译与语言、文化、社会、世界、自然的共生关系出发，研究翻译现象之客观存在、翻译现象之性质、翻译矛盾之成因、翻译过程之事实、翻译未来之走向，解释翻译关系的共生实在和共生价值。翻译中各种共生关系如何演化和优化，事关一个关系质量问题。共生翻译研究中的关系质量主要有三个层面的指向：一是与翻译相涉的"人"作为关系主体对彼此存在的主体关系的满足程度和认知评价，主要指各关系主体——翻译中构成主体关系的每个个体成员——在特定历史时期形成的关系中的互动、感知和评价；二是作为主体建构对象的关系客体——翻译中构成客体关系的每个个体要素——之间的关系网络,即原文本、译文本、重译本、书介、书评等之间的关系网络,其中,原文本与译文本之间是最重要的客体关系;三是关系主体与关系客体之间构成的认知与被认知、评价与被评价之间的互动关系。关系客体是各关系主体基于自身需求和满足程度的认知和评价对象,主要侧重原文本与译文本之间的关系评价,也必然涉及质量、价值、审美、伦理、读者反应、文化接受、社会融合等问题。翻译中主体的"人"与客体的"文本"之间并非割裂的关系,因为翻译文本产生的过程和结果是各个关系主体的互动主题和价值目标,其中覆盖了语言、文化、人际、资源、权力、利益等因素,也涉及信任、承诺、沟通、质量、共识和利益等关系。

译者的社会性体现在复杂的翻译关系活动之中,以译者为视角审视翻译主体之间的共生关系,会发现译者与翻译相涉的其他主体之间清晰的关系网络,涵盖的关系有:译者与原作作者、译语读者、译评人、赞助商、出版商、编辑和编审、翻译组织(协会或机构)等相互之间的共生关系。翻译主体关系既指创作主体(作者)、翻译主体(译者)、阅读主体(译语读者)之间的密切纽带关系,也指原作作者、原语读者、译者、译语读者、翻译公司、译审、编辑、编审、赞助商、出版商、出版审查机构、译评人、翻译组织(或协会、机构)等之间较为宽泛的互为共生关系。总之,从原作变成译作、再从译作变成译语社会文化市场上供译语读者消费的精神产品,整个过程当中各个阶段的参与者构成了翻译主体活动的总和,这些翻译主体就是一个以译者为纽带的共生关系网络,他们之间的关系互动直接影响着翻译客体——文本——的质量。

相比主体的"人"之间的关系质量,文本是关系客体中最重要的客体。文本的翻译质量是翻译活动的价值所在,也是共同目标,围绕这一共同目标便形成了关系主体之间的动态互动关系;而对于翻译文本的质量,不同的关系主体会有不同的认知、评价和需求。译者的主要服务对象是译语读者,他(她)要考虑的是自身的翻译理念和翻译质量,这会影响译者与译语读者之间的关系质量,包括承诺、信任和满意度。同时,出版商和出版社会考虑社会影响和利润效益,自然也会对原文本、译者进行筛选,通常会考虑原文本的题材、主题、时令和长度、译者的社会资本(社会地位、关系、名望等)、读者期待等因素,而对译者自身的知识背景、译者与原文的知识距离、译者在翻译中的知识迁移能力等一些关系变量则可能做不到应有的重视。简言之,译者与出版商及出版社之间的关系信誉、关系成本和关系利益等关系质量总是一种动态的变量,体现出翻译中主体关系构建的关系价值。面对利益和权力的冲突,沟通与化解是达到共同质量目标的必要手段。各关系主体作为关系中的人,面对翻译这一系统性、网络化的事业,应把人的身心化、社会化和自然化纳入一个整体的共生关系网络当中,实现人自我圆融(个体价值)、与社会合作(社会价值)、与自然和谐(环境价值)三位一体的关系质量目标,在翻译生产过程中,能够自觉地利用自然与人的资源,能够创造性地汇纳、优化各种资源,实现人与资源的优质转化,建立以翻译活动为媒介的主体关系、主客体关系和价值关系,形成翻译生产中优质的共生关系。

3. 互主体性

互主体性(intersubjectivity)也称主体间性,指特定事件中各个参与者共同维系的互为主体关系并在互动与交流中体验彼此的差异性和相似性,在差异中寻求互补,在相似中取得共识,以此实现主体关系的建构和存在意义。苗兴伟、李珂阐述了 20 世纪 60 年代以来"主体间性"受先验哲学家埃德蒙·胡塞尔（Edmund Husserl，1859—1938）的影响而逐渐发展成为哲学、社会学、人类学、心理学和语言学等研究领域重要议题的发展历程，梳理了阿尔弗雷德·舒茨（Alfred Schütz）提出的"我们关系"（we-relationship）、尤尔根·哈贝马斯（Jürgen Habermas）表达的"平等交互关系"、埃米尔·本维尼斯特（Emile Benveniste）描述的"言者与听者两者间的关系"（speaker-addressee dyad）、伊丽莎白·特劳戈特（Elizabeth C. Traugott）关注的"从言者的主体性态度和视角转变为言者关注听者对话语内容的态度和信念"以及杨·努伊茨（Jan Nuyts）阐述的"言者/作者与包括听者/读者在内更大群体的话语交际关系"，进而认为"参与者之间的交流、互动是主体间性的核心要义"①，体现了主体间性对传统主体性中"主体"中心视域和权力主宰的突破。马丁·布伯打破了西方传统哲学中主客二分的传统思维模式，对传统西方哲学中客观外在的绝对真理观予以批判，主张人的主体存在意义，更重要的是用"关系"取代了亚里士多德（Aristotle）以来的"实体"概念，同时也否认了笛卡尔（René Descartes）的"我思故我在"的孤立主体观，因为主体存在于"我"与"你"的相互作用之中②。总之，主体间性表达了不同身份主体之间相互理解、相互交流的"间性"理念以及系统功能语言学层面的话语关系和人际意义。

翻译存在的现实基础是特定历史时空和社会环境条件下与翻译相涉的各个主体之间的交互关系，即主体间的交互活动，"真正的主体存在于主体间的交往关系中"③。翻译学意义上的互主体性是指与翻译相涉的各主体之间的共生关系，包括作者、翻译发起

---

① 苗兴伟、李珂：《主体间性视角下生态身份的话语建构》，《英语研究》2022年第2期。
② 马俊、Hou Jian：《马丁·布伯关系本体论视域下的孔子仁学》，《孔学堂》2019年第2期。
③ 郭湛：《论主体间性或交互主体性》，《中国人民大学学报》2001年第3期。

人、赞助商、译者、编辑、审查人、版权人（单位）、译评人、出版商、营销商、读者等，彼此构成了一个"为实现翻译目标而共同维系"的主体共生网络。共生翻译提倡互主体性，因为主体是针对时间和场域而言的，中心也是如此。互主体性是对长期以来盛行的"译者中心""读者中心"等后现代本体论解构思潮的理性消解，也符合"因差异而多样，因尊重而容纳，因容纳而富有"的共生翻译内涵的建构。

生物之间的自然共生法则同样适用于人与世界、人与人之间的互依共生关系。苗兴伟、李珂认为，人们对人类主体和自然主体的生命性与互动意义的思考体现了具有主体间性特征的人类生态身份[1]。互主体性作为主客体共生关系的基础，具有生物依存关系的生命机制和社会人际关系的理性内涵。吴飞驰对共生理性进行了哲学层面的反思，认为"人类因共生存而彼此之间具有'互主体性'，'我'与'他'彼此互依，自由共在"[2]；海德格尔坚信，抛开工具理性主义，人类与世界的关系就不是一种认知关系，而是一种共同存在[3]；罗蒂所说的"把一种与我们截然不同的人视为我们中的一员的能力"[4]，其实质就是一种共生能力，因为万物既是主体，也是客体，彼此存在"互主体性"关系。互主体性同样适用于人类语言文化之间的关系逻辑，瓦尔特·本雅明在《译者的任务》中写到，"由直译而保证的'信'的重要性在于，作品反映了对语言互补的强烈渴望"[5]；斯坦纳（Steiner）在描述文学翻译行为时提到，"将原语

---

[1] 苗兴伟、李珂：《主体间性视角下生态身份的话语建构》，《英语研究》2022年第2期。
[2] 吴飞驰：《关于共生理念的思考》，《哲学动态》2000年第6期。
[3] 赵颖：《想像力与翻译中的共生》，《四川外国语学院学报》2008年第6期。
[4] Rorty, Richard, *Contingency, Irony and Solidarity*, London: Cambridge University Press, 1989, p.192.
[5] 瓦尔特·本雅明：《译者的任务》，陈永国译，载于陈永国主编：《翻译与后现代性》，中国人民大学出版社2005年版，第10页。

中新的语言现象引入到译语语言文化体系当中,会增加我们的表达方式",因此,"没有补偿的翻译是失败的"(Translation failed where it does not compensate)①。"补偿"是使原语中的异质语言特征和文化特征在译语语言文化中得到尊重与分享,同时也能弥补译语表达体系和思想体系中的单一或缺位,这是一种"互补/共生"关系,是原语语言文化特质在译语语言文化体系中获得的新的成长空间与生长方式。

互主体性体现了翻译酝酿、翻译过程、编辑出版、译作传播等环节中各相关主体不可或缺的角色与作用,体现了"角色中的人"各司其职、各司其责的社会功能与个体尊重。共生是维持翻译主体关系平衡的最基本因素,但竞争也是维持翻译主体关系的重要因素,二者是矛盾中的对立统一关系。一方面,协同合作是翻译主体之间的基本生存关系,没有诸多主体之间的协作,便无法实现翻译的功能和目的,跨语言文化交际便无法完成;另一方面,竞争在翻译主体之间不可避免,这源于知识背景、价值信仰、资源分配、个性禀赋等差异,也源于翻译主体之间的不均衡发展。竞争是社会优先发展的必要条件,追求进步与优先发展是翻译主体之间竞争关系的有力推手,互主体性则强化了竞争主体间的公平意识与激励作用,有助于创建积极的翻译文化共生关系。

二、价值维:以价值为主体

共生翻译学以价值为主体。共生之于翻译具有属性价值、关

---

① Shuttleworth, M. & M. Cowie, *Dictionary of Translation Studies*, Shanghai: Foreign Language Education Press, 2004, p.69.

系价值、能量价值和行为价值等多维价值。其一,共生之于翻译是不同语言文化相互进化与演变的密切关系,是翻译的内在属性和客观属性,具有属性价值,是一种内生常量。其二,共生之于翻译是一种关系价值,主要研究对象是翻译与客观世界、与人类社会的关系价值以及翻译学内部诸多主体之间、主客体之间的关系价值。共生既是一种关系存在,也是一种关系发展,更是一种关系互惠,因为文明互鉴是文明多元发展的重要契机,而翻译则是契机的契机。翻译再现原语世界,反映译语社会需求,体现不同语言文化之间的关系价值。其三,共生之于文本是知识能量的语际互文,具有能量价值,也是翻译中最重要的关系价值。翻译是文本再构,是知识能量的语际转化,知识是自然科学、社会科学、人文科学等古今中外积累而成的浩瀚经验的集合体,是经翻译而进入译语社会的能量体。文本是知识能量转化的加工车间,作为物质的语言符号是知识能量的载体,语言符号对于译本而言也是知识能量的转化形态,翻译是知识能量的再符号化和再物态化,是知识能量的语际共生关系建构。其四,共生之于译者是一种行为价值。译者对于原作的伦理价值、知识价值和交际价值是一种关系价值,对于客户的意义、需求和作用也是一种关系价值,对于原语作者、译语读者、编辑、编审、出版商、出版社、译评人等又是另外一种关系价值。关系价值是一种外生变量。共生翻译学探索共生之于翻译的属性价值、关系价值、能量价值和行为价值等价值的统一性以及关系价值的多元性。价值维的主要阐释焦点有关系价值、能量价值和行为价值等。

1. 关系价值

只有当关系在场时,才能形成价值关系,才会产生关系价值。

关系中的各主体之间、各主体与客体对象之间构成了事实上的价值关系。价值关系是一种把事物与主体的生存和发展联系起来的、客观存在的事实关系。从价值视角看,生物之间的共生价值体现在代谢互补与能量转化并以此促成物种创新,共生是自然生物界的本质属性和普遍特征。对翻译而言,共生是翻译主体之间、客体之间、主体与客体之间的一种关系属性,没有翻译主体,就不会有翻译客体的存在,更不会产生翻译主体和翻译客体之间的实在关系。共生是人类语言文化之间客观存在、相互关联而又相互作用的事实关系。共生是翻译现实的缘起、翻译存在的意义和翻译目标的指向。关系价值是翻译中的各关系主体通过与其他关系主体及客体资源的互动而产生的。价值是翻译关系、翻译行为和翻译实践的目标,脱离了价值目标,翻译将不复存在。关系价值有广义、狭义之分。广义的关系价值涵盖翻译之于两种语言、文化、人际、社会的交际价值。狭义的关系价值包括两个层面:一是翻译之于关系主体、关系客体及其交互之间的互动而产生的价值;二是仅指原文本与译文本之间存在的一本多译、一本重译价值。

翻译是人类语言文化之间的共生关系建构。在人类语言文化共生的生态建构中,主体与主体、与文本、与环境、与社会之间的相互关系构成了这个生态场的生存样态。然而,经过 20 世纪前后之交的几十年,翻译领域历经了前所未有的洗礼,作者、文本、译者、读者都遭到了从未有过的观念性颠覆,译者摆脱了沉重的传统枷锁,获得了无限的自由与释放,其身份也从"隐身"走到"显型",从"蒙蔽"达至"彰显",从"二流作者"跃升为"译者主体""译者中心"。传统二元对立的翻译观逐步沉寂,迭出的新型翻译研究范式开阔了译者的审视视野,给译学带来了多元化、多层面、多维度的研究视角。翻译研究冲破"原文中心""作者中心"的单一狭长隧道,进入广阔的"外部空间"。与传统翻译研究中文本内部的两种语言符号转化的翻译模式相比,后现代解构主义翻译的目的论、改写论、后殖民理论、女性主义理论、权力话语理论等意识形态性和文化政治批评性的翻译研究模式呈现出质的不同。翻译不再是一种简单的语言转化或交流艺术,而成了不同文化间意识形态的对抗,甚至成了话语权力的争夺场,成了政治、政府、政权的工具、影子及话语杠杆,成了左右译语读者群的阅读倾向、爱好及潮流的"指示器",成了话语功能调节器。"主体论""中心论"的喧嚣扼杀了译者两千多年来始终执着于"忠实"标准的伦理品格。然而,当译者用"话语权力"去过滤原文语言、文化及社会领域中的品性与特征时,极端的文化自恋主义会把译语读者甚至整个译语社会置于狭隘的审视视野及癫狂心态中,导致自身语言文化的枯萎与陈腐,阻滞人类语言、文化与社会之间的正常代谢与交融发展,原文与译文的关系价值被降至最低。

共生翻译学的关系价值体现在原作作者、译者、译语读者作为相应的创作主体、翻译主体和接受主体,在整个翻译过程中成为互为依存、互联共生的整体,是人类消除时空阻隔、跨越历史、实现文明传播的阅历者。翻译是译者努力协调作者与读者关系的行为,自然也是相涉的两种语言文化的媒介,共生翻译是一种积极创造翻译和谐生态,从语言共生、文化共生到社会多元形态共生以及多层次关系构建中的价值生产活动。

从共生视角看,原作与译作之间是一种既排斥又互补的价值关系。原作、原作作者与译作、译者之间既是一种共生关系,也是一种竞争关系,还是一种价值关系。二者在竞争中寻求和谐,又在和谐中展开竞争的螺旋式发展关系;原作之于译作又存在语言词汇、文体风格、文化模式、宗教信仰、思想观念、社会习俗等知识能量价值。

　　狭义的关系价值产生于原文本与译文本之间存在的一本多译、一本重译之中。就关系质量而言，原作的不同译本之间存在着共时质量关系与历时效果关系。文本重译的价值在于历史与现实的需求，就译者动机而言，历现于不同时代的重译本可能基于互补、竞赛、质疑、挑战、创新、超越等意图，当然也可能出于对原作的钟爱和对译本在质量、风格、志趣、认知等层面的差异，但毫无疑问，重译一方面体现了原文本超越自身时代的魅力，另一方面也说明，翻译作为纽带促成了原文本与译文本之间的效果历史，使原文本的生命得以在译语社会与文化语境中延续，价值得以辐射。比如，《哈姆雷特》的汉译史历经一百多年，汉译者与汉译本无数，汉译体从文言文、白话文、散文到诗歌，随着时代的行进而不断地被演绎。同样一部《哈姆雷特》在不同译者眼里产生了异样的阐释目的、视角和志趣，烙下了明显的时代烙印。这些译本推动了莎剧在中国社会的传播，满足了不同时期莎剧读者的阅读需求，使莎剧经典形成了连续不断的"效果历史"。这充分说明经典文本翻译的历时性共生与无限开放性特点，体现了经典不断重译的魅力，经典正是在不断的重译中形成其连续的关系价值，展示了其持续的效果历史。

　　就翻译而言，不同译家各有自己的实践智慧和独特天赋，朱生豪在其译者自序中指出"余译此书之宗旨，在求于最大可能范围之内，保持原作之神韵，必不得已而求其次，亦必从明白晓畅之字句，忠实传达原文之意趣，而于逐字逐句对照式之硬译，则未敢苟同"。而梁实秋则以为，"我翻译莎士比亚，旨在引起读者对原文的兴趣"，他坚持"莎士比亚就是这个样子，需要存真"。孙大雨、卞之琳、方平等译家则恪守原文的诗体格律，整体以诗译出，旨在复现原文的本色。事实上,每个译者都在忠实地履行自己的翻译宗旨。

就纯文学层面而言,译者的翻译行为会受到自身的翻译经验、语言能力、跨文化视域、文学素养等翻译内部或文本层面的技术、知识性积累的限制。译者内在的积淀,融贯中西的学养不同,对文本解读的效果会大相径庭。从社会学层面看,译者的翻译行为也受各自所处的历史时空的客观社会环境、价值观、政治立场、生活方式及宗教信仰等翻译外部或社会层面的意识形态因素所限。哈贝马斯说,意识形态的不同会使文本的信息扭曲、变形。这可以解释为什么不同译者对同一文本会有异样的阐释目的、视角和志趣,甚至同一译者对同一文本在不同时期也会有不同的翻译策略。原作唯一、译作无数,这是翻译本质的体现,从这个意义上讲,翻译对等标准并不具备可验证性。

就译者对原作的语言艺术与风格的驾驭能力而言,各译家皆具严谨、忠实的翻译作风,也受各自的文学修养、阐释目的、人生知趣等因素的束缚,翻译的结果自然有差异。整体看,朱氏以散文译出,重原作之神韵、意趣,对原文的语言风格、色调有出神入化的再现,语言的表现睿智酣畅、浓重华彩,深切透视出原文的戏剧形式和舞台效果,追求语言的声音美,对文字精雕细琢,赢得读者和观众无限赞誉,在中国版次最多。梁译则平实、严谨,以散文译出,谨守原文的字句、语法,甚至标点,原原本本地用另一种文字转化了原作。为了取"信"于原文,梁搬用原文文体,严守其语法结构,字比句次地考究,可谓最忠实的译本。译笔细腻,一丝不苟,甚至连猥亵语也"悉照译,以存真"。卞之琳则遵循原文的格律,整体以诗译出,译文极致、练达,颇显作为诗人的学识与才气。

就译者对原作的体裁、修辞、意象的转化而言,朱译对原文中丰富的修辞、意象则多有从简、删略,整体以散文体译出,虽保留了原文的韵味，但对原文的诗体部分未保留原本形式。对猥亵语采取意译，使用了大量的双关语、叠语及戏谑式修辞手段。为达"神韵"、切"意趣"，不惜更换原文语法结构，灵活选词，语言独到。就读者接受效果看，朱译技压群芳。梁译对原文的修辞、意象尽力体现，难译之处则加以注释，但译笔略显生硬、拗口，有欧化现象；梁也并未以诗译诗，对戏剧之舞台特性、语气、选词似与舞台场面欠协调，语言也欠酣畅，但仍具赏读性。卞译为忠于原文的诗体形式，开创了"以顿代步"的译体，旨归在保持原文真面目；他的译诗才情出类拔萃，为保留原文体裁，他挖掘出过人的创造力、想象力与表现力，在情感和音节的结合上，卞足了神功。

就社会学层面而言，译者对原作中文化差异的应对策略各异。由于汉、英语系不同，民族不同，两国人民的历史境遇不同，造成彼此间的历史间隔和时空跨越，翻译过程中不免存在理解障碍。对英语民族的表达习惯、民族心理、道德标准、处世原则等，对原文中的历史典故、民间传说、人物传奇等不同文化背景如何体现，是考察各译家翻译策略的主要根据。朱、梁二人更多地受翻译内部因素的影响而产生了译本的差异，梁译忠于原文"模样"，译词拘谨、拗口；朱译倾心原文的"神韵"，译词练达、酣畅；而卞译则紧扣原文的"形式"，遵循原文的格律，被冠以"学院派"，体现了很高的文学修养。卞译本受翻译外部因素的影响最深，他受当时苏联文艺批评倾向及鲁迅文学观的影响，创造性地误读出莎士比亚作品里的"阶级性"和"人民性"，把文学史看成现实主义与反现实主义的斗争史，这些特有的"个性"成为他莎译中最突出的时代烙印。

就读者接受效果看，朱译更顾及译语的语言规范和译语读者的接受现实，翻译有的放矢；梁译虽对原文的修辞、意象尽力体现，难译之处也详加注释，但文词过于拘谨，读起来缺少了许多快感，在阅读目的与阅读对象层面尚欠周全考虑。而卞译本则完全保留原文的韵格，曲高和寡，为学养高深者首选。从现有的汉译莎剧全集中以朱生豪译本为蓝本而增补或重校这一事实来看，朱生豪对翻译的本质、特点、目的、效果等方面的洞彻是很到位的。

鉴于语言作为艺术表达的无限开放性，不同的译者对原作阐释的历史性与相对性，译者视野与作者视野永远无法完全重合，文化过滤有时不可避免。任何译本都只是特定历史条件下完成的阶段性理解过程，是一段特殊的历史逗留，而这恰恰为一本多译、经典重译提供了历史机遇。《哈姆雷特》的汉译本从文言文、白话文、散文到诗体，随着时代的行进而不断地更新。这些译本生成于中国不同的历史与社会环境下，译者皆以各自的阐释视角，以各自时代的读者为阅读对象，采取适合各自时代语言规范和普遍接受的形式而译出的阶段性文本，烙下了明显的时代印迹，但毫无疑问的是，他们都起到了"媒"的作用，有效地推动了莎剧在中国的广泛传播，形成了连续不断的"历时共生"与"效果历史"，这充分说明了翻译的共生性与无限开放性的本质与特点。总之，经典的魅力在于不断地重译，经典在不断的重译中延续其生命价值，演绎其动态的效果历史，同时也体现了历时译本的关系价值。

2. 能量价值

文本即机体，这是共生翻译学的文本生命观，本书第一章第一节中已有相关阐述；知识即能量，这是共生翻译学的能量价值观。既然语言具有生物物种特质，语言有机观就具备了生命属性的逻辑。能量价值是翻译的核心价值，将翻译置于历时视野下，综合分析知识能量的跨民族、跨语言、跨文化、跨学科转换以及跨时空嬗变，这是一种知识逻辑关系建构。本质上说，人类的知识存在就是一种共生,一种和而不同的共生,一种此在和彼在的互为共生,一种"自我"与"他者"在理念与现实层面的互为共生,一种秉持人类未来和发展共存的世界视野。

知识作为技术,驾驭着人类劳动的轩辕;知识作为思想,乘坐语言之舟进入异域文化领地,历经碰撞、过滤、再构与融会而逐渐沉淀为异域文化的一部分;知识作为能量,流入一个民族、一种文化之中,既可补苴罅漏,张皇幽眇,亦可甄别舛讹,攘斥纰缪,推动人类文明的共生。翻译的过程是知识的世界化过程,知识再语境化是知识世界化的途径、过程和转化模式,即通过构式转换、意涵化境和文化适应等再语境化手段完成知识的世界化迁徙与多样化共生。知识从地方到世界的旅行在生物共生理论层面具有类比和隐喻意涵,即能量转化,这与共生翻译学的核心内指相通,取向一致。本节在共生视域下,从能量转化、知识变迁和知识超越三个层面进行解析,探索知识如何在语际旅行中生发、变迁与超越,进而实现共生。共生翻译学认为,就知识而言,翻译本质上是知识能量的语际转化活动和语际共生关系建构过程,文本是知识能量转化的作坊,但却是一个开放的空间,是知识旅行的"中间地带",是族群、社会间产生知识共生关系并进入彼此文化之中的"场域"。译者的任务是依循文本之"驿",探寻意义之"绎"的内在性、迁移性、能动性和共生性,以有效实现知识能量的语际转化。

(1) 知识在语际旅行中的能量转化

《圣经》中"巴别塔"语言变乱的宗教寓言,除去宗教惩戒与神秘意味,很可能喻示着人类原初时期族群分离与人口迁移的复杂社会变化和语言多样化演变。翻译中再现原语的语言特质和话语形式,能为实现语言文化的"异域移植"提供可能的结果。苏源熙认为,借词表达揭示的是目的语的"不完整性",能让语言形式"成为一个结果的、实用的、故事的、艺术品的代言……让能指成为艺术活力的、活跃的、基本的载体"①。让语言存在于文本中,也让文本存在于语言中,揭示原语语言的异质特征,汲取其意义的指示力量,克服"自然"和"归顺"表达的惰性和惯性,实现语言知识旅行的最大能量转化值,这是共生翻译的本质诉求。概念语汇、句法表征和修辞风格等语言特征是翻译中知识旅行的重要构件,是语言能量的基本要素。保留原语语言中的句法构造、动态结构和语言机制等异质力量是实现译语语言生长、原语与译语语言文化互动与共生的积极语言再现活动。原语语言因其历史积累与文化嬗变而具有的形成性、结构性内质和凝练性、描述性张力,会通过翻译而激发新的译语表达形式,进而实现知识能量转化过程中语言思维的突破和语言知识的增值。

　　当然,进入译语社会的不只是语言特征,还有语言所承载的浩瀚的知识。知识"是人类跨文化生活的能量"②,是一个巨大的能量场,囊括了自然科学、人文科学和社会科学,是一个广博而浩瀚的能量集合体。翻译是"人类拓展知识和能力边界的一种跨语言认知与实践方式"③,"是跨语言的知识加工、重构和再传播的文化行为和社会实践"④。从品名到概念,从域名到技术,从思想到审美,几千年的中西方融合史就是知识能量的转化史,也是人类知识文明的互鉴与共生历史。从雅典民主文明到欧洲大陆的文艺复兴,从波斯帝国扩张到东西方丝绸之路的贸易融合,从欧洲工业革命到美洲新大陆的地域探险,知识无时无刻不在旅行之中。翻译在

---

① Saussy, Haun, "Askance from Translation", *Inaugural Address*, University of Chicago, 2012.
② 李瑞林:《知识翻译学的知识论阐释》,《当代外语研究》2022 年第 1 期。
③ 同上。
④ 杨枫:《知识的地方性与翻译的世界性》,《当代外语研究》2022 年第 3 期。

"文化交流中通过对新知的引介,激发对原有认知模式的重新思考并促使知识谱系的扩容和思想变化,由此发挥出独特的历史文化功能"①。

跨学科是知识在学术逻辑上的迁移,"知识的分类是人类文明进化历史过程中的关键议题"②,知识的跨学科迁移是知识劳动成果的体系性再构,也是知识能量转化、知识跨学科流通以及知识再创造的途径和形式。翻译是知识能量的语境置换,是历史语境与现实语境之间的置换,文本是历史的记录,有时空和社会文化层面的局限。翻译是知识转化行为,而知识作为能量,如何完成跨语言文化、跨价值观念、跨科学实证(跨学科)的活动,是人、情境、社会(时代)、文化之间的调和甚至博弈的结果。语境的差异导致知识在时空旅行过程中会发生形态和内涵的变迁,体现了时间的阻隔性和空间的生产性。知识的流动质地在时空与社会的交互作用中很可能会生发出新的知识特征,而不仅仅是一个僵化的赓续体。知识在物化过程中可能因时空的变迁和社会的流变而产生形态变化,甚至意义流变。

知识的学科间性是知识"再语境化"的阐释依据,即通过不同选择、加工、改造、沉淀、表达和接受等实践和经验,完成知识能量在语际转化过程中对不同学科知识的体系性识别和确证,而非拘谨地挪用一个概念或者一个语汇。比如:element 一词的指称意义或概念意义为"要素"或"成分",但在不同学科层面具有"要素"(化学)、"电极"(电学)、"元件"(无线电学)、"天气"(气象学)等意义,这

---

① 王晓路:《论翻译的历史文化功能:认知模式与知识谱系》,《外语教学与研究》2021 年第 2 期。
② 彭青龙:《知识体系创新、跨学科交叉与跨媒介融合——访谈欧洲科学院外籍院士何成洲》,《上海交通大学学报(哲学社会科学版)》2022 年第 4 期。

体现了翻译对知识能量的专业化分类功能。同理,matrix 一词的原义为"产子动物",跨学科而被译为"子宫"(生物学)、"主句"(语言学)、"发源地"(社会学)、"基质"(地质学)、"字模"(印刷业)、"基片"(医学)、"矩阵"(数学)、"浮雕片"(摄影)、"矩阵变换电路"(通讯)等。知识的跨文本旅行是知识传承和知识创造的条件之一,翻译是知识转化劳动,而知识的转化、旅行和变迁会促进人类思想、科学、认知、心智等方面的层递和进化,而不单单是知识的历时性叠加和罗列。在科技万维互联的当下,知识能量的学科渗透越来越紧密,译者不仅要完成知识能量的符际转化,更要实现知识能量的意涵化境和学科适应,依循文本之"驿",探寻知识之"绎"的内在性、迁移性、能动性和创造性。

(2) 知识在语际旅行中的变迁现象

翻译是知识的跨语言文化共生建构活动,知识从本土走向世界,通过地方性与世界性的对话、互动与变迁而实现知识的世界性共生。然而,"世界"有两个意指:实指和虚指。实指意即"各个地方",即"世界"是由各个"地方"构成的,是无数个"地方"的集合体,"地方"是人类"经验"世界的基本要素和场所,"地方"构成了世界[①];虚指意即一个抽象的、非实体的、自然界和人类社会一切事物的概括。翻译就是"两种地方性知识相互注视、相互拥抱、走向彼此的世界性行为"[②]。知识的再语境化是知识世界性的途径、过程和转化模式,翻译的过程就是知识的世界化过程,其途径是知识的再语境化迁移,即通过构式转化、意涵化境、文化适应等本土化迁移手段完成知识的旅行、变迁和超越,进而形成知识的世界化迁徙

[①] 刘满芸:《"地方":应用翻译研究的新范畴——段义孚"地方"思想对应用翻译研究的启示》,《上海翻译》2017 年第 4 期。
[②] 杨枫:《知识的地方性与翻译的世界性》,《当代外语研究》2022 年第 3 期。

与多样化共生。

生物圈的漫长演化会造成生物基因的不断变异。知识也一样,知识根植于特定历史时空下的社会沃土,必然有其生长与演化的文化基因。"橘逾淮而为枳"正是知识变迁的写照。原语的文化牵引与译语的文化张力相互作用而产生的"翻译力"会对知识能量的再生产带来意外的惊喜与无奈。翟学伟认为,翻译作为知识传播的必要手段,会发生其含义本土化的历程①。他在谈到儒学西传的问题时,认为中国儒家思想在西方传教士的翻译活动中已经被套入了西方基督教宗教知识的体系与框架,被称为"东方人文主义"的儒家思想,被利玛窦看成是与基督教"心同理同"的东方教义,传教士的"西僧"形象也成功地实现了他们在中国大地上的创造性转化②,在身份理解与形象建构上实现了中国化和本土化。也许这种相似性建构才是异质知识"落地生根"的最初法宝,一个完全陌生化的知识世界与本土文化知识序列并不具备太多的同构性。知识能量的跨语言文化转化有时并非一蹴而就,而是一个变迁与沉淀的过程,既受时空环境的影响,也受认识发展规律的制约。举例来说,清末民初的西学东渐背景下,新学如潮,思想汇集,新概念和新术语给当时社会带来了前所未有的冲击力。原语知识由翻译进入译语话语体系,其场域、功能、系统、结构、理据、价值等从观念到物质的文化模拟都有待译语社会去消化和建构,因为"知识并非是既成的、确证的命题集合,而是基于母语产生的生活工具、社会能力、文化行为和实践话语"③。原语知识在语际迁移过程

---

① 翟学伟:《跨文化、翻译与社会科学本土化——兼论儒家的西方遭遇》,《学术月刊》2022年第5期。
② 同上。
③ 杨枫:《知识的地方性与翻译的世界性》,《当代外语研究》2022年第3期。

中完成再构,可能会在概念演化、知识体系、话语形式、观念形态等层面出现知识变迁和知识变量。无论是清政府开办的江南制造总局、中国总税务司等"洋务"机构,还是洋教士开办的格致书室,抑或是《万国公报》《中西闻见录》《格致汇编》《译书汇编》等刊物,在介绍、引进大量西方知识的同时,也产生了大量的舶来术语。由于传播的主体、途径和形式不同,术语表述不一、含义混杂的现象极为普遍。除了像经济、社会这类借用了日本和制汉字的译法之外,清政府学部不得不设立编订名词馆(1910),出版系列《名词对照表》,以加强各学科舶来术语的规范管理[①]。这说明"社会与文化结构混合于具体情境中,却不总是同构"[②],语言是民族思维与文化观念的外壳,人们总是活在自身语言所限定的文化观念中。文化是社会价值整合的结果,知识的旅行不仅有时间和空间两个维度,还存在文化认知和情感归属的心理维度,空间的隶属性和时间的局限性以及文化的个异性,需要对舶来知识进行系统化和规范化的文化个性建构。

就翻译而言,知识传播的张力是与译者或译语读者的认知界限相关联的。知识在翻译的过程中以及在语际的旅途中会遇到各种因素的干扰,从而造成知识传播在张力与界限上的差异。比如:译者及其译本读者的文化背景、认知观念、思维方式、心智状态等都会使文本知识的传播产生某种程度的张力与界限。所以,翻译的可迁徙价值是一个变量,也就是说,知识在原文本和译文本之间实现能量互文时,是一个变量。

翻译中的知识传播,是通过"陌生化"的语境再现,还是通过

---

① 翟锦程:《中国当代知识体系构建的基础与途径》,《中国社会科学》2022年第11期。
② 渠敬东:《缺席与断裂——有关失范的社会学研究》,商务印书馆2017年版,第49页。

"兼有性"或"杂糅性",抑或是"归属感"去实现知识的异域传播?在替换原语知识或思想的语言外壳时,是否翻译的方法和策略不只能够决定知识传播的风格,抑或还能决定知识传播的确定性?如果加入价值观念、意识形态等因素,是否还能左右知识传播的价值?比如,五四时期,中国的半殖民地半封建社会遭遇了西方人文科学思潮,人文知识的凭空植入曾一度令人无所适从。拿"democracy"一词来说,李大钊采取"零翻译",直接挪用原语词汇描述其本身,陈独秀音译为"德谟克拉西"(后又将其解释为"民治主义"),严复译为"庶建",毛泽东解释为"平民主义、民主主义、庶民主义"。最后,出自西方传教士之手的"民主"成为其确定的翻译。知识的"落地时空"会决定知识如何生根、发芽和成长,外来知识的植入会随本地文化环境条件的变化而成长、开花、结果。当我们阅读特定的历史文本,遭遇大道(religious belief)、名学或理则学(logic)、兴世(evolution of society)、进境(conditions of human progress)、玄摘(abstraction)、致知(philosophy)、天学(knowledge)、学术(intellectual)、计学(economics)、涅伏(nerve)、教化(human evolution)、泰西教化(western evolution)、养民策(socialism)、大同学(social evolution)等科学和人文术语,更不用说难以计数的品名、域名和人名的翻译时,是否能够感受到异域知识在目标语文化土壤的培养、生发、成长和成熟的生命过程?是否能够体会到知识跨域旅行时,目标语文化土壤与社会现实是实现知识能量转化与知识生命赓续的必要人文生态条件?所以,文本是个开放的空间,在这里,语言和文化随着时间、历史的进程以及社会的进化而不断地吐故纳新①。

---

① 刘满芸:《共生理论视阈下的翻译研究》,《中国翻译》2016年第3期。

知识的旅行与变迁深受人类文明进步和特定社会发展的制约,是一种知识跨域活动的社会现实和历史现实。语言作为一种文化载体,其"描述的地方性知识所带来的价值观念变迁的影响力及其叙述方式的建构力"值得重视①,而相互性可以作为"人类文明交流、互鉴共生的内在机制"②。由此,翻译不是一个人的事情,也不是一个群体的事情,多样化而逐渐形成的普遍性,即共性,是人们认知翻译的基础。雅克·德里达曾说,"我们每一个人都以自己的概念、自己的知识或自己的行动翻译这个绝对世界"③。从符号学层面讲,翻译是把语言符号的褶皱打开;从文化人类学层面讲,翻译是把神秘的疆域打开;对于道德家而言,翻译是一项审慎的美德;对于美学家而言,翻译是审美的旅程;对认知论而言,翻译是对"陌生"的认知。总之,人们在阐释语言与知识、认知与思维、思维与价值之间的复杂关系时,由于掺杂太多的参照而显得顾此失彼。如何甄别翻译中的语言能量与意义能量,有无限的阐释视角,自然也会演绎出不同的结果。或许翻译的更高价值是超越知识本身,使译语读者实现更高维度的成长——思维。

(3) 知识在语际旅行中的价值变量

某种意义上说,翻译也是译者个人的知识、道德、智力、审美等自我、人格、学识等范畴决定的实践活动,而社会是镶嵌在特定历史时空中的现实场景,原文本是原语社会的现实场景,译本是译语社会的现实场景,而"文化策略与自我矫正会造成知识本土化之发生"④。

---

① 邱仁富:《多元文化互动中的语言及权力》,《甘肃理论学刊》2016年第4期。
② 邱仁富:《相互性:人类共生的内在机制新探》,《经济与社会发展》2021年第2期。
③ 雅克·德里达:《翻译的神学》,陈永国译,载于陈永国主编:《翻译与后现代性》,中国人民大学出版社2005年版,第180页。
④ 翟学伟:《跨文化、翻译与社会科学本土化——兼论儒家的西方遭遇》,《学术月刊》2022年第5期。

比如,翻译之于世界文学是一个"不同文化协商的场合"①,一个"将transLation(翻译)的 L 和 transNation(跨民族)的 N 进行比较的批评空间"②,一个赋予文本双重文化语境和文化张力的场域,一个使源文本的时空性和异域性与目标文本的现时性和本土性相遇,发生历史与现实的"视域融合"。翟学伟认为,自然科学的学术共同体中建构了共同的符号系统,因而得以实现跨文化语义上的一致性;但在人文与社会科学领域中却始终面临创造性反叛,使原语的原有立场、内在框架与基本假定,在转译中都发生了某种程度的改变③。原生于西方的学科专业知识,尤其是学说、概念、理论、观念、价值、信仰等形而上学思想体系以至由此形成的物化认知与生活习俗,还有涉及文字、句法所引发的深层次变化以及语境和认知的改变等,都体现出译者作为一个历史理解者的"自我矫正"特点,反映出译者的"诠释境遇"和"理解视域"。后殖民理论家赛义德在谈到理论和观念的旅行时,认为"理论都有自设的围墙"④,在穿越异域时空和文化语境的旅行中断然不会毫无阻碍。

  理论和观念从某一时空语境旅行到另一时空语境,其力量会否增强或减弱?某一历史文化背景下产生的理论会否在另一历史文化背景下成为完全不同的东西?理论在文化间的旅行尤其值得审视,比如,东方的"超越观"

---

① Damrosch, D., *What is World Literature*, Princeton: Princeton University Press, 2003, p.283.
② Apter, E., *The Translation Zone: A New Comparative Literature*, Princeton: Princeton University Press, 2006, p.4.
③ 翟学伟:《跨文化、翻译与社会科学本土化——兼论儒家的西方遭遇》,《学术月刊》2022年第5期。
④ Said, Edward W., *The World, the Text, and the Critic*, Cambridge: Harvard University Press, 1983, p.247.

进入到 19 世纪早期的欧洲，或者欧洲关于"社会"的一些观念在 19 世纪末期进入传统的东方国度，理论进入新的环境，必然涉及不同于其起源地的陈述表达和建构进程，这使得任何关于理论和观念的移植、转移、流通和互动的描述变得异常复杂①。

观念是思想的堡垒，必然是特定文化坚守的阵地。翻译中，对原语文化中理论和观念的理解与诠释终究要面对向谁言说的选择。在母语文化的局限内认知外来文化的思想和观念，对其接受土壤的培植是一个渐进的过程，会是一个"共"（互动、互补、互惠）与"生"（生发、生命、生机）的关系建构。马克思主义的俄国化、中国化、拉美化，甚至欧洲的再本地化（西方马克思主义）以及由此派生出的主义、组织和政党在欧、亚、非、拉各洲遍地开花，其中影响最大的自然是毛泽东思想（主义）（Maoism）、马列主义政党和组织国际会议（The International Conference of Marxist-Leninist Parties and Organizations，ICMLPO）以及中国共产党（CPC）。这说明，理论和观念等意识形态思想的文本旅行会产生"本地化"改造和文化再生。

翻译是实现知识跨语言文化共生的旅途与跋涉。共生具有多样性，翻译是对承载原文意义的物化符号的再物化和再符号化，而再物化符号与源物化符号所承载的意义的等值目标无论被视为一种想象的权力，还是一种现实的任务，都不能逃脱基于本土文化土壤环境下对原文物化符号的阐释，而阐释"不在于其如何可能正确

---

① Said, Edward W., *The World, the Text, and the Critic*, Cambridge: Harvard University Press, 1983, p.247.

地理解世界,而在于其间出现的'效果历史'"①。所以,原语知识在目标语化进程中会遭遇文化融合或误解,无论是知识的物化模拟,还是知识的精神渗透,都不再是简单的迁移,翻译的过程"其实是一个'文本增殖'的过程,也是一个知识增殖(或新创)的过程"②。知识共生的结果"远远不是可预料的简单的叠加,而是一种非累积的惊喜"③,是知识能量的创造性增值与成长性超越。同为华语世界的中国大陆及港澳台地区、新加坡,由于自身所处的人文生态不同而对外来知识的取舍、接受和融入有所差异,其各自对外来知识的汲取趋向和本地文化的生态张力而产生了不同的知识增量,科学、生活、认知等各个层面的语汇增长各不相同,甚至文化、思想、观念的知识增量也会不同。

再如,很多西方传教士们汉译的《圣经》,"已形成为强大的文化资本,进而以文化资本的形式与中国固有的传统文化共生、相融"④。传教士们西译了很多中华传统儒家经典,领略了儒家文化习性,就连他们自身的汉语译名也并非遵从"名从主人"的原本发音和真实意指,而是与儒家文化崇礼尚贤、尊儒明志等意涵指向密切关联,也是西僧施行本地化、儒家化翻译策略的结果,比如,罗明坚(Michele Ruggieri)、艾儒略(Giulio Aleni)、南怀仁(Ferdinand Verbiest)、殷铎泽(Prospero Intorcetta)、卫方济(Franeiscus Noël)、宋君荣(Antoine Gaubil)、儒莲(Stanislas Aignan Julien)、卫礼贤(卫希圣,Richard Wilhelms)、叶格正(Henrik Jäger)、龙华

---

① 汉斯·G.伽达默尔:《真理与方法》,洪汉鼎译,上海译文出版社1999年版。
② 刘建军:《"翻译本体论"与"中国的外国文学"知识再造》,《上海翻译》2022年第3期。
③ 林恩·马古利斯、多里昂·萨根:《我是谁——闻所未闻的生命故事》,周涵嫣译,江西教育出版社2001年版,第147页。
④ 傅敬民:《〈圣经〉汉译与文化资本》,《上海大学学报(社会科学版)》2005年第3期。

民（Niccolo Longobardi）等都是耶稣会士融合儒家姓氏文化话语，与本土儒家文化共生共融的生存策略的"效果历史"。这些传教士翻译家因其汉译名字中融会了儒家内涵，具有了"学儒"的雅致，贴近了中国儒家社会与文化，一定程度上消解了西方基督教信仰和儒学文化上的隔阂，而这些原名中内嵌的意涵则走了样。

总之，翻译的本质是知识的共生关系建构，体现了知识语际转化的能量价值。翻译是语际生态下知识能量的再生场，是促进表达跨语言增长，思想跨文化生发，两种语言文化互为作用、互为渗透、互为借鉴、彼此共生的文化生态建构活动，具有生物学意义上的代谢互补、物种进化和物种创新的同构性和普遍性特征。

3. 行为价值

共生之于译者是一种行为价值。行为基于一种理念，理念源自认知经验与理性反思，又是行为的前阶，并为行为赋能。理念是对事物认知经验的高度概括和心理升华，是具有理性高度的思想和观念。译者的行为理念与他的道德内涵和专业素养密切相关，译者行为批评已成为对译者行为进行研究的有力工具。共生翻译学提倡译者在翻译实践活动中树立共生理念，遵循共生理性，探寻异质共生的契合策略，平衡译者能动与译者自省之间的掣肘关系，使理念赋力翻译行为，使翻译行为产生价值——伦理的、知识的、交际的、审美的等。

从译者能动与译者自省层面看，翻译过程实际上是译者以自身的翻译理念、行业的伦理规约为道德标尺，对语言的外在规则与内在意义进行解读，对客体文本对象加以理解与阐释的过程。而客体文本对象的背后是一个强大的原语语言、文化和意识形态的生态场，译者背靠自身语言、文化与意识形态去审视与解读原文本，实际上是在与原文本承载的文化意识形态进行比照性解读，从而试图理解萦绕于原文本的文化氛围。那么，怎样理解异质文化？怎样传递异质文化？这自然会遇到一个视界与态度的问题。

译者自省主要出于对译者作为"翻译施事者"的个体自由与行为规范双重层面的思量，事关译者身心内外翻译环境的平衡。自然生物间的共生多出于生存本能，人的共生则出于个体意志与社会意志之间的权衡，个体崇尚独立和自由，社会构建关联和规范。米歇尔·克罗尼恩认为不同语种的翻译之间要保持"健康平衡"(healthy balance)[1]，而"平衡"就是译者在翻译过程中对"度"的体现，是译者行为理念的自觉和翻译实践的自律。翻译中的译者总要在自身作用于文本的主体性、能动性、创造性与社会作用于其自身的人生观、价值观之间"做出裁定"，"社会的意识形态和个人的经历感受一起构成了人们对翻译的身心感受"[2]。道格拉斯·鲁宾逊认为，身体和精神无法分裂，翻译虽不能牺牲"理智"和"精神"，但西方在语言交际研究中坚持剥夺译者的直觉、感情、身体信号等身体的权力，早已削弱了人们理解说话时发生的一切的能力[3]。他提出的"翻译身体学"强调身体对人的行动的指示以及身体对人了解一切的作用，坚持社会控制与个人感觉并存，理性与情感相伴，这是对西方理性主义传统及后现代以来意识形态操纵的翻译研究模式的反拨，既不屑于前者的理性权威，也反感于后者对文本的强权压制。马俊等在《马丁·布伯关系本体论视域下的孔子仁学》一文中，借马丁·布伯(Martin Buber)的关系哲学中的关系本体论，

---

[1] Crorun, M., *Translation and Globalization*, London & New York: Routledge, 2003.
[2] Robinson, D., *The Translator's Turn*, Baltimore: The Johns Hopkins University Press, 1991, p.30.
[3] Ibid.

从"自我-自我""自我-他人""自我-天地"三个维度,即人与自我心灵世界、人与他人及社会、人与自然宇宙,阐释了孔子仁论涵摄的关系结构,认为这三重维度有机融合,彼此作用,构成了儒家义理的一个完整的意义系统、价值基点和主要言说框架,进而认为,"仁"不能作为抽象的实体而存在,而只能是一种关系型本体,是"此在"最本真的存在方式,即"关系仁本论"[①]。译者作为关系中的人,同样也面临"仁"的三重维度的平衡。译者自省是复杂的精神和情感活动,既具有稳定性,也具有动态性;既饱含身心自由的欲望,也渴望宽阔社会的认同;既渴求个体精神的独立,也留恋现实社会的归宿。共生理性为译者提供了一种均衡视野:最大化地挖掘自身的语言潜质与天赋,不断深化双语文化修养,提高解读、再现、驾驭文本的能力;同时,要摒弃意识形态视阈的窠臼与僵化,勇于承担社会义务与良知。路德在将《圣经》译入德语世界时,使用了日常德语表达,让普通民众能读懂经典的同时,也受到身心教育;这与其说路德饱含了政治意图,不如说他饱含了善良的信念与个体的自由,这和孔子的仁本观异曲同工。而仁本论所揭示的"仁体"则是动态的、变化的、生成的,将"存有"的根据与生成的意义赋予仁体本身(即"存有"即"活动"),因而更能充分展现关系哲学的理论魅力。

共生是人类语言文化生态的"根本价值向度",面对当下全球化、国际化、网络化、信息化、物联化的多元合作态势,译者应致力于创建语言文化共生环境,拓展翻译发展空间,跳出自身狭隘的语言圈地,跨越文化上的"卡夫丁峡谷"(Kafdin Valley),践行自身的行为价值,融入中华传统哲学的共生思想。"仁者,浑然与物同

[①] 马俊、Hou Jian:《马丁·布伯关系本体论视域下的孔子仁学》,《孔学堂》2019年第2期。

体",当语言载歌载舞时,对立消失,只剩下意境和美。这便是共生,这便是译者的能动和自省。唯有如此,族群间语言文化的多元共生形态才能延续并发展。

三、方法维:以共生思维为基础

共生翻译学的方法维可以概括为以关系思维为基础,结合整体思维和有机思维,彼此形成交互作用的共生思维方式。方法既是实践的经验,又是实践的起点,是实践与发展的循环。关系思维是一种思维辩证法,跨学科是关系思维的重要体现。从"共生"视角阐释翻译,本质上是一种共生思维,具有关系思维、整体思维和有机思维等特质。以关系思维为基础,结合整体思维和有机思维,探讨翻译与外部世界以及翻译内部诸多共生关系,会引发主体、客体、要素、空间、系统、机制、模式等诸多共生命题,借中华传统哲学的共生思想精华解释翻译中的理性、伦理、审美、价值等共生命题,是一种方法论创新。共生翻译学方法维阐释的主要焦点有关系思维、整体思维和有机思维。

1. 关系思维

共生翻译学是跨学科关系建构的结果,跨学科是关系思维的重要体现。关系思维是马克思主义哲学的重要内容和思维辩证方法,是一种突破传统实体思维二元对立的现代科学思维方式。关系思维是将事物的理解置于事物的关系之中,"从事物与事物的关系中去理解事物,去把握关系中的事物"[1]。马克思主义的关系思

---

[1] 王智:《马克思主义哲学中的关系思维》,《广东教育学院学报》2009 年第 2 期。

维辩证法是从人与世界的关系去理解人和世界,从人这一主体的存在去理解世界这一客体的存在,也从客体的存在去反观主体的存在。马克思在其著述《1844年经济学哲学手稿》和《关于费尔巴哈的提纲》中都曾提到,人存在于和表现在自然关系和社会关系之中,人在自然关系中表现出人的自然属性,在社会关系中表现出人的社会属性。马克思主义关系思维辩证法的内涵是人的存在、人与自然以及人与社会交往的存在关系,是将主体和客体、主观和客观、理论和实践在人类的社会实践和历史实践基础上内在地结合、统一起来的关系实践,是基于历史连续性的实践认知和创新,是以实践、历史唯物主义关系思维取代旧唯物主义的实体思维[1],其实质是一种辩证的、逻辑的、系统的和关联的思维,是逻辑建构和关联意识状态下对已有思想和观念的解构和重构过程。"一切存在都是关系存在"[2],关系思维从事物的内外部结构、联系、系统等关系状态去深入把握它的存在形态,强调主客体之间、事物之间的关联与对话,倡导通过相互作用、过程联系、运动变化,把握事物丰富深刻的存在和价值[3]。关系思维认为事物只有在与环境、背景的关系中才得以存在、定义、描述和认识,脱离了关系,事物就失去了意义,部分不能离开整体而独立存在[4]。布迪厄指出,"很少有领域能比艺术和文学领域更能清楚地证明关系思维的启发式功效"[5]。关系思维具有广泛的普适性,已经是一种现代自然科学和社会科学

---

[1] 吴晓娟:《马克思辩证法的存在基础——从实体思维向关系思维转变》,《现代交际》2021年第13期。

[2] 同上。

[3] 张立新:《关系思维视角下我国基础教育改革》,《当代教育科学》2006年第21期。

[4] 彭新武:《复杂性科学:一场思维方式的变革》,《河北学刊》2003年第5期。

[5] Bourdieu, P., "The Field of Cultural Production, or: The Economic World Reversed", *Poetics*, 1983(12), p.311.

的思维方式,在哲学、社会学、美学、语言学、翻译学、传播学、教育学、管理学、设计学等学科领域已经得到广泛应用。

一切事物都具有关系属性,事物的属性就是关系属性。共生翻译学通过对翻译活动的关系属性的认知,深化翻译研究的关系思维、整体思维和有机思维的意识提升和系统认知,构建翻译研究的关系认知能力和关系共生能力。同时,关系是矛盾的基础,矛盾是关系的本质,翻译研究中需要突破常规关系思维,加强反向关系思维意识,通过对复杂翻译问题的聚焦、整合与超越,对翻译矛盾关系的感知、判断和突破,在特定条件和目标下,有效处理翻译问题,促进翻译知识的创造和增长,形成对翻译现实的全面认知和翻译思维能力的持续升华,推动翻译理论与实践中新的知识关系、思想关系、理念关系、理论关系、应用关系等翻译学术关系和翻译实践关系的构建。

共生翻译学的共生关系具有建构、解构和重构特征。就形式而言,译本呈现的是两种语言系统之间的符号更替,但就内容实质而言,译本承载了两种社会文化之间的异同关系。语言形式涉及音法、词法、句法、文类、文体、修辞、语篇、话语等方面的异同,文化内容牵涉思想、习俗、观念、信仰、伦理、道德、法律、审美等意识形态方面的差异。翻译就是一个跨语言文化的认知过程,译者既认知原作的语言文化,也反照自身的语言文化,这种跨语言文化认知是一种共生关系的建构、解构和重构过程,这个过程不是静态的、一次性的翻译行为就可以完成的,而是动态、阶梯性和持续性的。译者客观上需要运用关系思维、整体思维、有机思维等多种思维手段,自觉提升关系思维的意识和能力,融通共生关系的建构、解构和重构思维模式,解决翻译中遇到的相应问题。简言之,共生翻译学跨语言文化转化的策略与方法就从关系建构、关系解构和关系重构着手。

(1) 关系建构

关系建构指能动地建立人际、事物之间的共性认知和行为事实关系。关系建构是共生关系形成的过程,也是实现翻译研究目的的途径和手段,还是翻译实践中时常用到的策略和方法。关系建构包括两个层面:一是相似关系同构,即寻求事物之间的同质性和相似性;二是异质关系合构,也可被视为矛盾整合机制,即构建不同事物之间的关联性和融通性机制。

① 相似关系同构

一个很好的案例可以充分阐释事物相似关系的同构,这就是"象思维"。"象思维"是事物之间相似性的关联机制,"象"是认知思维工具,"象思维"是一种心智上的同构思维活动,一种类比、联想的关联思维过程,一种主客一体的认知方式,是"认知主体与认知对象,人与自然、社会作为一体相通的整体观照和体认"[1]的认知活动,是典型的相似性关系思维建构模式,是实现形意共生的有效手段。"象思维"基于不同事物具有的相同功能和性质特征而建立起来的事物之间的密切关联,是"以事物的各种外在表现为依据,充分借用观察者已有的知识经验,通过广泛联系,旁征博引,体悟事物内在本质或变化规律的思维方法"[2],是通过"不同事物之间'象'的流动转化,建立已知事物与未知事物、已知之'象'与未知之'象'之间的联系,是'象'与'意'之间的相互阐发和彼此支撑"[3]。汉字是中华民族"有生命的图示",是中国人的"心灵词典"。汉字孕育、构筑、演变、形成于"象思维",并逐渐"外化为中国文化、艺

---

[1] 马晓苗:《基于"象思维"的创新机理研究——"象思维"系列研究之一》,《系统科学学报》2018年第1期。
[2] 王永炎、张启明:《"象思维"与中医辨证的相关性》,《自然杂志》2011年第3期。
[3] 马晓苗:《基于"象思维"的创新机理研究——"象思维"系列研究之一》,《系统科学学报》2018年第1期。

术、哲学、宗教,甚至科学,蔓衍在社会生活的每一个神经末梢;在内则构成中国人把握世界的独特方式"①。"象思维"是中华民族在远古时期特定历史境遇下寓情感、观念于"有形之物"的心理同构,是我国传统哲学和诗学文论中常见的思维方式,常常通过"观物取象""借象立意"而达到"尽意悟道""道象互为"②的认知目的,比如巫术、仪式、寓言、神话等。《诗经》中的"赋、比、兴"是我国最古老的诗学文论,其中,"比"是以彼物喻此物,具有理性的拟喻、喻象特征,"兴"因彼物而触发此物,是直觉引发的"由物及心",二者具有形与意相互引发的作用关系,都具有"象思维"的特性。比如,"硕鼠硕鼠,无食我黍!三岁贯女,莫我肯顾"就是典型的"取象比类"的"象思维"方法;而"关关雎鸠,在河之洲。窈窕淑女,君子好逑"则是"由物及心"的象、意联构手段。

"象思维"对翻译的阐释力具有多样化特征。包通法认为,"象思维"与中国哲学、中国诗学文论、翻译诗学以及翻译美学等存在诸维关系,只有"启动"象思维"去理解、翻译汉语典籍,才能传达汉语典籍所蕴含的东方文化精神真谛和样式"③。包通法还探讨了具有中国哲学属性的翻译本体"是"的"道"论,以"象思维"为认识基石,以"道象互为"为一般认识范式,建构文本"此在象"的翻译"知"论和以文本话语为翻译行为本体、以形喻神的"器"论,即融合科学化(信)与艺术化(易、异、艺)的语言实践和翻译审美行为,以此构建具有中国诗意文化精神构式和话语形态的翻译学知性体系④,从本体论、认识论、方法论、实践论和美学论等层面构建具有中国特

---

① 章启群:《汉字与中国式思维——作为一个哲学问题的断想》,《语言战略研究》2023年第2期。
② 包通法:《论"象思维"样式与汉典籍外译》,《外语学刊》2015年第6期。
③ 同上。
④ 包通法、喻旭东:《中国译学研究的诗意哲思构式》,《上海翻译》2020年第6期。

色的"象思维"翻译认知构式,是翻译研究中国特色化的体系性探索。张保红将文学翻译与绘画关联起来,"以绘画类比阐释文学翻译的理解过程、表达方法和译文评赏",向绘画艺术借鉴概念、技巧、原理来实现文学翻译表情达意的艺术特色与创新,通过二者的互相借鉴和互为融合,创新文学表现形式[①]。董宗杰对源于国外(西奥多·萨瓦里曾提及)的"翻译即摄影"观点做过评述,认为科技翻译像照片的说法,即"供人使用,看得清楚,明白无误地理解、获取信息"并不现实,科技翻译的过程"绝不是摄影,只要对准镜头、测距、对光圈、定时,按下快门就行了……而是用画家临摹的手法取得摄影的效果"[②]。这意味着董宗杰将翻译理解为临摹的绘画手法,而非摄影的直白。王姗姗进行了"翻译即游戏"的探索,她提出的翻译游戏过程论基于伽达默尔的"游戏理论"来阐发翻译过程,借游戏中游戏者、游戏对象、观赏者的辩证精神来描述翻译过程中原文、译者和目标语读者构成的"关系主体"之间博弈妥协下的语言游戏过程,是以游戏"关系主体"取代"译者主体",将伽达默尔游戏艺术中的语言、竞争、表演、对话等游戏元素引入翻译研究,阐释翻译中的译者对原文本理解的对话过程和异质语言转化的表演过程,体现了翻译与游戏之间"象"的多重特征[③]。

翻译即绘画、翻译即摄影、翻译即游戏等观点是不同类比方式的翻译认知,都是典型的"象思维"的应用。"象"的本质是关系,是表意符号与表意对象之间你中有我、我中有你的形意同体或形意共生的心智活动。翻译即绘画将翻译文艺作品喻为临摹绘画,"既

---

① 张保红:《绘画语言在文学翻译中的创用探析》,《中国翻译》2022年第1期。
② 董宗杰:《绘画还是摄影——谈科技翻译标准》,《中国俄语教学》1986年第4期。
③ 王姗姗:《翻译与游戏——基于伽达默尔"游戏"理论的翻译过程研究》,山东大学博士学位论文,2017年。

像原物,又有艺术加工……供人欣赏,给人以美的感受,在思想境界、精神生活上起作用"①;翻译即摄影体现了科技翻译的准确观,即翻译应当取得与摄影一样的功效,用画家临摹的"真"功夫,去取得摄影的"真"效果;翻译即游戏通过游戏中的语言、竞争、表演、对话等规则去阐释翻译过程中文本理解的对话过程和异质语言转化的表演过程。的确,无论哪一种仿象,都是在试图回答"译为何""如何译"的本体追问和实践探索,却又不能给出一个放之四海而皆准的标准,否则,这些使人类思考了三千多年的翻译基本问题,就不会持续到现在,依然弥漫着沸沸扬扬的杂音。

同质性、相似性是事物之间的普遍关系特征。共生源自描述生物世界现象,是生命世界中最基本的属性。在语言世界里,形意之间的密切关系也是一种互为支撑的共生方式,也可以分两个层面:语言个体共生和语言群体共生。索绪尔的声音形象和概念就是能指与所指合二为一的同体结构,但也可以看作是一个音、形、义三位一体的共生体,也就是说,一个词本身就一个共生体,是一个内嵌概念、外呈声音和形象的共生体,是音、形、义互依共存、不可分割的整体;而词与词之间则是一个按照实践经验和约定俗成形成的规则而无限组合的语言群落共生体,即一个由声音和形象(发音和拼写)、概念(词)、句法(句子)构成的语言系统,一个音、形、义共生体系,即关系体系;而语言所具有的"体认性""像似性"②特质

---

① 董宗杰:《绘画还是摄影——谈科技翻译标准》,《中国俄语教学》1986 年第 4 期。
② Lakoff, G. & M. Johnson, *Metaphors We Live By*, Chicago: University of Chicago Press, 1980; Brône, G. & J. Vandaele, *Cognitive Poetics: Goals, Gains and Ga*ps, Berlin & New York: Mouton de Gruyter, 2009;皮尔斯(Peirce, C. S.):《皮尔斯:论符号》,赵星植译,四川大学出版社 2014 年版;杰弗里·亚历山大、高蕊、赵迪:《像似意识:意义的物质感》,《文艺理论研究》2016 年第 2 期;王寅:《象似性原则的语用分析》,《现代外语》2003 年第 1 期;熊沐清:《试论诗学象似性的涵义与形式》,《外国语文》2012 年第 6 期;等等。

是主客一体思维的结果,形意之间的共生关系是语言、人、现实构成的主客体互动的结果,翻译面对的是原文本,实质是认知和再现原文本中语言、人与现实构成的共生关系,所以,共生翻译首先是一种心理认知活动、一种语言关系思维建构,是人通过语言思维对主客观世界的体验性认知,是语言、人、现实之间的关系建构,是从认知、语义、语用等层面再现语符与其对应物之间的理据性共生关系。

翻译实践中的"象思维"比比皆是。翻译是译者在语言界面下与作者的认知互动中呈现出的一个符号序列载体——译本,语言文化共生的客观实在反映的是社会历时演化的形态。"象思维"在翻译中的应用实质上是不同语言文化之间相似性或相异性关系的建构、解构和再构活动。把握"象思维"的关系特质,构建语言文化之间的相似关系,有助于能动地描述、体验和理解文本,认知主客观世界,提升译者认知事物的经验,形成事物之间的相关性关联和参照性体系。

形意之间的共生关系对译者的翻译解释力形成机遇和挑战。寻求事物之间的同质性,通过对事物本质的关系属性的认知,构建不同事物之间的关联性和共性认知,强化学术研究的"象思维"意识,能够提升学术研究的共性认知能力。

② **异质关系合构**

A. *异质互补共生*

语言符号是观念的表征系统,不同的语言符号系统表征着不同的观念体系,观念的不同源自时空的自我封闭、积成的历史延异和迥然的社会流变。"相异性"是"异域"的世界性体现,是内嵌于文本的质感,是翻译的对象性关照,是翻译实践中语言文化互补的前提。"相异"是翻译针对的对象,是源自人类心理思维的共通机制、求知欲望以及与不同时空经验和知识弥合的愿望,译者对"异域"的理解与诠释、认知与策略决定着译文与原文的契合程度。吴翳在分析《小说月报》(1910—1920)的翻译时,认为对"异域"的表述是"通过对翻译文本的策略性调配达成的"①其中,最直接的方法是设置与调整栏目、为译本配写序跋或按语等。西方女性主体性意识指导下的女性主义翻译实践观通过文本干预、语言创造,实现翻译中女性的"主体性"书写。弗洛图(Luis von Flotow)通过加写前言和脚注(prefacing and footnoting)、增补(supplementing)和劫持(hijacking,造词、旧词赋新意等)"让语言为女性说话",以此显现女性翻译之"异"②。

"异域"的特性还体现在,在多数阅读情况下总能感受到异质语言的独特构造及其所承载的别致思维序列,可以说语言结构之中处处携带着一个民族的灵气与灵性、知性与聪慧,哪怕是外国的阅读者也痴迷于这种奇特的思维模式和语言表达范式,语言的别致就是思维的质地。"异质互补"的意义在于,当我们对于某些问题难以寻找到方法和出路时,从另一种语言思维路径中却能得到神谕般的启迪;而我们在以译者或读者为中心的翻译经验中,丢掉的不只是原文的语言形式和结构,更遗憾的是失却了对"异域"独特思维的认知。共生是将"异域"之光引入"我族"领地,融入"我族"语言土壤和文化环境,最大限度地保留"异域"文本的原貌,让"异域"语言和文化的异质养料流入译语文本里,融入译语文化中,扩大译语语言文化生态发展的张力,促进译语语言文化茁壮、多元发展。异质多元与异质互补是共生翻译的健康形态与理性内涵,

---

① 吴翳:《翻译相异性——1910—1920年〈小说月报〉对"异域"的表述》,暨南大学博士学位论文,2006年。
② Flotow, Luis von, *Translation and Gender: Translating in the "Era of Feminism"*, Manchester: St. Jerome Publishing, 1997; Flotow, Luis von, "Feminist Translation: Context, Practices, Theories", *TTR*, 1991(42), pp.69–84.

共生翻译的诉求不是追求同质化,导致语言文化的单一化、标准化,进而走向衰竭;而是追求语言与文化的异质化与多样化,以使繁茂的族群语言和文化走向包容与强大。共生翻译是一种积极创造翻译和谐环境,建立翻译主体共生与客体多元共生,从而形成一个沟通与反馈的良性循环过程。

B. 矛盾整合共生

"相异"不只是翻译专注的对象,有时也是翻译排斥的对象,这源于跨语言文化中的思维定式和形而上的意识形态阻隔。思维定式和意识形态是基于文化、经由语言而进行的观念性的意义生产模式。那么,面对文本中的"相异",即异域文化中深嵌的俗成性和观念性内容,译者就好像从自身的文化领地踏进"他者"的文化领地,会遭遇现实与幻象、意义与模糊、观念与政治、立场与权力、伦理与审美等复杂的思想和情感碰撞,他/她会不可避免地频频遭遇自我语言文化的反思窘境。所以,异质不仅意味着互补,也意味着排斥,正所谓相反者,相成也。量子力学中"互斥又互补"的物理辩证法、中华传统五行相生相克的哲学观、《周易》中的阴阳平衡观、马克思主义的对立统一辩证观都意味着事物的矛盾是关系的本质,事物之间的相似性与差异性是事物的关系存在,同质与异质是事物关系的两面,没有完全同质或绝对异质的两种事物,事物之间的矛盾与互补恰恰是事物存在的本质。玻尔的互补原理揭示了事物正反两面的特征和属性,是认知事物的整体性思维方式,是一种矛盾整合机制,是异质关系的整合与建构,即"整合、消解矛盾命题中的对立关系,在对立中建立自洽"[①]。矛盾整合是对事物的完整

[①] 桂起权:《析量子力学中的辩证法思想——玻尔互补性构架之真谛》,《哲学研究》1994年第10期。

性认知思维,是一种翻译的优选策略。

在方法论层面,人类对翻译的理解始终处于矛盾之中:信与顺、质朴与文丽、直译与意译、忠实与创造、异化与归化、可译与不可译等二元对立观。在本体认知层面,持续至今的翻译语言观、科学观、认知观、文艺观、文化观、社会观、传播观等,依然不一而终。在后现代的解构浪潮中,"谁是中心""谁是主体""文化操纵""创造性背叛""翻译是暴力""翻译是误读""女性书写""语言殖民""翻译政治"等解构思潮的盛行,彰显了翻译的"矛盾"属性。翻译的矛盾伴随着人类的翻译历史,甚至胁迫着每一次翻译活动和每一个翻译事件,翻译被视为"戴着镣铐的舞蹈",这也更加彰显了"共生"的翻译研究价值。在观念层面,矛盾意味着译者作为第一读者设法解决的东西,即那些在译语社会文化中对可接受性和可传播性构成阻碍的东西,比如詈言、脏语、隐讳语、忌讳语等携带的有伤风化或违逆观念的表述,甚至性别冲撞也体现在翻译当中。

国内在女性主义翻译理论的本地化反思和建构层面有大胆尝试,在肯定西方女性主义翻译理论对传统翻译观解构的积极的一面的同时,主张摒弃过于"操纵"和"干预"的"妇占"(womenhandling)意识,倾向于"男性象征秩序与女性书写之间的对话理论"[1],建构一种"可以包容男女性别差异的真正意义上的平等——'双性同体'(或'雌雄同体')——来最终消除性别歧视"[2],这是一种矛盾整合与协调机制。

翻译的复杂性在于人类"性"与"习"的矛盾,这缘于各个族群

---

[1] 陈吉荣、张小朋:《论张爱玲女性主义翻译诗学的本土化策略》,《外国语》2007年第6期。
[2] 何高大、陈水平:《雌雄同体:女性主义译者的理想》,《四川外语学院学报》2006年第3期。

所处的地域空间、环境生态、自然资源等差异所导致的社会结构、意识形态、思维惯式、生活方式等林林总总的差异。我们甚至可以说，翻译就是用文化去照镜子，人们在洗漱装扮时会照镜子，镜子里面会有照镜人的图像反射。人们在翻译过程中也像在不停地照镜子，即原语与译语两种文化图像的审视与对比。镜子会记录人的样貌形态，翻译则会反应译者的文化认知心理。很多情况下，尽管译者试图译出原文中本来的东西，但事实上他/她译出的却是局限于自己视野中所认知的东西。翻译又像拍摄，即以自我文化焦距去捕捉他者文化镜像，民俗文化翻译尤其如此，因为民俗文化既具有其自身的民俗性与历史性，又具有其现实性与时代性。拿神话来说，神话是人类心灵的故乡，是民俗文化的重要组成部分，是民族文学的雏形，是民族信仰的初成，是民族历史的原初印记。由于神话中留有宗教、历史、文学、哲学、心理等强烈的民族性印记，译者在译出或译入神话时未免会产生巨大的心理反差。那么，神话翻译中如何处理具有强烈民族个性与文化色彩的内容，比如神话人物、神话事象、神话意象、神话寓言、神话意蕴等，又如何使译入语与译出语读者阅读起外来神话来，既有原汁原味的文化镜像，又有阅读舒适感，还能满足自身视野期待与阅读效果，而不至于是生涩难懂、佶屈聱牙、怪汁怪味的洋神话，也不至于是偷天换日、洗心革面、旧汁旧味的土神话。如何能原样保留神话中的传统习俗和民族文化印记，同时又能对与本民族文化同源性弱，甚至在文化气质上相差甚远的其他文明与习俗不至于产生抵抗、焦虑与困惑，这是神话翻译中需要重视与解决的问题。在民俗文化翻译上，美国学者丹柯夫（Robert Dankoff）在英译《福乐智慧》时，对民俗事象进行了文化改写与顺应，即对与西方文明相去甚远的日常生活习俗和观念习俗部分做了重构和改写，对与西方文明有同源性的传统文化习俗,则依原样保留和对接①。这是一种权衡,因为译者要充分扮演协调者的角色,就须在原作的民俗文化特色和目标语文化的期待视野间求得平衡,然而,保留原色的神话文化和神话性征依然是翻译策略选择的前提。

另外,相比神话文本的语际转化策略和过程,对神话原文的选材是关键的前奏,因为选材需代表一个民族的神话文化和神话审美。比如,20世纪以来,西方出现了很多中国神话译本,主要有卫礼贤(R. Wilhelm)、倭讷(E. T. C. Werner)、莫安仁(E. Morgan)、翟林奈(L. Giles)、白之(C. Birch)、明克(W. Munke)等学者的译作,扩大了西方读者了解中国神话文化的视野,但也出现了选材芜杂(非典型文本)、文化解释混乱、人物混淆不清、缺乏中国神话整体视野等一些问题,出现了神话人物孟姜女②、印度神话人物、中国洪水神话等错讹传播。倭讷英译本《中国神话传说》③在选材上主要取自于西方已有的英译本《历代神仙通鉴》(*Li tai shên bsien t'ung chien*)、《封神演义》(*Fêng shen Yen i*)、《神仙列传》(*Shên bsien lieb chuan*)和《搜神记》(*Sou shên chi*)四部译本,甚至都没有触及中国神话的"正源"文本——《山海经》《淮南子》等。正像安妮·比勒尔(Anne Birrell)所指出的,外国学者翻译中国神话时,往往"把儒、释、道神话以及地方性英雄崇拜神话混在一起,使一般读者不知其区别;它们不是翻译,而是意释,且不指明其原始出处;更糟糕的是,它们往往从互相矛盾的文本选取片段,编织连缀,结果

---

① 王宏印、李宁:《民族典籍翻译的文化人类学解读——〈福乐智慧〉中的民俗文化意蕴及翻译策略研究》,《民族文学研究》2007年第2期。
② B. Riftin(李福清):《国外研究中国各族神话概述——〈中国各民族神话研究外文论著目录〉序》,《长江大学学报(社会科学版)》2006年第1期。
③ Werner, E.T.C., *Myths & Legends of China*, New York: George G. Harrap & Co. ltd., 1922.

创造了新的神话"①。

当然,不只是神话文本。翻译在文化传播过程中,既要文化保真,又要站在文化共生的高度,使中国神话融入世界神话文化的海洋之中。在语际转化中实现文化共生并非一蹴而就之事,在矛盾整合与化解过程中提高文本语际转换的认知能力和创新技术,才是根本。

(2) 关系解构

解构是挣脱现实的笼子,逾越思想的矮墙,是对自然、社会和人文科学中现有的假设、定义、定理、结论、理论、观念、技术、伦理、审美等方面的经验研究、认知维度和阐释方法等局限上的突破,是对经验性、传统性、连续性的否定,是向已有知识体系的挑战,是范式的更迭,是思想、方法和规则的重塑。关系解构是通过突破常规性关系思维,打破既有思维界域,采取批判性、摧毁连续性、开发断裂性反常思维路径,打破历史沉积、空间辖域和社会进化的瓶颈,这是库恩(Thomas S. Kuhn)的《科学革命的结构》②和福柯的《知识考古学》③中所强调的学术研究思维意识。福柯将不连续性、断裂、界限、极限、序列、概念等植入了知识历史的分析之中,从考古学方法系统考察人类的知识系统和观念成因,突破了"以史为线"的人文研究惯常思维方法。福柯认为话语不是术语,话语是社会实践,话语体系的迭代和知识体系的断裂恰恰是新知识、新话语、新观点、新方法的转型和重塑……一切的现象都被置于历史运动之中,以考古学的方法梳理人类知识的历史,揭示概念、知识、陈

---

① Birrell, Anne M., *Chinese Mythology: An Introduction*, Baltimore: The Johns Hopkins University Press, 1993.
② 托马斯·库恩:《科学革命的结构》,金吾伦、胡新和译,北京大学出版社 2012 年版。
③ 米歇尔·福柯:《知识考古学》,谢强、马月译,生活·读书·新知三联书店 2021 年版。

述、话语、思想等形成的历史规律,是一种解构传统历史观的新型历史观①。福柯强调人文科学研究中新旧知识的断裂认知路径,突破了既有的常规关系思维,另辟蹊径地转向反向关系思维路径,创造了新方法、新术语、新知识、新观点;库恩提出自然科学研究中新旧范式的更迭恰恰是打破常规思维的结果,这也正是库恩所说的范式革命,库恩之前的科学哲学家卡尔·波普尔(Karl Popper)就已断言,科学总是通过"猜想与反驳"而前进,以此反驳科学史研究中那些近乎教条的方法论②。现实是历史的承续,也是历史的解约。福柯的知识历史观是对旧有的历史观的断裂式认知,库恩提出的自然科学研究的范式革命是旧破新立的断裂式科学革命。

历史既是一个对知识、经验、观念承传的过程,同时也是一个不断将其解构的过程,解构是人类心理、心智和实践认知不断进化的过程。这里聚焦三个层面来谈,一是西方后现代社会的解构思潮。西方继近代笛卡尔提出主客二元论(dualism)之后,胡塞尔从哲学的高度消除了自然科学对人文科学的霸权地位,颠覆了传统哲学中的主客二元对立观,提出了不同于科学主义思维方式的现象学思维范式,导致了现代哲学阐释学、接受美学、反应文论等文艺观的本体论转向,为后现代解构主义思潮提供了哲学依据。海德格尔借语言理解存在,伽达默尔借语言诠释理解,姚斯借美学塑造读者,伊瑟尔借读者反应寻求阅读的权威,巴斯奈特借文化操纵作者,福柯用权力解读翻译等,这些翻译的本体论研究模式挣脱了传统的语言观、哲学观和认识论视域,丢弃了蹈规袭常的研究方法,造成了"作者中心""译者中心""读者中心"等本体论研究模式

---

① 曾军:《文艺学研究的方法论反思》,《当代外语研究》2022年第2期。
② 托马斯·库恩:《科学革命的结构》,金吾伦、胡新和译,北京大学出版社2012年版。

的大行其道,使多年来的很多翻译学者与研究者深陷其中。

二是中国现代化转型也是中国现代翻译的传统解构过程。20世纪之交的中国是社会、语言、文化的重大变革期,从文言文到半文言文,再到白话文,从俄国十月革命到《共产党宣言》,从胡适的文学改良运动到鲁迅对中国封建文化的彻底决裂,从严复的社会翻译到林纾的文学翻译,中国语言完成了现代化转型,而这个过程是在大量译介西方文学与政论的推助下完成的。在众多的文学翻译实践中,产生了一批文学翻译的思想与方法,艾思奇以哲学家的眼光对"信达雅"做了辩证性的肯定,认为翻译的原则总不外是以"信"为最根本的基础,"达"和"雅"对于"信",就像属性对于本质的关系一样,是分不开的,然而是第二义的存在。鲁迅的"宁信不顺"是对"信"的虔诚竖碑,但之后的"神似""化境""神韵""创造""优势竞赛""变译"等,就是对"信"的多元阐释,这些看似重"神"不重"形"的翻译思想,与我国传统翻译的"按本—求信""宁求质朴,不尚文丽"的翻译实质观产生了断裂性认知,是对翻译传统认知的不断解构。

20世纪中下叶以来,西方翻译研究实现了三次解构性飞跃,一是把结构主义、形式主义、功能主义、交际理论等语言学理论引入翻译研究,实现了翻译研究的"语言学转向";二是把翻译研究置于文化、历史、政治、殖民、生态、性别等更为广阔的语境中展开,出现了"文化转向"的解构浪潮;三是语言与人工智能的结合给当前翻译事业带来前所未有的冲击。当社会语境尤其是科学技术环境起了变化,学术研究的工具有了突破,学术研究的范式就会迎来飞跃。当前的翻译研究面对的是快速迭代的翻译工具、语料库、大数据、人工智能等技术环境,正在经历人工智能的大变革。原来的"人与翻译"的关系变成了"人、智能工具与翻译"的关系,翻译早已不是语言内部的事业,与新兴学科、新兴理论、新兴理念、新兴技术的结合恰恰是新知识、新方法、新学术产生的契机。

(3) 关系重构

解构意味着重构,重构意味着突破旧的思维模式和认知疆域,扩展跨域关系思维,建构新的概念、知识、理念、理论、方法、价值、伦理、审美等学术关系。共生翻译学将跨学科看成一种思维机制和工具模式,将生物共生理论、生物语言学以及中华传统共生哲学思想中的"共生"内质融入翻译研究的理论思考和理论建构之中,这个建构过程正是一个充满解构与重构的过程。下面从跨学科研究的历史流脉、对"跨学科"的阐释与界定、语言学跨学科研究的迭代与重构、国内当前翻译学研究的跨学科活动几个层面进行阐述。

① 跨学科研究的历史流脉

跨学科(interdisciplinary/interdisciplinarity,也称学科互涉或科际互涉)研究的前提是各学科既成的独立而系统的知识体系。现代学科体系的形成有其清晰的历史脉络,可以追溯到西方古典学科体系。现今西方的文理学院(liberal arts college)的教育理念(也称博雅教育、通识教育和全人教育)与普遍开设的课程就源于柏拉图学园(Plato Academy)教育课程体系的"自由七科"(liberal arts,博雅七艺),即文法、逻辑、修辞(论辩术)、几何、天文、算术和音乐,涵盖了自然、社会和人文科学课程知识,培养的是集知识、教养、德行和判断力的"全人"。亚里士多德最早对人类知识做了全面、系统的三分法,一类是数学、物理、形而上学等探索真理的理论科学,一类是伦理、政治、经济、修辞等规范行为的实践科学,一类是种植、工程、诗学等产品制造的创制科学。科学原指"分科治学""分科之学",学科是分科的知识体系。

A. 现代学科体系的历史脉络

柏拉图学园的"自由七科"和亚里士多德的知识三分法体现了

西方最早的学科教育理念,也是西方现代教育课程体系的雏形。中世纪的社会演化和教会的信仰普及促发了艺术、神学、法律、药学等新兴学科的勃兴,始于18世纪60年代的西方近代工业革命激发了大量的新兴知识,催生了知识革命和社会变革,引发了现代学科体系建制的迫切需求。现代学科体系产生于19世纪初,定型于20世纪20年代。知识的积累和学科体制的强化使得现代学科体系的划分过于精细,导致学科之间的知识过于割裂,人们在解决复杂性和综合性问题时不具备完整的知识视野、知识结构、知识体系和知识能力。比如,现代意义上物理学的主要分支有力学、声学、光学、电磁物理学、量子物理学和固体物理学,每个分支学科又精细地划分为更多的次分支学科和再分支学科(此处不作层次区分),仅力学的分支就有理论力学、静力学、动力学、运动学、分析力学、理性力学、固体力学、结构力学、弹性力学、塑性力学、材料力学、复合材料力学、流体力学、流体动力学、液体动力学、气体动力学、等离子体动力学、流变学、爆炸力学、磁流体力学、空气动力学、物理力学、电动力学、天体力学、生物力学、计算力学、热学、热力学等等不下30个,而且还在不断地分解下去。德国著名物理学家马克斯·普朗克曾在《纽约时报》撰文说,"科学是内在的统一体,它被分解为单独的部门不是取决于事物的本质,而是取决于人类认识能力的局限性"。这样,现代科学在不断扩展新的学科知识体系的同时,也在深化知识生产的学科化与知识需求的综合化矛盾,跨学科研究接踵而至。

B. 对"跨学科"的阐释与界定

自从美国哥伦比亚大学心理学家伍德沃斯(Woodworth)于1926年最先使用跨学科(cross-disciplinary)一词指称"超过一个学科范围的研究活动"以来,人们对跨学科进行了多元而丰富的解读,将其视为"一个概念、一种思路、一套方法或具体操作,有时还理解为一种哲学或自反的观念体系"①。所谓"自反",是指研究者在研究过程中参与到研究对象中,从而影响了研究对象及研究结果。这些被影响的研究对象又反过来进一步指导研究者的研究。

人们对跨学科的性质看法始终不一。跨学科被视为一种视角整合,一种综合方法,一种研究模式,一个知识整合的操作过程,一种课程设计与教学模式,甚至一种哲学观念体系,等等。一种视角整合指"一项回答、解决或提出某个问题的过程,该问题涉及面和复杂度都超过了某个单一学科或行业所能处理的范围,跨学科研究借鉴各学科的视角,并通过构筑一个更加综合的视角来整合各学科视角下的见解"②;一种综合方法旨在"整合两个或多个不同的学科,这种学科互动包括从简单的学科认识的交流到材料、概念群、方法论和认识论、学科话语的互通有无,乃至研究进路、科研组织方式和学科人才培养的整合"③;一种研究模式是指"跨学科是由个人或团体对两门及以上学科的信息、资料、技术、工具、观点及理论进行整合的研究模式。真正的跨学科是思想和方法上的整合与综合"④;一个操作过程是指研究重构学科知识单元、开辟新的空间进而实现知识整合(knowledge integration)的操作性过程⑤,是断言"单一学科并不能让它们的学科成分充分理解一个事件,而跨学

---

① Klein, J. T., *Crossing Boundaries: Knowledge, Disciplinarities, and Interdisciplinarities*, Charlottesville: University Press of Virginia, 1996, p.196.
② Klein, J. T., *Interdisciplinarity: History, Theory, and Practice*, Detroit: Wayne State University Press, 1990, p.21;朱丽·汤普森·克莱恩:《跨越边界——知识 学科 学科互涉》,蒋智芹译,南京大学出版社2005年版。
③ OECD, *Interdisciplinary: Problems of Teaching and Research in Universities*, Paris: Organization for Economic Cooperation and Development, 1972, pp.25-26.
④ 这个跨学科定义是由美国国家科学院、工程学院、医学院联合出版的《促进跨学科研究》(2005)给出的。
⑤ 唐磊:《理解跨学科研究:从概念到进路》,《国外社会科学》2011年第3期。

科的概念和理论才可能实现"①的研究方法;一种课程设计与教学模式指"由单个教师或教师团队对两门及以上的学科知识、资料、技术、工具、观点、概念或理论进行辨识、评价与整合,以提高学生理解问题、处理问题、创造性地使用多学科的新方法解决问题的能力"②。总之,跨学科是一个富有广泛内涵特质的思维机制、研究视角和工具模式,是两个或多个学科之间的知识互动,是学科知识的整合,是单一学科思维模式的突破,是当下全球新技术革命、新经济发展、多学科交叉与深度融合的结果。

② 现代语言学跨学科研究的迭代与重构

20世纪以来语言学研究的发展经历了多次语言研究范式的革新和迭代,这几次重大转变都呈现出独特的工具思维、观念思维、批判思维、交叉思维和整合思维等跨学科思维机制,具有显著的解构与重构特征。20世纪早期,索绪尔以分析哲学和逻辑实证主义为哲学基础、以行为主义为心理学基础建构起来的结构主义语言学认为,语言是封闭、自足的自我界定系统,意义来自结构内部,是一种脱离社会现实的结构主义内指语言观。但索绪尔对语言的定义却超出了语言本身,即语言是约定俗成的,是一种社会制度,同时又是一种表达观念的符号系统。这显然超出了语言学的范畴,实现了"语言学与人类学、社会学、文化学的跨学科融合"③。萨丕尔(Sapir)的符号语言学也赋予语言自身以外的内涵,即语言是一种交际工具和符号系统,同时还突出了"文化的"功能④,同样体现

---

① 江玉琴:《后人类理论:比较文学跨学科研究的新方向》,《中国比较文学》2021年第1期。
② 李佩宁:《什么是真正的跨学科整合——从几个案例说起》,《人民教育》2017年第11期。
③ 程工:《对语言跨学科研究的反思》,《中国外语》2021年第1期。
④ 陈明芳:《论索绪尔和萨丕尔的语言观》,《湖南科技大学学报(社会科学版)》2006年第2期。

了人类学、社会学、文化学的跨学科特征。20世纪50年代,乔姆斯基开始研究人类个体的语言能力和语言行为,他认为人类的语言能力源自生物遗传(天赋论)和外部刺激(突变论),语义源自心智,创立了属于形式主义心智内指语言观的转化生成语法。乔姆斯基基于混合哲学(笛卡尔的理性主义哲学和形式主义哲学)和心智主义的心理学,把转化生成语法定位为心理学和生物学的一部分,实现了语言学与遗传生物学、心理学的跨学科融合,开创了形式主义语言学研究先河。而维特根斯坦(Wittgenstein,1889—1951)、皮尔斯(Peirce,1839—1914)、韩礼德(Halliday,1925—2018)则认为语言与现实同构,是约定俗成的结果,语言不只在自身的象牙塔里打转转。韩礼德创立的系统功能语言学认为,语法既是系统的也是功能的,系统指语言这一网络系统的内部关系,是一个潜在的意义网络;功能指的是语言作为社会互动的手段。语言使用者基于语言系统对语言作出选择,同时又基于社会互动而实现语义功能,二者不可分割地构成语言学的整体框架[①]。认知语言学打破了在语言学内部研究语言的桎梏,认为结构主义和形式主义语言学都在语言内部分析语言,无论能指和所指,还是心智和身体,意义和形式都脱了节,忽视了语言意义与客观世界的关系。语言研究的认知范式始于20世纪70年代,雷科夫和约翰森(Lakoff & Johnson)基于自身提出的体验哲学思想,认为语言不是自治的,而是基于体验和认知的,意义只能是基于体验的心理现象,语言形式是体验、认知、语义、语用等多种外在和内指因素互动的结果;但经验和认知必然受到生理机制和神经系统的制约,批判了脱离现实和体验的"结构内指"和"心智内指"语言观,打破了语言研究囿于

[①] 胡壮麟:《语言学教程》,北京大学出版社2001年版,第409页。

语言理论的"思辨"、语言现象的"解释"和语言交际的"使用"等惯常思维方法,解构了语言学内部的"旋转木马"式思维游戏。语言研究的人工智能范式转变带来了语言的属性和功能的变化,打破了语言学在自然学科与人文学科之间的藩篱,语言与人工智能正在成为语言研究的新的范式。陆俭明认为,语言研究在当今飞速发展的、基于人工神经网络的"计算机深度学习"的人工智能事业中已被边缘化。人工智能发展的三驾马车"数据""算力"和"算法"中,"数据"部分极其需要"有效的语言学知识"——给范畴(语音、语义、句法、语用)、规则以特征化描述。语言研究必须走向数字化道路,必须与未来接轨,加强多学科融合交叉研究①。数字人文时代背景下,人文学科知识、数据收集和分析技术、网络基础设施和算法模型等融为一体的交叉学科研究②必定为语言学的研究带来划时代变革。

③ 当代国内翻译学研究的跨学科活动

翻译是一个多学科的复杂领域③,拥有许多意义深远的旁支④。跨学科旨在跨越单一学科知识的藩篱,跳出既有的问题视域,通过学科之间的知识互动,参透学科知识的狭隘,扩展认知思维的维度,增强学科知识的张力,促进学科知识的裂变和知识体系的整合与重构,提升学科问题研究的质感,进而实现学科知识的递进与扩充。跨学科是知识的生产、转化与传播的重要途径和历史事实,是学科概念增长和学科知识体系演进的有效手段,是学科知识的整

---

① 陆俭明:《汉语研究的未来走向》,《汉语学报》2021年第1期。
② 胡开宝、黑黪:《数字人文视域下翻译研究:特征、领域与意义》,《中国翻译》2020年第2期。
③ House, J., *Translation: A Multidisciplinary Approach*, Basingstoke: Palgrave Macmillan, 2014, p.8.
④ Bassnett, S., *Translation Studies*, London: Methuen, 1980, p.1.

合与思维模式的突破,也是当下全球新技术革命、新经济发展、多学科交叉与深度融合的产物。

跨学科是翻译研究的主要特点①。随着语言研究的社会学、文化学、心理学、生物学、语料库语言学、人工智能、美学及生态语言学等多学科和多领域的理论介入,翻译研究的多学科介入呈现出更加显著的特点,本世纪以来,仅国内翻译理论研究就产生了译介学(谢天振)、文化翻译学(王秉钦)、生态翻译学(胡庚申)、科学翻译学(黄忠廉、李亚舒)、翻译生态学(许建忠)、翻译地理学(许建忠)、语料库批评翻译学(胡开宝)、翻译伦理学(彭萍)、翻译经济学(许建忠)、共生翻译学(刘满芸)、大易翻译学(陈东成)、和合翻译学(吴志杰)等跨学科理论成果②以及非跨学科理论但成果卓著的变译论、应用翻译学、译者行为批评、国家翻译学和知识翻译学以及新出现的知识口译学、翻译动理学等。翻译理论的形成总是跨学科的结果③,虽然跨学科翻译研究被认为会使翻译面临"碎片化"的风险和"失去自身"的危机,但翻译的矛盾性总是存在的,翻译学的对象就是"旨在创造相似实则创造不同的译者认知活动"。跨学科既是学科研究范式的创新,也是学科内容和方法的创新④;既是知识体系的重新设计,也是知识创新的共识⑤。总之,跨学科研究是我们这个学科体系时代中,人们对学科知识完整性的探索和诉求,有助于我们对学科知识和研究问题在认知上的深化,也有助于

---

① 韩子满:《跨学科翻译研究:优劣与得失》,《外语教学》2018年第6期。
② 韩子满、钱虹:《当代中国翻译理论国际传播:现状与展望》,《中国翻译》2021年第6期。
③ 纪春萍:《跨学科翻译研究:学科意识与系统路径——加尔博夫斯基访谈录》,《中国翻译》2020年第5期。
④ 同上。
⑤ 彭青龙:《知识体系创新、跨学科交叉与跨媒介融合——访谈欧洲科学院外籍院士何成洲》,《上海交通大学学报(哲学社会科学版)》2022年第4期。

促进学科知识间的流动、转化和融合。

④ 共生翻译学:解构与重构

A. 跨学科的原则、要素与操作过程

跨学科研究的机制是借用其他学科的概念、理念、术语、理论和方法作为思维工具,对复杂的研究对象展开综合研究。跨学科思维是关系思维和关系建构,具有学科交叉、知识交叉和认知交叉的特点。西方跨学科理论研究代表学者克莱恩(Julie Thompson Klein)提出了三大跨学科研究三原则,即深化对学科知识和研究主题的认识,促进学科知识间的合作与相互影响以及形成独创性的跨学科见解[1]。李佩宁提出了跨学科研究的几大要素,即以现实问题的研究和解决为依托;以学科为依托但要超出单学科的研究视野,关注复杂问题或课题的全面认识与解决;有明确的、整合的研究方法与思维模式;推动新认知、新产品的出现,在跨学科基础上完成创新与创造[2]。纽厄尔(W. H. Newell)将跨学科的操作进路分成学科之内与学科之间两个系列操作过程,第一个系列是在学科之内进行知识整合,形成新的学科见解。具体步骤是:

a. 确定研究主题;

b. 确定相关学科;

c. 开发某项研究所需的相关学科概念、理论和方法;

d. 采集通行的学科知识并发掘新信息;

e. 从每个学科视角研究该问题;

f. 形成学科见解。

第二个系列是通过学科之间构建一个更加综合的视角来整合

---

[1] Klein, J. T., *Crossing Boundaries: Knowledge, Disciplinarities, and Interdisciplinarities*, VA: University Press of Virginia, 1996.

[2] 李佩宁:《什么是真正的跨学科整合——从几个案例说起》,《人民教育》2017 年第 11 期。

学科见解。具体步骤是：

a. 发现学科见解相互间的冲突，用某学科的预设来论证另一学科的问题；

b. 在问题情境中考察各种预设和术语的适用性；

c. 构建一个公共的预设和术语体系来调解冲突；

d. 创立一个通用的理论基础；

e. 形成对问题的新认识；

f. 找到准确描述这个理解的模式（或隐喻、主调）；

g. 在尝试解决问题的过程中检验这个新的认识。①

共生翻译学尽管在建构初期并没有接触到纽厄尔关于学科之间跨学科活动的操作步骤，但现在看来，共生翻译学的建构过程与纽厄尔创设的学科之间的跨学科操作过程是基本相符的，这也体现了共生翻译学建构的逻辑性和规范性。下面根据纽厄尔提出的学科间操作过程对共生翻译学的跨学科研究操作进路做比较性梳理。

B. 共生翻译学的跨学科操作过程

共生翻译学跨学科研究的总进路是跨越学科边界，实现学科知识和学科认知的整合，这也是跨学科研究的核心内容和关键特征。共生翻译学的跨学科研究过程主要有以下几个步骤：

a. 发现学科见解相互间的冲突，用某学科的预设来论证另一学科的问题。

第一，发现学科见解相互间的冲突。

共生翻译学的建构直接起因于翻译学科内部的现实问题，体

---

① Newell, W. H., "A Theory of Interdisciplinary Studies", in *Issues in Integrative Studies*, 2001(19), pp. 1 - 25；唐磊：《理解跨学科研究：从概念到进路》，《国外社会科学》2011 年第 3 期。

现在两个层面：一是翻译认知的冲突；二是翻译研究方法的局限。20世纪70年代翻译研究文化转向以来，文化翻译、政治翻译、后殖民翻译、女性翻译等意识形态思潮如雨后春笋，"作者中心""译者中心""读者中心""误读""再创造"等解构思想盛行，文本的上空布满了乌云，"翻译是操纵""翻译是文化改写""翻译是暴力"等翻译认知偏离了文本，颠覆了传统的翻译本质观念，这给许多译界同仁带来了翻译认知焦虑。翻译研究需要回归理性，需要重构翻译伦理。同时，国内翻译研究在文化翻译盛行的过程中过于偏重文化和社会视角，在理论思想和研究方法上忽略了自然科学研究与发展所取得的成果，没有很好地吸收自然科学的实证成果。比如在国外，生物、认知、神经、心理、病理、计算机等诸多语言学分支学科对语言的遗传基因、神经机制、认知心理等研究成果已经使语言学名正言顺地走进了生命科学，进入了自然科学行列，而同时期的国内翻译主流研究仍在文化里打转转。

第二，用不同学科的预设来论证翻译学科的问题。

共生翻译学从翻译学科之外寻找到三大学科建构支撑理据：一是生物共生理论（生物学理据，是核心理据）；二是生物语言学关于语言的生物性和社会性双重属性观以及诸多语言学分支学科的自然主义认识论的发展（语言学理据，是重要理据）；三是中华传统哲学共生思想精髓（哲学理据，是关联理据）。这三大理据在第一章的"学科背景"部分已经有详细阐述，这里不再赘述。

b. 在问题情境中考察各种预设和术语的适用性。

在思考各种翻译研究的解构模式、构建共生翻译学的理据大厦过程中，笔者借用了生物学中的"共生"思想内核，对共生理念进行了翻译学维度的考察，就共生理念的生成及其强大的跨学科特质与理性哲学内涵做了详细剖析，并借助共生理念在哲学、社会学、经济学、教育学、美学等领域产生的丰富而坚实的跨学科理论渗透经验，尝试将之引入翻译学层面进行研究，以此新的视角来反思当下的翻译研究，为翻译研究与翻译行为提供了一种价值引导与实践示范，为构建成熟而理性的翻译理念，维护翻译学的健康发展提供了新的理论支持。

c. 构建一个公共的预设和术语体系来调解冲突。

生物共生理论已成为诸多人文社科领域的新的方法论，成为普遍适用的现代社会思维方式，正如袁纯清所说，共生"不仅是一种生物现象，也是一种社会现象；不仅是一种自然现象，也是一种可塑状态；不仅是一种生物识别机制，也是一种社会科学方法"[①]。共生翻译学借用生物学、生物语言学和中华传统哲学关于共生的概念、理论和思想来调解翻译学科内部的见解冲突。第一，将共生理论引入翻译学领域进行学科整合研究，尝试构建一个以"共生"为翻译思想内核的公共预设和术语体系来调解这些冲突见解，对翻译研究文化转向以来的各种"中心主义"解构思潮进行理性消解，是对解构的解构，也是对杂乱的、片面的、局域的、无系统的翻译研究提供一个整合与归拢的方法，使之能为未来的翻译研究带来某种完整性启发。第二，在对共生理念的翻译学维度考察的基础上，将共生理性、整体关联、三元空间、互文性、互主体性、译者自省等共生术语引入翻译学中。将"共生是人类语言文化生态的根本价值向度"作为共生翻译的伦理观，认为自然界不同生物群体之间的密切联合，是一种共生能力，也是自然法则；共生理性是生物哲学，也是人文科学，是自然科学与人文理性的高度契合。共生理性以共生思维揭示人类语言文化多样性的本质、特征和规律，探寻

---

① 袁纯清：《共生理论——兼论小型经济》，经济科学出版社1998年版，第5页。

不同语言文化间的交互状态与密切共生关系,体现了翻译研究者的共生图景、思维方式和价值规范,体现了翻译学研究的伦理价值。第三,共生翻译学建构初期,着重探讨了语言文化多样性共生的现象、性质、方式和规律,分析了翻译与外部世界以及翻译学内部诸要素之间的多元共生关系和交互作用,对翻译中的各种共生关系、共生要素、共生系统、共生机制、共生环境和共生模式等进行了详细阐释,这些内容构成了共生翻译学的基本原理和学科框架下,但术语序列和理论思想尚待完善。

d. 创立一个通用的理论基础。

以生物共生理论、生物语言学中语言生物性和语言社会性双重属性的语言哲学观以及中华传统哲学中的共生思想精华为学理依据,采用跨学科的研究路径,探索生物多样化与人类语言文化多样化的同一性机制与普遍性关联。在宏观上,探索翻译与自然、与世界、与社会等外部世界之间的共生关系;在微观上,探索翻译学内部诸要素之间的多元共生关系,揭示人类语言文化间的多元共生本质、特征和规律。在学科意义上形成了一套初具规模的共生翻译话语体系。

e. 形成对问题的新认识。

第一,共生翻译学将翻译界定为"向同质和异质双向开放的跨语言文化认知、转换和交际活动"[①],逐渐形成了以"同质相合、异质共生"为核心理念的共生翻译话语模式,对文化翻译解构思潮给予了理性回应,为翻译研究提供了一个整合与归拢的思路和方法,拓宽了翻译学的认知维度和研究途径。

第二,文本是一个共生体,一个开放的空间,是不同语言文化

---

① 刘满芸:《共生翻译研究刍论》,《上海翻译》2016年第5期。

共生的生态场；在这里，语言和文化随着时间、历史的进程以及社会的演化而不断地吐故纳新。这表明语言是有机的，语言文化间的共生是本质的、普遍的、开放的、动态的和可塑的。

第三，生物语言学以"基因天赋"为理论前提，生态翻译学以"外部环境"（适应选择）为前提，理论根植于达尔文的"生物竞争进化论"；共生翻译学则以生物共生的"普遍法则"为前提，理论根植于玛格丽斯的"生物共生进化论"，体现了共生翻译学的自然主义认识论与人文主义方法论相结合的新视阈以及跨学科路径的创新价值。

第四，共生翻译学的本体是共生关系，即关系本体。共生关系的本质是关系质量，关系质量的基础是互主体性。共生翻译学的本体研究层面，主要以关系为本体，探索翻译与自然、与世界、与社会等外部世界的共生关系以及翻译学内部诸多要素之间的共生关系，探析不同语言文化多样性共生的现象、性质、方式和规律，探讨与翻译相涉的各主体之间为实现既定翻译目标而共同维系的主体共生关系。

第五，从"共生"视角阐释翻译，本质上是一种共生思维，具有关系思维、整体思维和有机思维等特质，跨学科是关系思维的重要体现。以关系思维为基础，结合整体思维和有机思维，探讨翻译与外部世界以及翻译内部诸多共生关系，会引发主体、客体、空间、关系、机制、模式等诸多共生命题，借中华传统哲学的共生思想精华解释翻译中的理性、理念、伦理、策略和价值等共生问题，是一种方法论创新。

第六，共生之于翻译具有属性价值、关系价值，能量价值和行为价值等多维价值。共生翻译学探索共生之于翻译的属性价值、关系价值、能量价值和行为价值等价值的统一性以及关系价值的多元性，体现了共生翻译学的价值目标。

f. 找到准确描述这个理解的模式（或隐喻、主调）。

在对共生翻译学这一新兴学科的理论提炼和话语描述上，分了三个层次：一是以共生、机体、能量、空间、模式、关系等基础概念作为本学科知识框架的引介和解释，以共生理性、共生翻译、翻译共生、共生伦理、异质共生、"圣域"共生、人机共生等基本术语作为共生话语体系的基本搭建要素，以"翻译即共生""文本即机体""共生即关系""能量即价值"等蕴含共生内涵和生命感的一组判断为基本命题。这些概念、术语和命题穿行于本书的行文布局和逻辑演进之中，一起构成了共生翻译学的概念工具体系、逻辑话语框架和基本研究内容。二是以研究语言文化多样性共生的现象、性质、方式和规律为宏观理路，探讨翻译与外部世界以及翻译学内部诸要素之间的多元共生关系，探析不同语言文化之间的交互作用，对翻译中的共生关系、共生要素、共生系统、共生机制、共生环境、共生模式等进行详细阐释，这些内容构成了共生翻译学的基本原理。三是在共生翻译学的学理基础、基本原理与学科框架下，以"共生"为理论内核，以"关系"为理论本体，以"价值"为理论主体，构设关系本体、关系价值和共生思维三个研究层次，搭建了共生翻译学的本体维、价值维和方法维三维理论框架，并对这一框架进行了详细阐释，完善了共生翻译学的理论内涵。

g. 在解决问题的过程中检验这个新的认识。

通过出版著述和撰写学术论文，共生翻译学聚焦了理论思想，凝练了一系列学术话语。一是以生物共生的自然主义科学观为指导，以生物共生的自然法则为伦理依据，以"共生"为核心概念和视点，剖析了不同语言文化间的交互状态和密切关系，尝试揭示不同语言文化间的异质共生特质、多元共生形态以及内在共生规律。

二是从研究背景、现有基础、基本内涵、研究内容、研究局限、发展空间等层面对共生翻译学进行了综观性阐述,分析了自然生物多样性与人类语言文化多样性之间的同一性机制与普遍性关联,从关系、要素、机制、环境、系统和模式等视角对共生翻译学展开原理性剖析,探索人类语言文化间多元共生的本质、特征和规律。三是从文学像似性入手,对文学作品中形意关系的像似美学特质及其在翻译中的审美重现深入探究,认为"像似"是语言文化的共生形态,是形意之间相似性关系的浓缩表达,文学意义被赋予物质外形,回归到物质并重新介入现实,实现了文学作为审美活动的物质化,体现了文学翻译"像似美"的语际"互文"与共生。四是聚焦了翻译技术的人机共生问题。五是考察了科技术语的语际命名与世界秩序的共生建构问题。

共生翻译学兼具热普科(A. F. Repko)提出的跨学科研究应具备的工具性(instrumental)、观念性(conceptual)和批判性(critical)三种活动特征。工具性指借其他学科的概念、理论与方法作为工具,分析解决本学科的目标问题;观念性强调知识的跨学科整合,重视超学科问题的提出,以发现学科知识对解决这些超学科问题的局限性;批判性指审视学科的现有知识结构,追问学科知识的价值和意义,以开放的心智和具有统摄力的逻辑创造新的概念—理论框架和话语模式[①]。共生翻译学的跨学科研究兼具工具性、观念性和批判性特征,其一,共生翻译学借用了生物学中"共生"的概念内核,即不同生物之间互依共存的自然生态法则;其二,共生翻译学吸收了生物共生理论的共生进化观,认为人类语言文化的共生

---

① Repko, Allen F., *Interdisciplinary Research: Process and Theory*, Los Angeles: SAGE, 2008, p.12.

与生物之间的共生有着极高的同构度,将共生的自然生态法则转化为一种翻译活动理念,使自然生物科学观产生人文文化效应;其三,共生翻译学对翻译研究文化转向以来的各种解构思潮进行了消解和重构,是对解构的解构,为翻译研究提供了一个整合与归拢的方法。总之,作为一种思维机制、研究进路和工具模式,跨学科统摄着共生翻译学研究过程的始终。

理论重构是对经验性、传统性、连续性的否定,是向已有知识体系的挑战,是范式的更迭,是思想、方法和规则的重塑,是突破常规思维的反向关系思维,具有突破既有思维疆界,打破传统、历史、空间辖域和社会进化的瓶颈,颠覆现实的批判与决裂精神。当然,无论是关系建构、关系解构还是关系重构,都需要深厚阅读,系统积累,勇于创新,审慎思考,采用关系思维,尝试关系建构,重视学术逻辑自洽,突破学术界域,开辟学术路径,推动翻译学发展。

2. 整体思维

生物间代谢互补、能量转化、互为进化的共生法则以及中华传统阴阳平衡、天人合一的哲学观都具有典型的整体统合特征。所谓整体思维,是将世界视为一个有机的整体,以普遍联系、相互制约的观点看待世界的思维方式[①]。整体和部分是揭示事物关系中系统与要素之间关系的一对范畴,部分是指构成事物的各要素,整体则是指各要素有机结合的总体[②]。整体思维是将相涉的人和事物联系起来的一种全局性、整合性、融会性思维方式,是一种思维

[①] 彭华:《中国传统思维的三个特征:整体思维、辩证思维、直觉思维》,《社会科学研究》2017年第3期。
[②] 陈朝宗:《关系哲学的基本规律和范畴》,《理论学习月刊》1995年第2期。

辩证观,具有整合、互补、融会等思维特征。全球知名设计公司IDEO公司总裁蒂姆·布朗(Tim Brown)提出的"设计一趟旅行,而不是一节车厢"便是典型的整体思维模式在设计策划中的具体运用。系统思维、协同思维、整合思维和互补原理等都具有整体思维特质。以色列特拉维夫派学者伊万·佐哈尔(Itamar Even-Zohar)提出的多元系统理论(polysystem theory)[1]告诉我们,翻译文学作为文学多元系统当中的一个子系统,同文学多元系统中的其他子系统一样,受文学系统外部的社会环境影响。当一个国家或民族的综合国力强盛时,翻译文学这个子系统相比其他子系统在文学系统中的地位就较薄弱,反之,就较强大。各子系统在文学大系统中的地位随自身国力的强弱而此消彼长,并共同维持着互依共生的关系。德国斯图加特大学激光物理学家赫曼·哈肯(Hermann Haken)教授提出的协同学(synergetics)探讨了一种开放系统语境下的整体思维。协同学一词是从古希腊语中拿来借用的,意为"协调合作之学"[2],表示开放系统中大量子系统相互作用的整体效应、集体效应或合作效应[3]。协同学的出发点与归宿是探寻一种统一的、普世的、自然与社会共通的内在规律。多伦多大学罗杰·马丁提出的整合思维(integrative thinking)也是一种整体思维,主张以建设性的处理方式包容两个相互矛盾的观点,采用权衡与折中手段,汇集两方优势、做出最佳选择的解决方案[4]。出自丹麦量子物理学家和哲学家尼尔斯·玻尔(Niels H. D. Bohr, 1885—1962)的互补原理(principle of complementarity)指量子力学中既

---

[1] Zohar, Even, "Polysystem Studies", *Poetics Today*, 1990(1), pp. 1-77.
[2] 赫尔曼·哈肯:《协同学——大自然构成的奥秘》,凌复华译,上海译文出版社2005年版,第5页。
[3] Г. И. Рузавин、罗长海:《协同学与系统论》,《世界科学》1986年第12期。
[4] 罗杰·马丁:《整合思维》,胡雍丰、仇明璇译,商务印书馆2010年版。

排斥又互补的量子现象,是一种"量子辩证法"(quantum dialectics)①。玻尔从哲学和逻辑视角将周易的阴阳平衡观、辩证法的对立统一观与量子力学中"互斥又互补"的现象之间建立起联系,认为"生物学规律与无生命物质的自然规律也是互补关系",他还借用拉丁语箴言"Contraria sunt Complementa"和中国古代周易的阴阳图表达了其现代量子力学互补原理的辩证观,即"相反者,相成也;互斥即互补②。

以上可以看出,整体思维对自然科学和社会科学的研究辐射广泛,已成为一种普遍认知和思维框架,这对提升翻译研究的整体性非常有益。本书也在共生翻译系统一章中基于贝塔朗菲提出的一般系统论和胡守钧提出的社会共生论详细阐述了共生翻译系统,强调了共生翻译系统的整体性、关联性和动态性特征。翻译实践中的整体思维通常体现在文本内外,文本内的语篇、语境、行文连贯、语体风格、表达口吻等层面考量的就是对语篇的完整性认知;文本外对文化意识差异及社会现实氛围的矛盾调和意识,对异质关系的互补策略等既是自然科学中的辩证法,也是社会科学和人文科学中的辩证法,核心主旨都是"把握冲突中的和谐,重建对立中的自洽"③。

不同的语言和文化都是完整而独立的符号体系和形而上体系,具有互斥又互补的特性,共生翻译理念提倡整体思维,通过相互约束和包容来超越彼此之间的差异和对立,在对立中构建基于

---

① 桂起权:《析量子力学中的辩证法思想——玻尔互补性构架之真谛》,《哲学研究》1994年第10期。
② 同上。
③ 马晓苗:《关系实在论对波尔互补原理的解释:机理、内涵与启示》,《系统科学学报》2020年第4期。

平衡的和谐,因而具有矛盾整合、关系互补和对立统一的整体特性,也与以上探讨的系统论、协同学、整合思维、互补思维,甚至是博弈论、中庸观等思想一致,这也是思维辩证法的普遍性特征。

有序是任何系统运动的成熟状态,翻译研究与实践也应朝着科学化、系统化、整体化、有序化方向发展。21世纪之交,翻译理论界出现的各种"主体""中心"等解构思潮就是一种无序发展状态。共生翻译提倡的有序性是一种多元而异质,异质而共生的有序状态,即同质相合,异质共生的理想关系和存续状态。

3. 有机思维

共生翻译学的有机特质体现于翻译作为一个整体的有机系统,其各要素是有机的集合体,也必定与外部环境存在着物质、能量和信息的交换;体现于共生作为理念和方法客观地"嵌入"每一个翻译事件之中同时也有机地建构了每一次的翻译结果;体现于翻译过程中译者对语言的表层结构认知与对语言的深层结构认知的有机整体之中;体现于语言的生物属性特征和社会属性特征的有机结合,即将语言学意义上的生物遗传有机属性和社会学意义上的功能、价值、审美属性结合起来,最大限度地保障人类各民族语言与文化的原样与原色,以促进语言与文化的多元形态发展。

共生翻译学以跨学科为思维机制、研究进路和工具模式,以关系思维为方法基础,结合整体思维和有机思维,依循生物生命共生的自然伦理法则,探索文本的生命形式,坚持文本的有机生命观,原文本具有对译本生命的母权。原文和译文既是文本生命的独立共生体,又是文本生命之间的延续体,二者互依共存。翻译通过人类语言文化各要素之间的交互作用与"能量"转换和异质语言文化的交互渗透,即能量在不同符号系统之间的转化和不同语言文化环境界之间的传递而实现生命的传递。

（1）有机思维的历时视域

有机论者古而有之，罗马帝国时期就有哲学家认为社会是一个各个部分有机联系的整体，罗马帝国曾将有机体论用于支撑帝国的稳固统治；基督教使徒保罗曾将有机思想用于基督教义的阐释，认为教会是基督的身体，神以独特的方式安排身体。与有机论对立的是机械论，机械论只关注生产中的人，不关注人本身的价值、利益、情感和需求，有机论注重人类与生产活动结成的复杂性[1]，认为事物之间是相互关联的整体，事物在联系中发展，在发展中形成新的关系，进而产生新的变化。克里福德·柯布（Clifford Cobb）强调有机思维的间接性，即从问题的背景而不是问题本身来分析问题的间接思维模式[2]，强调了事物从因至果的复杂性而非线性的结构关系，这与马克思主义透过现象看本质，即现象与本质对立统一的唯物辩证法是一致的。现象和本质的统一性揭示的是客观事物的内在联系和外在联系相互作用的关系，二者之间的矛盾性决定了认识事物过程的曲折性和复杂性，需要通过由此及彼、由表及里的认识过程，才能不断深化对事物本质的认识。黄铭、吕夏颖认为机械思维形成于机器系统的生产方式，是一套"重视外部联系、强调分解还原、凸显局部细节的"研究方法，而有机思维是"运用嵌入的、建构的，强调内在的、综合的、整体的"研究方法，二者的差异既是直接与间接的，也是局部与整体的；既是人、自然的二元对立观与宇宙生命有机体的整体观的差异，也是经济和法律契约

---

[1] 约克·李格尔、张媛：《从机械思维到有机思维及其超越》，《当代中国马克思主义哲学研究》2015年刊。
[2] 克里福德·柯布、黄清：《用有机思维应对中国社会的公共问题——与克里福德·柯布先生谈政治、生态与文化》，《现代哲学》2012年第2期。

下分解、还原和计算的机械思维与社会复杂有机体的、整体结构的有机思维之间的差异①。

现代有机思维(organic thinking)源于怀特海的(A. N. Whitehead)机体哲学(philosophy of organism)②和建设性后现代主义的有机马克思主义的推助,强调事物具有生命整体和部分关联的思维特征,体现了思维主体的能动质感和协同逻辑。怀特海的有机思维是以生命有机体形式看待宇宙、自然和人类之间的相互作用与密切关系,提出了有机宇宙论(organic cosmology),认为宇宙自然是一个有机的生命体,"世界的机体性质乃是认识事物与环境相互关系的前提……现实世界从宏观到微观都是多样统一、具有内在自我调节机能的机体存在"③,机体是"嵌入的"(embedded),即"所有事物的一切位态都参与到它的本质中来",同时也是"建构的"(constructive),即"事物只有把自身所在的那个更大的整体汇合到它本身的界限中才能成为其自身。反过来说,它也只有在本身所在的环境中安置自己的位态,才能成其为本身"④,以此创立了"机体本体论"的宇宙自然和谐观⑤。有机马克思主义是一种基于有机哲学、文化境况、后现代建构性有机思维,是"基于机体原理的嵌入式思维和过程原理的建构式思维",是"嵌入"机制和"建构"模式,其一,机体"嵌入"周围环境而现实地存在,其二,环境参与机体自身的"建构"⑥。有机马克思主义是在现代性批判的

---

① 黄铭、吕夏颖:《有机马克思主义的有机思维及其生态治理》,《国外社会科学》2016 年第 1 期。
② 也称过程哲学(process philosophy)或有机哲学(organic philosophy)。
③ 曾永成:《怀特海有机哲学环境论中的美学和生态思维》,《鄱阳湖学刊》2017 年第 3 期。
④ A. N. 怀特海:《科学与近代世界》,何钦译,商务印书馆 2012 年版,第 107 页。
⑤ 马翠明:《论怀特海有机哲学的母性特征》,《鄱阳湖学刊》2021 年第 5 期。
⑥ 黄铭、吕夏颖:《有机马克思主义的有机思维及其生态治理》,《国外社会科学》2016 年第 1 期。

生态学马克思主义基础上提出的建设性后现代主义观念,是将人和事物置于周围环境,将思想观念置于文化语境,现实地将二者结合起来的"内在的、综合的、整体的"[①]有机思维模式。

(2) 共生翻译学的有机思维特质

共生翻译学的有机思维特质既是直指的,也是喻指的。首先共生翻译学的有机思维特质体现于语言的生物属性和社会属性的有机整体层面。本书第一章第二部分专门论述了"文本即机体"这一共生翻译学机体(生命)观,即文本具有生命客观性的直指。随着人类学、生物学、基因科学、生命科学、心理学和考古学等相关学科的发展,语言起源和演化的研究随势得到推动。乔姆斯基将语言视为生物物种,对语言的生物演化特征做出了解释,他基于基因学、神经学、动物行为学、考古学和心理学等诸多学科的相关研究成果,于1957年创立了生成语法理论,后来在其发表的《语言理论的最简方案》(1993)中,从生物学角度改进了句法推导模式,认为语言是人类作为生物物种通过长期演化而获得的具有基因遗传物种特质的天赋内容,是人类长期演化的结果,人类在漫长演化过程中"获得的递归合并运算是语言的普遍运算机制,运算结果分别联系了外部世界和内部世界"[②]。这样,语言生物性就成了生物语言学、认知语言学、病理语言学、神经语言学等语言分支学科的共同理念,语言学挣脱了传统结构主义、系统功能等研究的无机模式,进入到语言有机物种的推导模式中。乔姆斯基基于人类语言能力源自生物遗传(天赋论)和外部刺激(突变论)这一认知,转而研究个体的语言能力和语言行为,把他的转化生成语法定位为心理学

---

① 黄铭、吕夏颖:《有机马克思主义的有机思维及其生态治理》,《国外社会科学》2016年第1期。
② 杨烈祥:《生物语言学的哲学基础》,《语言教育》2015年第4期。

和生物学的一部分，语义源自心智，属于心智内指语言观，实现了语言学与遗传学（生物学）、心理学的跨学科融合，开创了形式主义语言学研究先河，推动了语言有机观的研究。

共生作为生物界互依共存的生态法则和自然科学中的普遍主义，内含着生物普遍的有机属性。认知、神经、心理、生物、病理等诸多语言学分支学科对基因、神经、种系、心智、大脑、心理等语言生物机制（基因与演化）的研究体现了语言学研究的认知转向和方法论上的自然主义跟进，对语言的遗传基因、神经机制、认知心理等研究成果表明，语言的生物性和社会性的同一性属性观可以作为共生翻译学探索生物多样性共生与语言多样性共生之关系的语言哲学基础。共生翻译学也借助生物、认知、心理、病理、神经等语言学分支学科将语言学作为生命科学分支的研究成果，将语言的生物属性和社会属性加以融合。

语言既然被视为生物物种，一种有机体，在翻译研究中自然不能忽视语言的有机属性，在翻译实践中，将语言学意义上的生物遗传有机属性和社会学意义上的功能、价值、审美属性结合起来，塑造译本的生命机体，从生物功能层面和社会功能层面构筑译本的生命力，即语言自然能量的进化（生物能力）和语言社会价值的延续（社会能力）。生物群落中个体之间的共生作用是生物进化与物种创新的源泉，共生是人类"语言群落"进化的"自然律"，翻译即是"语言群落"中两种或多种语言之间的互为作用过程，是知识能量的转化机制。新语言特征和新话语形式为语言文化的异质共生提供了可能的结果。有机思维侧重事物内部与外部的深层性和结构性关联，注重事物复杂的、间接的、网状的因果关系，而不是表面的、单一的、直接的、线性的因果关系。译本作为两种语言文化接触、融合而产生的文本生命体，自然要经过译者在音法、词法、句法、语篇、文体、历史、观念、文化、社会、甚至政治等方面的有机揉合。

其次,共生翻译学的有机思维特质在于"共生"既是一种"认知指向",客观地"嵌入"每一个翻译事件当中,同时又是一种"实在行为",有机地建构了每一次的翻译结果。这是共生翻译学有机特质的喻指。译者主体行为之外,客观上存在与编辑、编审、译审、赞助商、出版商、出版审查部门、出版社(翻译出版公司)、译语读者、译评人、翻译组织(或协会、机构)等之间的互为依存关系,这些翻译主体与译者共同参与了特定的翻译事件,并最终促成了一次翻译结果,即各种形态的文本,包括文字的、电子的、声音的、图片的、影像的等多模态的文本形式。

再次,共生翻译学的有机思维特质还体现于翻译过程中,译者对语言的表层结构(surface structure)和深层结构(deep structure)的认知是一个有机的整体,语言的线性符号序列与语言的深层结构逻辑之间是一个有机的共生体,即语言表层的句法组合关系与语言深层结构的意义逻辑关系构成的有机体。乔姆斯基对句法和语义关系的追问构成了其语言学理论的基础,乔氏关于语言的表层结构和深层结构阐明了形式与意义,也即句法与语义之间的互为依存关系,这也说明语言对意义的呈现并非是线性的、表层的逻辑关系,而是复杂的、深层的逻辑关系,翻译就是要达到语言表层的句法组合关系与语言深层结构的意义逻辑关系的统一性认知和再现目的。在乔氏的表层和深层句法结构中,不同的表层结构可以具有相同的深层结构,相同的表层结构可能具有不同的深层结构,比如:

John broke the ATM.

The ATM was broken by John.

从表层结构看,以上两个句子完全不同,但它们的深层结构完全相同,动作的发出者或施事者(agent)均为 John,动作的承受者或受事者(recipient)均为 ATM,二者构成了一致的深层结构:"施事＋行为＋受事"。句子的深层结构稳固了句法与语义之间的逻辑关系。但不同的情况是,相同的表层结构可能会产生不同的深层结构。比如:

She is easy to please.(她容易取悦。)

She is anxious to please.(她急于取悦。)

以上两个表层结构相同的句子承载了不同的深层结构,前者构成了"行为＋受事"结构:to please her,后者构成了(施事＋行为)结构:she pleases。句子的表层结构变化灵活,可以有多种形式,这要基于原文的文体、语言风格以及译文服务对象以及译文的表达习惯和规范来作出选择;但深层结构决定着句子的内在逻辑关系,翻译中的对等性不是必须由词语或语法的建构而获得的,而是由交流情景中的文本功能所获得的[1]。翻译中首要的是遵循原文的深层结构,这样就不会改变原文句子的意思,因为"句法和语义在深层结构有系统地联系着"[2]。

以上从关系思维、整体思维和有机思维三个层面进行了梳理。关系思维是马克思主义哲学的重要内容,也是马克思主义哲学的一种辩证思维方法。通过对事物本质的关系属性的认知,深化翻译研究的关系思维、整体思维和有机思维意识,提升共生翻译学研究的共性认知水平。同时,关系是矛盾的基础,矛盾是关系的本

---

[1] Robert de Beaugrande:《语言学理论:对基要原著的语篇研究》,刘世生导读,外语教学与研究出版社 2001 年版,第 21 页。

[2] 周敏:《生成语法句法-语义界面理论发展六十年》,《湖南工业大学学报(社会科学版)》2019 年第 3 期。

质,共生翻译学研究中需要突破常规关系思维,创新批判性,突破连续性,开发断裂性的反向关系思维路径,促进翻译学的新的概念关系、知识关系、思想关系、理念关系、理论关系等学术关系的构建。

需要注意的是,关系思维、整体思维和有机思维三者具有共性和个性的两面。共性的一面是三者都具有整体关照和彼此关联的特征;个性的一面是,关系思维强调从事物的关系中去理解事物,去把握关系中的事物;整体思维侧重部分(要素)与整体(系统)的统一性,强调各要素之间是有机结合的整体;有机思维强调事物是个有机体,具有生命整体和生命部分相互关联的思维特征。总之,思维方式不是"单行道"的思维模式,而是一种"立体交叉"、相互关联的思维模式,是关联性、整体性、有机性的综合模式。

第六章

伦理、批评与审美

《礼记·乐记》可能最早涉及伦理一词,"凡音者,生于人心者也;乐者,通伦理者也"。东汉经学家郑玄(127—200年)曾疏:"伦,犹类也;理,分也",指事物的类别和条理。《荀子·臣道》记载,"礼义以为文,伦类以为理",已涉及人之伦常。《淮南子·要略》中也有"经古今之道,治伦理之序"的论述,指做人的道理。概言之,伦理意指有类有序、有理有规,是关于人的行为规范和人际礼仪方面的道德准则和修养。共生翻译学认为,翻译的伦理基础是共生,共生翻译伦理聚焦共生理性、共生伦理、译即共生三个层面。

理论批评是理论的重要构成部分。异议是理论批评的德行,但辩证的异议是德行中的德行。知有所至,知有所止,任何理论都是自身视阈下逻辑自洽的思想建构,因为每一种理论思想的提出,都有其专注的问题视角和立题意蕴,也都有自身难以逾越的局限。理论批评自然会涉及翻译过程、翻译文本、翻译行为、翻译实践等议题,具有社会、历史、伦理、审美等价值和意义。理论本身附带有辩证、公平、事实、规范、发展等基本批评需求,理论批评同理论本身一样,具有时代局限性,而非放之四海而皆准的标准。因此,理论批评不应套用既定的标准。任何理论都不应被归于某种批评的"笼子"或"模子"里,理论的社会、历史、伦理、审美等价值和意义应受到检视。共生翻译学认为,翻译的批评基础是"善",翻译批评是"淑世"行为,应体现自身的理据、功能和价值。共生翻译批评聚焦中西"译"论、善译与共生、善评与共生三个层面。

审美是翻译活动的重要范畴。翻译是一个综合而开放的系统，与许多艺术门类密切相通。翻译是语码转换活动，而语言具有艺术特性，与文艺学、文体学、修辞学，甚至演进术关系密切，"美言者则不信，信言者则不美""信达雅""依实出华""神韵""神似""神味"等都体现了翻译与审美的天然密切关系。显然，美是翻译活动绕不过去的主题，审美是翻译活动的基本要素之一，翻译美学就是对翻译的活动、现象、行为、过程、主体、作品等进行审美，发现翻译的美的规律的一门科学。共生翻译学的审美聚焦仁美、信美、智美三个层面。

本章从伦理、批评和审美三个层面进行阐释，辨析和梳理共生翻译学的伦理、批评和审美内涵，尝试建构共生翻译学的伦理观、批评观和审美观。

一、共生翻译伦理

共生翻译伦理指与翻译相涉的各个主体在翻译交往活动中的行为准则、处世态度和个人修养，是翻译人际行为的道德规范和理性约束。共生翻译学的出发点正是以"生物共生的自然法则为伦理依据，通过探究人类语言文化交互作用过程中的共生机制与效应，了解其本质上的共生特性，探索语言文化多元生态及其内在关联、互为作用的特点，剖析其内在发展变化的动因与规律，为人们认识、研究、实践和发展翻译提供一个新颖的视角和方法，并能动地适应这些发展与变化规律"[①]。共生是翻译的伦理基础，共生翻译学以"共生是人类语言文化生态的根本价值向度"作为共生翻译

---

① 刘满芸:《共生翻译学建构》，复旦大学出版社2015年版，第2页。

的伦理观,以异质共生为基本伦理原则。

1. 共生理性

共生是生物世界的自然生存法则,转指翻译则是一种理性哲学观,其理据基于生物共生与人类语言共生的同一性机制和普遍性关联。自然界不同生物群体之间的密切联合是一种共生能力,也是自然法则;共生理性是生物哲学,也是人文科学,是自然科学与人文理性的高度契合。

翻译学中的共生理性指与翻译相涉的一切人和事物及其交互之间的一种理想关系和存续状态。共生理性有两个层面的意指:一是共生翻译,是借生物共生的自然法则喻指翻译的共生理性,包括态度、目标、理念及规范等,宏观层面指向多,是一种关于翻译的总的理想与诉求;二是翻译共生,是借生物共生的自然法则实指翻译的异质多元、相生相容的景观和形态,微观层面指向多,包括翻译的主体共生、客体共生、理论与方法共生、伦理与规约共生及其交互之间的共生形态等,涉及翻译中诸多关系的存在与发展方式和规律。

(1) 共生翻译

共生翻译是借生物共生的自然法则喻指翻译的共生理性和理想诉求,包括态度、目标、理念及规范等,侧重宏观意义指向。翻译中的共生关系终归是一种社会共生关系,一切翻译现象都应被当作客观事物对象去研究,当作社会存在的现象和本质去审视。译者应抛却"想当然"的主观意识,用翻译事实来解释翻译中的各种共生现象,进而把握翻译的共生本质和规律。这是一种态度。翻译的目的是服务于读者,除了传输信息、知识、思想的内容和语言、修辞、文体的表征之外,译者还应承担对社会多数受众在道义上的引导义务,翻译事关译者自身行为的价值判断。共生翻译不追求同质化,以避免语言文化的单一化、标准化,致其走向固守和衰竭,而是追求异质化、多样化,从而使语言文化走向包容和强大。从这个层面讲,翻译可以看作是向同质和异质双向开放的跨语言文化认知、转换和交际活动。人类语言的先天生物属性保障了其后天的认知和习得条件,而人类语言的多样性则是这种生物属性的普遍性体现,借生物间普遍的共生法则来建构翻译中的共生理性,源于二者之间的同一性属性与合理性同构,将自然界生物之间的密切共生关系与人类社会中语言文化间的密切共生关系做类比和借用,探索翻译中的共生现象、共生性质和共生方式,揭示不同语言文化间的内在共生规律,有助于推动良性翻译环境建设,促进语言、文化、人际和社会等诸多翻译生态的和谐共生,这是从事翻译的个人、集体、机构或组织应当为之努力的。翻译本是揭示文本真相,而"目的""中心""操纵""改写""模拟"等都不会触及真相,单是模拟已经是翻译的低层次追求,因为"模拟"至多不过是原文的表象与影子,"意义才是翻译永无休止的追求"(an unending pursuit of meaning)①。共生翻译蕴含着一种哲学启示,一种站在哲学的高度审视语言的方法,一种竭力用共生思维认识翻译本质和规律的理性。翻译,形式是语言,内涵是文化,本质是语族、社会间密切的互为共生关系。翻译的美学意义在于其固有的艺术特质,翻译不仅是两种语言之间的对比、补充、转换与超越关系,也承载着文化解释与传播的重要功能,同时也满足译者主体的心灵需求,即对语言艺术和思想境界的无限追求。语言的功能在于意义本身,语言

---

① Newmark, P., *About Translation*, Beijing: Foreign Language Teaching and Research Press, 2006, p.38.

是意义的保障,语言的本质是人类思想和情感的符号化再现,而作为符号,语言所包含的真正东西只有一种,那就是"意义",即思想意义、情感意义和艺术意义。语言的意义伟大而深远,它"将经验加以客观化或形式化,以便供理性知觉或直觉去把握"①。语言符号的表现性可以使译者将文本的意义置于其自身语言的天赋、潜质和努力之中,语言能准确地规限意义,为意义的充分旅行护航,确保作者与读者之间的有效沟通,从而赋予读者以美的享受和教育的启迪。

翻译是一种存在,是族群间语言与文化互联共生的存在。描述这种存在,分析存在于翻译中的各种共生现象,规避翻译诸多共生现象中的负面与不利因素,进而优化翻译共生环境,是共生翻译研究的意义所在。翻译需要发展和进化,一个良好的翻译共生环境,能推动语言、文化、人际、社会等诸多翻译生态的和谐共生,而这正是从事翻译的个人、集体、机构或组织应当为之努力的。

(2) 翻译共生

翻译共生是借生物共生的自然法则实指翻译的异质多元、相生相容的景观和形态。翻译共生从翻译与人、与语言、文化及社会之间的共生关系出发,审视翻译的共生关系、共生要素、共生环境、共生系统、共生机制、共生模式等问题。翻译共生的视角极其广泛,既指主体层面,也指客体层面,还指理论与方法、伦理与规约层面;既涵盖语言文化间的互生与共荣,也涵盖语言文化间的冲突与差异;既有译技方法的含义,也有实践层面的创新。翻译主体的共生体现为其在社会、语言、文化系统中分享资源、相互渗透、自由创造并传播文化精神的依存关系,优质的翻译主体共生关系是保障

---

① 苏珊·朗格:《艺术问题》,滕守尧、朱疆源译,中国社会科学出版社1983年版,第168页。

翻译主体活动质量的有利条件。翻译客体的共生指原语文本、译语文本、翻译评论及其相互之间的共生与延展关系,其本质是承载于各类文本中的人类知识、文化、思想与智慧的共生。翻译是人类语言与文化互为进化与发展的基本方式,任何社会文明形态都依赖翻译这个庞大的语言文化生态场而获得生机,都为自身语言、文化、社会、人际的进化与发展输入了活的泉流。有翻译的地方,语言与文化就不会消亡,越是固守自己的东西,就越会增加自身消亡的危险,因为固守违逆了事物共生的生存逻辑和法则。总之,翻译之于一个民族的意义在于它是这个民族从野蛮与自闭走向文明与繁盛的"始基"。

生物共生进化论不仅是生物学界的一场革命,对诸多社会学领域也产生了巨大的辐射力量。在科技高度发达的今天,具有高度知识技能的人与具有高度技术含量的生产工具的结合比以往任何时候都更加密不可分,人类世界与物质世界的共生关系已成为现代社会生产关系的基本生存方式①,对"共生理性"的理论关切已经辐射到众多生命分支学科之外的人文学科领域,形成了共生哲学、社会共生论、人文区位学以及共生经济、共生管理、共生美学、共生技术、共生文化、共生教育等共生理论分支。

人类历史上,自然科学的重大进展总会有力地推进人文领域的变革。当下,生物共生理论正以燎原之势波及人文学科的各个领域,它的确立对人类生存的哲学、社会学研究已经产生了广泛而震撼的效应,这缘于共生理念对现实世界具有极强的同构度和解释力。当自然界无情地受到破坏和宰割,进而危及人类自身的生存与生命时,意识形态上的变革就成了人类理性的选择。现如今,

---

① 刘满芸:《共生翻译学建构》,复旦大学出版社2015年版,第21页。

我们对共生的诉求已无处不在,甚至我们的心灵也需要用共生来依偎。面对现实中的各种搅扰、困惑与纠结,甚至是痛苦、愤怒与绝望,共生的具象社会实践意义与抽象哲学启示意义已经突显。胡守钧教授的《社会共生论》适时而生,他把共生理性提到了社会分析的工具性、人生发展的理论性、社会改造的哲学性这样一个高度,不仅分析社会共生的原因,还探索社会共生关系演化的动力机制以及如何优化共生关系,因为社会发展的本质在于优化各种社会共生关系[1]。

总之,人类探索理性共生的脚步从未停止过,理性共生已经成为人类未来生存与发展事实上的唯一选择。从共生的哲学高度应对人类发展中的诸多问题必然会成为 21 世纪的法宝。而无论是自然科学还是人文科学发展,离开共生理性的引导都将会寸步难行。

2. 共生伦理

辜正坤指出,"中国的伦理学资源可能是全世界最丰富的。儒家最大的成果就是伦理学。构成中国传统文化核心的儒、道、佛三家学说恰恰都特别重视伦理道德的研究和阐释"[2]。可以说中国传统伦理内涵依然是当代伦理内涵的主要支撑,从家国到孝道,从邦交到睦邻,从"修身"到"齐天下",等等,无不以伦理为基础。当然,伦理有传承的一面,也有维新的一面,传统伦理观要和现代伦理观结合起来,融会到现实之中,应用到不同学科领域,才有针对性和适用性。鉴于翻译是两种语言和两种文化之间的嫁接,还要考虑到另外一种语言和文化的伦理生态。比如,当韦努蒂在《翻译的丑

---

[1] 胡守钧:《社会共生论》,复旦大学出版社 2010 年版,第 10 页。
[2] 彭萍:《翻译伦理学》,中央编译出版社 2013 年版,第 2 页。

行:差异伦理标准探索》中说到"翻译被污名化为一种写作形式,受到版权法的劝阻,被学院贬低,被出版商和公司、政府和宗教组织利用"时,对其中的伦理解读,除了切中翻译的性质外,还涉及法律、学术、利益和不公等层面,相比中国伦理的道义内涵,韦努蒂笔下的伦理与法律、学术身份、公平利益密切相关,他还谈到翻译仍然处于研究、评论和辩论的边缘,并且任何对这些边缘的描述都有可能看起来只是一连串的"妄言"。

科斯基宁(Kaisa Koskinen)和波考恩(Nike K. Pokorn)认为,从口语到书面语,从研究到实践,伦理确实是一个长期存在的富有争议的翻译问题,也较少有著述集中研究①。然而,翻译伦理作为一种"心灵秩序"有其历史的必然性,翻译作为普遍性的公共事业也需要具有一定的识别善恶的伦理基础。共生伦理的普遍性是基于所有人的道德利益和可接受性,比如"人类命运共同体"就是一种共生观,是人类最普遍的道德基础,其中所蕴含的基本道义就是共生。伦理的个体性体现在每一个人的内心世界和行为世界当中,是相互交叠、冲突,甚至对立的。所谓的"假道学"只是对自身伦理的"排异",但是违背公理的伦理就具有假道学的性质。共生翻译学的伦理虽然只是翻译伦理多维视角中的一角,却是一个"天下大同""执中致和"的"事实与价值相统一的范畴"。共生的前提是人类语言文化多元样态的存在,异质多元、关系平衡、动态发展是共生翻译伦理观的基础。下面从异质共生和"圣域"共生两个层面进行阐释。

(1) 异质共生

翻译是异域旅行,是对未知和异质领域的探索,某种程度上意

---

① Koskinen, Kaisa & Nike K. Pokorn, *The Routledge Handbook of Translation and Ethics*, London & New York: Taylor and Francis, 2021, p.1.

味着异域冒险,即保罗·利科所述的冒着服侍或背叛作者和译语读者两位主人的风险,在把读者带给作者、把作者带给读者的冒险中来完成弃置完美理想的"哀悼工作"①。译者是将原文具化和切分为句子的工匠,而这个具化和切分的过程却又还原了文本的整体性。句子是语词场景的有限界限,词语的意义又必须在文本的宏构中摘取,而符号则承载了文本的一切所指。符号是意义的实现手段,意义是符号的解释对象。作为"携带意义的感知"②和释意工具,符号的"形"和"声"与其表征的"意"构成了文本这一共生体。文本无疑是作者意义建构活动的符号化"形物",对符号的理解便是对意义的释放,无论符号是诠释、是摆渡、是表现、是意指,还是象征,符号的出发与归宿都指向意义,符号和意义是互为依存、合二为一的形意同构。查尔斯·莫里斯(Charles William Morris)的语义(指称意义)、句法(言内意义)和语用(语用意义)的语义三分法揭示了形式、内容和功能之间的形、意、用同构事实,实质是符号、人与现实关系的一体同构。

异质共生是共生翻译学的伦理基础与核心内涵。翻译视角下的异质指不同语言文化间的差异性实体和非实体内容。异质是语际差异的所指部分,也是语际互通互补的目标指向。翻译的功能是信息能量的语际转化,换句话说,就是促进语言文化间的互动、互补与互通,即展现自身文化的东西,认知异质文化的东西,互通"有"的东西,互借"无"的东西,互纳"同"的东西,互容"异"的东西,正所谓"他山之石,可以攻玉"。翻译本质"就是要在异中求同,在

---

① 保罗·利科:《保罗·利科论翻译》,章文、孙凯译,生活·读书·新知三联书店 2022 年版,第 11 页。
② 赵毅衡:《重新定义符号与符号学》,《国际新闻界》2013 年第 6 期。

同中存异①。刘云虹、许钧认为,尊重原作及原作中的语言和文化的异质性是贝尔曼翻译伦理思想的核心内容,也是他心目中翻译的伦理目标之所在②。共生翻译的诉求不是追求同质化,导致语言文化的单一化、标准化,进而走向衰竭,而是追求语言与文化的异质化与多样化,从而使繁茂的族群语言与文化走向包容与强大。一个不与外界交往的民族定是一个没有活力与生命力的民族,共生翻译积极创造翻译和谐环境,促进翻译主体间性与客体多元共生环境,从而形成一个沟通、融会、平衡、稳定、发展的语言文化共生生态。

各民族的语言形态与结构是丰富多样而又千差万别的,这倒未必总能引起误解与隔阂,因为一般意义上说,人类具有思维共性与普遍性,这是人类最基本的生物与心理机制。比如,在按照原文的语法逻辑对原文进行翻译时,在多数情况下总能感受到另一种语言的独特感及其思维上的别致感,属于特定民族的独特个性风格不是"依从"读者解读出来的,也不是赖以译者主体的创造性而产生的,而是从原文"流入"译文中的。即便是不同的译者也无法掩盖原作中特质的、早已定格的东西。所以,人类应竭尽全力呵护每一种既在的语言与文化,每丢失一种语言就意味着丢掉一种独特的思维路径与语言风格,甚至可能丢掉人类某些棘手问题的解决思路,而这无疑是巨大的损失。共生翻译观倡导一种伦理指向,它依循生命共生的自然伦理法则,倡导最大限度地保障人类各民族语言与文化的原样与原色,以促进语言与文化的多元生态发展。

解构主义翻译的"意识形态"性过滤,抵挡了地道的文化传输,

---

① 许钧:《当下翻译研究中值得思考的几个问题》,《当代外语研究》2017年第3期。
② 刘云虹、许钧:《异的考验——关于翻译伦理的对谈》,《外国语(上海外国语大学学报)》2016年第2期。

引起了不少理论家对翻译伦理问题的关切以及探索"构成恢复和维护外语文本之异质性的补救措施"①。对翻译问题的审视又回归到伦理意义的层面，人们开始重新审视翻译与忠实的关系。"忠实"已不再被认为是译者"再创造"的"枷锁"，而是他/她在翻译过程中的行为自觉；"忠实"也已不再是传统意义上的绝对权威，因为从原文到译文，毕竟"经历了一次变化"。文本客体与译者主体之间的时空差异、语言差异、文化差异以及人的差异阻止了文本之间的无缝衔接，语言的流变在翻译中总能得到集中体现，正像本雅明所说，"曾经听起来新颖的东西，可能会陈腐平庸；曾经流行的东西，总有一天会陈旧过时"。实际上，包括译者母语在内的任何语言，始终都在经历着这样一个新陈代谢的发展过程，"甚至最伟大的译文也注定要成为其自身语言发展的组成部分，最终随着语言的更新而灭亡"。从这个意义上讲，翻译就是"从作品的永恒生命和语言的不断更新的生命中获得活力"，它负载着"监督原文语言的成熟过程与其自身语言的分娩阵痛的特殊使命"②。

人类在"性相近"的同时，又有说不尽的"习相远"，这缘于各个族群所处的地域空间、环境生态、自然资源等差异所导致的社会结构、意识形态、思维惯式、生活方式等林林总总的差异。我们甚至可以说，翻译就是用文化去照镜子。人们在洗漱装扮时会照镜子，镜子里面会有照镜人的图像反射；人们在翻译过程中也像在不停地照镜子，即原语与译语两种文化图像的审视与对比。镜子会记录人的样貌形态，翻译则会反应译者的文化认知心理。很多情况

---

① 劳伦斯·韦努蒂：《翻译、共性、乌托邦》，王广州译，载于陈永国主编：《翻译与后现代性》，中国人民大学出版社2005年版，第186页。
② 瓦尔特·本雅明：《译者的任务》，陈永国译，载于陈永国主编：《翻译与后现代性》，中国人民大学出版社2005年版，第6页。

下,尽管译者试图译出原文中本来的东西,但事实上他/她译出的却是局限于自己视野中所认知的东西。翻译又像拍摄,即以自我文化焦距去捕捉他者文化镜像。民俗文化翻译尤其如此,因为民俗文化具有深厚的地域性、民俗性和历史性,拿神话来说,神话是人类心灵的故乡,是民俗文化的重要组成部分,是民族文学的雏形,是民族信仰的初成,是民族历史的原初印记。由于神话中留有宗教、信仰、历史、文学、哲学、心理、道德、审美等强烈的民族性印记,译者在译出或译入神话时未免会产生巨大的心理反差。那么,神话翻译中如何处理具有强烈民族个性与文化色彩的内容,比如神话中的人物、事象、意象、寓言、意蕴等,又如何使译入语与译出语读者阅读外来神话时既有原汁原味的文化镜像,又有阅读舒适感,还能满足自身视野期待与阅读效果,而不至成为生涩难懂、佶屈聱牙、怪汁怪味的洋神话,也不至于是偷天换日、洗心革面、旧汁旧味的土神话。如何能原样保留神话中的传统习俗与民族文化印记,同时又能使其与本民族文化同源性弱、甚至在文化气质上相差甚远的其他文明和习俗不至于产生抵抗、焦虑与困惑,这是神话翻译中需要重视与解决的问题。在民俗文化翻译上,美国学者丹柯夫在英译《福乐智慧》时,对民俗事象进行了文化改写与顺应,即对与西方文明相去甚远的日常生活习俗和观念习俗部分做了改写,对与西方文明有同源性的传统文化习俗,译者则依原样保留[①]。这是一种权衡,因为译者要充分扮演协调者的角色,就须在原作的民俗文化特色和目标语文化的期待视野间求得平衡,但这种翻译平衡观对像神话这类民俗文化的原色传递,一定程度上会损害文化

---

① 李宁、吕洁:《民俗事象翻译的文化改写与顺应——〈福乐智慧〉英译本中的民俗文化翻译探讨》,《民族翻译》2009年第3期。

的"本质",是否会被大多数译语读者所接受,需要相关数据分析来解读。

翻译中的异质涉及语言规则、意识形态、宗教信仰、知识结构、民族个性禀赋等,译者应体现异质。倘若译者完全仿制原语的语法结构和词汇范畴表达原作,译语读者可能会有迷惑不解或奇离古怪的阅读反应。翻译中,任何单一的策略和意图都不会使原语语言文化与译语语言文化在转换中互通与共生。

我国莎译大家朱生豪、梁实秋、卞之琳、方平等人的译作备受瞩目,并不因为他们的译文毫无疏漏纰缪,而在于他们对原文严谨、忠实的翻译作风。朱生豪先生为达到"明白晓畅之字句,忠实传达原文之意趣"之翻译境界,往往"每译一段,必先自拟为读者,察阅译文中有无暧昧不明之处",只因"一字一句之未惬,往往苦思累日";梁实秋先生译莎剧累时三十七载,是第一位独立译完莎氏全集的华夏学人,他为了使原文"存真",即便逐字逐句地精研莎剧,在面对原文时仍搔首踟蹰,不敢落笔;卞之琳以诗体译出莎氏"四大悲剧",且有许多相关论文,前后三十多年从事莎士比亚戏剧文学研究,仍觉"不超'白丁'一线"。由此可见,译家们备受推崇的丰硕译绩正是他们译品及译功的极力写照。在他们所处的时代,并没有什么"译者主体""权力话语""文化操纵"之类翻译概念的狂欢,但翻译的一般本质对任何时代都具共通性,即客观再现文本。因为"如果译者不能向译语读者传递原始文本的信息,不同语言所负载的观念与文化将不可通约,人类将永远囚在各自语言的牢笼中,互为陌生的他者"①。

---

① Li, Jingying, *Towards a Hermeneutic Approach to Translation*, Beijing: National Book Museum, 2004.

特定历史阶段的某一文本就是一面浓缩了当时社会中方方面面的"镜子",翻译就是借助这面历史的"镜子"来映照现时的人心。就译者的任务而言,翻译是架设沟通桥梁,是达到知识与信息共享、语言与文化共生的链接手段。译者首先要具备两种语言的能力,如果说忠实对翻译是态度问题的话,语言能力就是译者的"专业技术"问题。翻译是语言上的技术、文学上的艺术、生活中的感触,是作者和译者之间内心的共鸣,是译者对原作的审美艺术鉴赏和传播的过程。对译者来说,忠实不仅是一种伦理态度,也是对自身翻译行为的理性约束。有人只把"忠实"看成是翻译的伦理原则,而非实践原则,把忠实当成被供奉的菩萨,对其敬而远之,而在实践中则我行我素。应警惕这种翻译的假卫道士,正如刘宓庆所说,翻译是良知的认证和卫护。翻译是社会需要,是为读者呈现真实世界的必要手段,承担着异质文化播种、生长,进而获得新的生命的义务和使命。

然而,当翻译的实践性品质被伦理化时,忠实就会被膜拜。就翻译而言,不会有适合任何人、任何时代的原则和标准,翻译是特定历史视角下的相对阐释过程。阐释并不意味着张扬作者、译者、读者、出版者、销售商或者什么人的主体性,因为不同的时间、地点、条件下的每一个人都可能成为主体,每个人在身处自身的位置并行使自己的职责与权利时都是不可替代的,这种互主体性的客观性已逐渐受到理性审视。对翻译的客体来说也一样,原文本、译本、译述、译评等都不必奉为什么"中心",文本间性也是客观存在。翻译意味着在两种语言与文化的生态场中"同质相合、异质共生"。

翻译中为切实表达原意,变通地处理一些文化差异带来的一些异质性表达,使译语读者真正明白原作者的用意,是必不可少的手段。比如,《圣经》里说,上帝要在审判之日"将绵羊与山羊分开",意即把神的宠儿与恶人分开。但在汉语里,绵羊与山羊并没有这样的寓意。不得已的办法是加注释介绍此中的文化寓意,或者对此类的寓言、暗喻、双关、比拟、夸张、诙谐等修辞手段找到适合译语读者理解的规范表述形式。加注释的好处是,随着译语读者对原语文化的不断认识,原语文化中的修辞手段和寓意个性会为译语读者逐渐熟悉并融入其阅读常识与知识结构里,不再构成阅读障碍。如此,各民族中的丰富修辞就会色彩斑斓地进入民族间的对话与交流当中,族群间语言与文化共生的过程和内涵也不过如此。

在语际翻译层面,两种语码单位之间并没有完全的同一性,翻译甚至就是一种差异性对比,正是差异构筑了两种语言与文化之间理解的障碍。两个民族意念感受的不同,修辞表达的互异,文化体验的相悖,心理联想的差别,时间地域的距离以及事物称谓的空缺等,都会造成双语转换中不可避免的误读、失落与错讹。民族生态的地域性,民族心理的别致性,民族文化的传承性,民族语言生成的历史性,民族语言结构的复杂与独特性等,都限制着译者对原文信息的解读与重现。当译者用目标语言"重组"时,"原文的入微表达或主体性,其不可渗透的语气、格调、情感氛围,不可能总体地、缜密地、丝毫不差地移植到新的语言中"[①]。语言与文化间的差异使得翻译即便可以保留原文的意义,却也很难保留原文中"入微"的表达。德里达这种"细微化"的审视方式给翻译研究带来细腻的思路。的确,翻译既要传达语义,又要再现原语语言艺术的极致与境界,使语言和文化在时间和空间中位移,使译语读者品到

---

① 陈永国主编:《翻译与后现代性》,中国人民大学出版社 2005 年版,第 3 页。

"原汁原味"的"他性"文化,要达到这个标准,除非不去翻译。翻译中的不可译因素并非不存在,但"任何企图证明词语是差异的多重性的寄居场所,都将会忽视它的所指,并忽视这样一种可能性:一个词的语义的任何含混均可借助对事物的参照得到解决"[1]。鉴于语言间彼此享有的共性,任何语言都具备有效翻译别种语言的能力,对于词或词组,甚或句子与语篇的语际翻译,虽不能完全对应其意义,但带有差异成分的等量对应是客观存在的,比如,不同民族对生活周遭及大千世界的人、事、物定义方式不尽相同,甚至相异,这只是因为民族间生态环境的不同而造成的思维方式的差异,进而呈现出不同的表述方式。而寻求语际间差异中的等量对应是人类实现交际与对话的重要手段,也是两种语言与文化相互之间可译性的有效实践。比如,中西方民族的某些日常饮食内容及其制作过程不尽相同,不可能用完全对应的语言符码来翻译。拿馒头和面包来说,它们各为中西方人的主食,其功能相同,但制作过程相异。面包经面粉发酵或添加膨化剂烘烤而成,馒头则经面粉发酵蒸制而成,但人们总能通过事物的共性去识别其中的差异,所以馒头被翻译成"steamed bread"(蒸制的面包),这是功能对应翻译方式;它也被翻译成"steamed bun",其中的"bun"是西方人烤制的圆形甜点,那么,"steamed bun"自然就成了中国的馒头,这是性状对应翻译方式。若因"橘生淮南而为枳"就不去寻求"橘与枳"认知关系,那么,语际间只能是"山中不知山外之景致",各民族间便无法通约与交流。雅各布森认为,差异中的等量是语言的最重要问题,也是语言学的关键问题,从跨文化交际的意义讲,"求同"是

---

[1] Banjamin, W., *Translation and the Nature of Philosophy: A New Theory of Words*, London & New York: Routledge, 1989.

最重要的策略,因为"翻译的理论和实践都是错综复杂的,而时不时总有人试图通过声称不可译性来斩断这团乱麻"①。

此外,传统的语言和跨文化互动可能需要经历文本穿越或时空地域转换才能完成。从原文到译文也许还是一个漫长的过程,而且并非所有的原文本都能在译语社会得到新的生命的延续。但今天的时代就不一样了,人工智能手机可以瞬间完成信息的传播和流行,甚至达到全球同频共振的效率,语族间跨文化交际的障碍大为减少。比如,"疫苗自拍"(Vaxxie, showcasing one's vaccination status)、"社交距离"(social distancing)、"时间顿感"(Blursday, 疫情宅家而失去时间感知的状态)、"悲观的千禧一代"(Doomer-Zoomer, a bleak millennial or nihilistic zoomer)、"绿色洗脑"(Greenwashing, making dubious claims about the environmental benefits of a product or service)等。总之,人工智能时代的语言和跨文化互动已经不可同日而语,互动模式也非传统的纸质或口头形式,智能模式、社交视频模式、语音识别模式、大数据推送模式等都会瞬间抵达千家万户。这样一场人工智能技术深度革命会使人类列车驶向不可预测的未来,翻译工作者将面临深度技术革命的洗礼,与时代技术同频是唯一的选择。

语言的互补性和普遍性使翻译成为可能,翻译是构建语言共生的理想王国,"译文中,语言的和谐如此深邃以至于语言触及意义就好比微风拨动风鸣琴一样"②。德里达认为,翻译"是两种语言的互补,一种语言给予另一种语言它所缺乏的东西,而且是和谐地

---

① 罗曼·雅各布森:《翻译的语言方面》,陈永国译,载于陈永国主编:《翻译与后现代性》,中国人民大学出版社 2005 年版,第 143 页。
② Benjamin, W., "The Task of the Translator", in Hannah, Arendt, *Illuminations*, New York: Fontana Press, 1992, pp. 70 – 82.

给予。语言间这种交叉保证了语言的成长,甚至是'神圣的成长',直到历史的最终得救"[1]。语言本质上具有同一性,这是文化传输与对话的前提,若因两种语言间异质因素的存在而否认语言的共性、过分夸大语言间的对立,只能导致翻译不可为、作品不可译、忠实即虚伪等偏激论断。真正的翻译追求的是语言的互补性和普遍性,必然使人类语言与文化走向共生,而翻译的"不可译、不可为"是违逆这一共生规律的。

(2)"圣域"共生

"圣域"共生是指互相承认和尊重彼此的民族个异性和文化"特殊性"。严格来说,"圣域"共生只是异质共生的一小部分。异质包括一种语言、文化中的全部异质成分,"圣域"只是一种文化中极具个异性、特殊性、神圣性、不可触碰的那部分内容,比如,图腾、信仰、习俗、禁忌等,在这个意义上,"调和只是个许诺"[2]。共生思想的"圣域论"由日本学者黑川纪章提出,指一个国家或民族特有的在宗教上、文化传统上不可侵犯的神圣领地,具有独立自成性和不可交换性。黑川纪章认为"圣域中编织着一个国家的生活方式和自尊心,成了与宗教和语言有着强烈关系的文化传统基因",并指出日本的圣域就是"天皇制、稻作、相扑、歌舞伎和茶道(数寄屋建筑)"[3]。

按照黑川纪章的解释,共生是在"包括对立与矛盾在内的竞争和紧张关系中建立起来的一种赋有创造性的关系;是在相互对立的同时,又相互给予必要的理解和肯定的关系;是相互尊重个性

---

[1] Derrida, J., "Des Tours de Babel", in J. Granham, *Difference in Translation*, Ithaca: Conrnell University Press, 1985, pp.165-205.
[2] 雅克·德里达:《巴别塔》,陈永国译,载于陈永国主编:《翻译与后现代性》,中国人民大学出版社 2005 年版,第 31 页。
[3] 黑川纪章:《新共生思想》,覃力等译,中国建筑工业出版社 2008 年版,第 191 页。

和圣域,并扩展相互的共通领域的关系;是可以创造新的可能性而非片面的不可能关系;是在给予、被给予这一生命系统中存在的东西"①。

那么,类而比之,中国的圣域就是国学、书法、中医、武术、京剧、瓷器、粽子、国画、刺绣等。各民族经历历史长河的演绎,经由对宇宙的独特认知和群体情感的同构提炼而成的传统宗教信仰,文化经典,典型而独特的、塑造了民族精神和气质的经典阅读藏品,尤其是文学经典,这些同样属于圣域的构成部分。当我们谈论民族印象和个性的时候,总有一些相对"定格"的具象"图式"来表达我们的基本认知和判断:自由而奔放与吉普赛民族、精明而老道与以色列民族、固执而坚毅与俄罗斯民族、严肃而拘谨与英吉利民族、浪漫而激情与法兰西民族、多元与包容与美利坚民族以及温良而中庸与中华民族等,都在我们的认知关联当中;而所有这些具有普遍特征的认知都是我们阅读和实践的结果,更是民族典型读本呈现的"图像"。

翻译的复杂性出于族群之间因空间距离与时间间隔而生成的物质、情感、知识和精神的隔阂。不同族群对同一事物可能有不同的情感反射、相悖的文化体验或相反的心理联想,在语言手段上或有迥异的修辞手法。翻译过程中,对概念的不对称、语言结构的差异、文化的空缺等方面的处理,对文本意境、语篇风格的再现等,都是对译者共生能力的检验。不同译者对同一文本会有异样的视阈和共生原则,这使得翻译的多选择性不可避免。究其原因可知,教育背景、文化环境、政治立场、宗教信仰及道德场域等因素会导致译者在对原语文本的选择、翻译策略的敲定、原文内容的增减、作

---

① 黑川纪章:《新共生思想》,覃力等译,中国建筑工业出版社 2008 年版,第 191 页。

者观点的解读等方方面面都构成某种程度的干预。这就是说,译者在动手之前、翻译之中、甚至停笔之后,始终逡巡于自身所处的主客体环境间的权衡之中,他/她可能逡巡于文字的解读、文化的冲突、观点的纠结、风化的担忧、信仰的阻隔或动机的焦灼等心理矛盾之中,同时也在经历一次类似分娩的痛苦与喜悦历程。哈贝马斯也认为,意识形态的作用会导致作者与读者之间的信息扭曲、变形,因为译者从来不会是一张白纸,不带任何"前见"地解读文本,翻译总会带有某种"意图",当译本被呈现在译语读者面前时,早已被译者"字斟句酌"过了,这反映了译者在翻译过程中的主体特性,也反映了"圣域"之间难以融通的一面。尽管没有人否认,语际间的信息交流是翻译的主要目的和功能,但翻译行为并不是一个单纯的交际行为,译本总会显示译者的翻译生存样态,这恰恰突显了译者主体性的存在。因此,译者应积极改善自身主体内部的共生环境,提高翻译素养,增进共生理性修养与实践认知。

以"圣域"共生思想阐释翻译,就是要避免掩耳盗铃,抹杀异质,尊重异域中的宗教、文化和精神"圣域",正视差异的存在,积极理解与沟通,建立互信与来往。在全球化文化生态的密切互动作用下,圣域之内的文化也会动态地演变为彼此可接受的事物和习惯,这样的例子比比皆是。中华文化中典型的儒释道传统,和而不同地容纳着彼此的"圣域",同时又坚守自身的神圣领地。翻译不是僭越"他者"的领地,而是进入"异域"的物质和精神空间,映照和反思自身的一场精神旅行,促进自身的知识和认知成长,达到"他山之石,可以攻玉"的融通境界。

3. 译即共生

译即共生的内涵甚广,具有语言、哲学、伦理、审美、价值和方法等层面的意涵。伦理层面讲,译即共生是共生翻译学的伦理判断和伦理道白。文本是个丰富的世界,不同的原文本会呈现给译者不同的世界,自然也需要译者解决不同的翻译问题。在对翻译策略和方法进行预设之前,熟读原文才是解决一次"翻译事件"、完成一项"翻译活动"可能遇到的问题的关键步骤。鉴于翻译有无限的阐释视角,自然也会演绎出五花八门的"理解"。然而,翻译一旦进入实践,译者投身于一场真正的翻译"事件"和"活动"时,一切高高在上的理论、观念或口号都将让位于文本和语境。下面以科技文本为例,探讨科技文本翻译中科学术语的语际命名及其概念的语际共生建构和文化传译问题,看看科技术语在语际传播中会遇到怎样的伦理问题,怎样才能实现科学术语的语际共生。

(1) 科学术语的语际命名

概念是对事物属性和特征的抽象概括和凝练表达,是人们认识世界和表征世界的思维工具和基本单位。词是音、形、义一体同构的符号表征,是"思想的物质实体"(Гречко В. А. ,格列奇科),是表达所研究和所观察的物体的"列克西斯",即名称;但如果词"使用在概念体系和概念场中就是'逻各斯',是术语(СуперанскаяА. В. ,苏佩兰斯卡娅语)①。术语是借词汇的一般意义而"执行特殊功能的词"(Винокур Г. О. ,维诺库尔)②,通常是特定学科或领域中使用的表达深刻、语义精确的科学概念和专业词汇,具有较强的场域性、系统性、专业性和理论性。概念和术语通常用定义来确立,术语具有准确的概念语义。

"新冠肺炎"是新生科学术语。新冠疫情发生以来,与之相关的

---

① 张金忠:《俄国语言学棱镜下的术语、概念和定义》,《术语标准化与信息技术》2008 年第 2 期。

② 同上。

新语言形式和新话语特征镜像丛生,其中呈现出的观念差异、认知差异和话语差异值得深思,而对"新冠肺炎"这一新生科学术语的语际命名是一个激烈的碰撞过程,其中所引发的科学知识与世界秩序之关系的问题值得思考。科学技术论(science & technology studies)中的共生理论也渗透了生物共生理论的"互依共生"内核,认为科学知识与世界秩序密切共生,二者互为建构。就共生翻译伦理而言,新生科学术语的语际命名应本着科学知识与世界秩序统一的原则,既遵循科学术语的命名规范,又关切世界秩序的共生建构,维护科学知识的价值系统与社会功能,避免使科学沦为知识政治和权力工具。

作为新生术语和新科学知识,"新冠肺炎"所引发的新语言形式和新话语特征具有动态性和成长性的渐变样态,反映了人们对这一新生传染疾病本质上的渐进性认知和语言表征上的规范化过程,是医学科学的内在机理、语言科学的固有逻辑和社会现实互为作用的结果。对"新冠肺炎"的命名,世界卫生组织(WHO)官网最初临时使用了英文名称"Novel Coronavirus"(2019-nCoV,新型冠状病毒),这一命名侧重了对病毒的表征,同时还建议使用"2019-nCoV Acute Respiratory Disease"(2019-nCoV,急性呼吸道疾病)。与此同时,国际病毒分类委员会(International Committee on Taxonomy of Viruses,ICTV)根据系统性和分类学惯例,将此次疫情命名为"Severe Acute Respiratory Syndrome Coronavirus 2"(简称SARS-CoV-2),中文意为"SARS冠状病毒2型"[1]。尽管"SARS-CoV-2"这个命名与"严重急性呼吸综合征"(SARS 2003)的

---

[1] 赛岱安:《新型冠状病毒及新冠肺炎英文名确定》,《中国科技翻译》2020年第1期;唐磊:《应对新冠肺炎突发事件引发的科学学思考》,《科学学研究》2020年第3期;姜艳:《疾病英文名称的命名及汉译方法》,《中国科技翻译》2020年第3期;陶源、赵浩:《论应急语言能力视角下的新型冠状病毒及新型冠状病毒肺炎术语命名》,《北京第二外国语学院学报》2020年第1期。

病毒"SARS-CoV"、与"中东呼吸综合征"(MERS 2012—2015)的病毒"MERS-CoV"的命名规则比较一致、连贯和统一,但认定新冠肺炎病毒是 SARS 冠状病毒的变种病毒并未形成科学结论,因此未被世界卫生组织所采纳。事实上,一家国际语料库网站(english-corpora. org)的"冠状病毒语料库"(The Coronavirus Corpus)[①]数据也真实反映了英语世界对"新冠肺炎"这一术语命名的认知过程,该语料库统计了 20 个使用英语的主要国家和地区[②]的网络文本、电子报刊和杂志对相关术语的使用频次,此处摘取该网站的数据时段为 2020 全年[③](见表 6-1)。

表 6-1 "新冠肺炎"英文名称的确立过程

Terms	All Collected	Frequency by Country(top 5)
NCP	839	India 626; Singapore 54; Hong Kong 42; U. S. 32; Great Britain 32
2019-nCoV	5636	U. S. 1487; Philippines 821; Canada 610; India 441; Malaysia 412
SARS-CoV-2	35994	U. S. 20422; India 4907; Canada 3572; Great Britain 1789; Australia 1396
Novel Coronavirus	95744	U. S. 41047; India 14939; Canada 9339; Singapore 4111; Philippines 2721
COVID-19	2139043	U. S. 760978; Canada 219348; India 201384; Great Britain 147092; Ireland 118390

---

① 据"冠状病毒语料库"(The Coronavirus Corpus)介绍,在 2020 年 1 月至 2022 年 12 月的约 190 万条文本中包含约 15 亿词的数据,旨在明确记录这段时间冠状病毒(COVID-19)对社会、文化和经济的影响。
② 这 20 个主要英语使用国家和地区是:United States, Canada, Great Britain, Ireland, Australia, New Zealand, India, Sri Lanka, Pakistan, Bangladesh, Malaysia, Singapore, Philippines, South Africa, Nigeria, Ghana, Kenya, Tanzania, Jamaica and Hong Kong of China。
③ https://www.english-corpora.org/corona/,2021 年 1 月 25 日。

在国内，起初武汉市卫健委、国家卫健委、《人民日报》、新华社、央视新闻及网络媒体报道中使用了"病毒性肺炎""不明原因的病毒性肺炎""新型冠状病毒感染的肺炎""新型肺炎""新型冠状病毒肺炎"，等等。2020年2月8日，国家卫健委将"新型冠状病毒感染的肺炎"更名为"新型冠状病毒肺炎"（Novel Coronavirus Pneumonia, NCP），简称"新冠肺炎"。2020年2月11日，WHO官网对这种疾病正式命名为"Coronavirus Disease 2019（COVID-19）"，并将相应的中文名称定名为"2019冠状病毒疾病"。2020年2月21日，我国国家卫健委发布了"关于修订新型冠状病毒肺炎英文命名事宜"（国卫医函〔2020〕70号）的通知，决定将"新型冠状病毒肺炎"（简称"新冠肺炎"）的英文名称修订为"Corona virus Disease 2019"（简称"COVID-19"），与世界卫生组织确立的定名保持一致①。

以上可见，新语言形式和新话语特征的产生往往就是一个社会事件，而科学术语的诞生则是一个科学认知与社会秩序的同步建构过程。学术组织"国际病毒分类委员会"和国际联合机构"世界卫生组织"对此次新冠疾病的命名过程，就是一个从科学认知到社会秩序的互动与建构过程，是"科学知识经历了一个褪去微妙、隐晦和可争议性的过程，尽管对相关知识中不确定内容的科学探索依然在继续"②，是"技术性与人文性的融合"③。同时，新冠疫情

---

① 赛岱安：《新型冠状病毒及新冠肺炎英文名确定》，《中国科技翻译》2020年第1期；陶源、赵浩：《论应急语言能力视角下的新型冠状病毒及新型冠状病毒肺炎术语命名》，《北京第二外国语学院学报》2020年第1期。
② Bucc, M., "Of deficits, Deviations and Dialogues: Theories of Public Communication of Science", in M. Bucc & B. Trench, *Handbook of Public Communication of Science and Technology*, London & New York: Routledge, 2008, p.62；顾昕、郭凤林：《科学、公众与疫情的社会治理——科学传播学的视角》，《科学学研究》2020年第7期。
③ 严世清：《从"非典"到"新冠肺炎"：科技术语技术性与人文性的意义进化论解读》，《当代外语研究》2020年第4期。

给我国国家语言安全提出了新挑战。面对重大突发公共卫生事件,如何构建国家应急语言能力,维护和保障国家语言安全,不仅是一个科学认知问题,也是一个价值构建问题。

(2) 科学术语的书写规范与世界秩序之关系的考量

语言不是一个单纯的世界。海德格尔曾说,语言是人类的精神家园;但今天,面对"新冠肺炎"疫情,我们可以说,语言的家园就是我们身处周遭的、栩栩如生的生活现场,这个现场我们称之为"社会"。语言作为人的社会活动的第一媒介,既承载着人对客观世界的认知与表征功能,又建构着人与思维、意识、知识、观念、伦理、秩序等主观世界的社会功能。

① 科学知识与社会秩序之关系的共生建构

科学知识是塑造社会秩序的重要因素,但科学知识并非一座象牙塔,它既嵌入、又植根于社会的实践、身份、规范、惯例、话语、工具和制度中,科学知识与社会秩序相互交织、彼此确立、互为共生,这被称为"科学与社会秩序共生理论"(the co-production of science and the social order),简称"共生理论"[①]。共生理论由希拉·贾萨诺夫(Sheila Jasanoff)提出,不过,贾萨诺夫笔下的共生理论是哲学、社会学和历史学视阈下针对科学技术研究而阐发的科学与社会秩序的理论,其核心内容是研究科学与社会秩序的共生,其基本观点是人类认知世界和表征世界的方式与其选择的生活方式密不可分。共生理论是20世纪后期逐步形成的交叉学科"科学技术论"的核心理论,它是对20世纪后期以来将科学与社会彼此对立的现实主义意识形态的批评,它"既关心科学知识中的认知维

[①] Jasanoff, S., "The Idiom of Co-production", in S. Jasanoff, *States of Knowledge: The Co-production of Science and the Social Order*, New York: Routledge, 2004, pp.14 - 45.

度，又关心社会因素对科学知识的影响机制"①，否认科学知识是单一的自然属性或社会属性，认为"科学知识不能被简单地等同为自然真理，也不能仅被看作是社会和政治利益的附带现象"②，二者互为交织，彼此确立，而非对立。

② 贾萨诺夫的"秩序工具"对科学知识与社会秩序之关系的建构作用

贾萨诺夫认为，科学知识与社会秩序的共生关系可通过四种常见的"秩序工具"（ordering instruments）实现建构和彼此确立，即确立身份、确立制度、确立话语和确立表征（making identities, institutions, discourses and representations）③。确立身份是赋予新生事物在社会秩序中的角色，是将新生事物定位的有效手段，有助于使新生事物归序，在固化人们的知识及其生产方式、建构自然和社会秩序的过程中发挥了关键作用。确立制度对世界秩序的构成意义非凡，制度是知识和权力的存储库，是将不确定或无序状态的新生事物归位的现成工具，政府或团体组织通过制度确保新知识的有效性和新技术系统的安全性。确立话语的过程也是确立秩序的过程，秩序问题的解决往往伴随着新语言的产生或对旧语言的修正，确立话语即是建立科学权威和构建社会秩序。确立表征事关科学知识与社会秩序的形成，不同的社会群体因其历史、政治和文化的束缚而对科学表征产生不同的理解和辨识，因此，科学表征与政治表征、社会表征密切关联。科学知识的表征与现实世界的政治权力和文化生活紧密结合，既为国家治理服务，又为政治权

---

① 尚智丛、田喜腾：《科学与社会秩序共生的理论探索》，《科学学研究》2020年第2期。
② 同上。
③ Jasanoff, S., "The Idiom of Co-production", in S. Jasanoff, *States of Knowledge: The Co-production of Science and the Social Order*, New York: Routledge, 2004, pp. 14 – 45.

力所左右①。

贾萨诺夫的"秩序工具"解释了科学知识如何嵌入并植根于身份、制度、话语和表征之中,也解释了不同社会历史文化条件下知识与权力关系存在的差异及其原因。从科学知识到社会事实,其间参插了诸多因素,政治和意识形态差异会引发人们在科学知识表征上的冲突和误解。然而,科学是建制社会理性的基础,科学知识的社会建构基于科学知识的必然性,即科学知识通过群体的社会实践而获得、表达、理解和应用,对新生事物的认知具有科学和社会的双重属性,二者如影随形。将新知识置于复杂的社会语境,"知识不再仅仅是真理或者事实的简单描述,而是一套复杂判断"②。

(3)"新冠肺炎"的英文命名与世界共生秩序的建构

拉图尔将科学技术论中的建构主义主题和政治哲学联系在一起,认为"在自然逻辑与社会文化的表层之下潜藏着一个复杂的转译网络"③,权力会影响科学知识的形成,使其在不同社会文化中的公信力所有不同④。作为世界公共话语,"新冠肺炎"的英文命名表明语言是极其复杂的政治、文化、心理和社会行为,是民主、政治和国家意识形态的表征工具和有力手段。新冠疫情在全球的迅速蔓延引发了国际社会的动荡和民众的恐慌,新冠疫情的发展见证了

---

① Jasanoff, S., "The Idiom of Co-production", in S. Jasanoff, *States of Knowledge: The Co-production of Science and the Social Order*, New York: Routledge, 2004, pp.14 - 45;尚智丛、田喜腾:《科学与社会秩序共生的理论探索》,《科学学研究》2020年第2期。

② Miller, C. A., "Civic Epistemologies: Constituting Knowledge and Order in Political Communities", *Sociology Compass*, 2008, pp.1896 - 1919;尚智丛、田喜腾:《科学与社会秩序共生的理论探索》,《科学学研究》2020年第2期。

③ 尚智丛、田喜腾:《科学与社会秩序共生的理论探索》,《科学学研究》2020年第2期。

④ Latour B., *We Have Never Been Modern*, Cambridge: Harvard University Press, 1993, pp.3 - 11.

不同社会、文化以及意识形态之间的激烈碰撞,甚至是政治和权力的较量。对"新冠肺炎"进行政治化(politicalization)、标签化(mislabeling)和污名化(stigmatization),并试图将其合法化(legitimization)的政治甩锅游戏(play blame games)违背了世界卫生组织倡导的科学命名精神和原则,一些西方媒体在意识形态主导下一度将"新冠肺炎"污名为武汉病毒(Wuhan Virus/Pneumonia)、中国病毒(China/Chinese Virus)和功夫病毒(Kung Flu)等,这些不实报道给世界抗击疫情带来了巨大的负面作用和不确定性。

2015年5月8日,世界卫生组织发布的《世界卫生组织命名新型人类传染病的最佳实践》中就规定,避免对任何文化、社会、国家、地区、专业或民族群体造成侵犯,避免将病毒与地域、动物或个人进行关联。事实上,最先发自北美和墨西哥的大流感最初被称为"北美流感"(North American Influenza)和"墨西哥流感"(Mexican Influenza),后因涉及地域歧视等敏感问题而被改称Pandemic(H1N1-2009),最终被确定为Influenza A(H1N1),即甲型HIN1流感。

科学知识的生产虽然与社会各种因素互为交织与作用,但科学界"拥有约定俗成的社会规范系统,遵循着普遍性、公有性、无私利性和怀疑主义等四大准则"[①]。"新冠肺炎"是科学知识,给予科学知识以理性和客观的表达是语际交流中共悟、共情和共享的基础,在科学术语的语际书写过程中应本着"科学共同体"理念,构建知识民主和知识社会的共生理念,避免使科学沦为知识政治和政

---

① 顾昕、郭凤林:《科学、公众与疫情的社会治理——科学传播学的视角》,《科学学研究》2020年第7期。

权工具,还科学知识以科学身份。而科学政治化是人类共同的灾难,因为社会的异质性只是人类社会实践中经验和知识普遍性的个体现象,科学知识的普遍性与客观性构成了不同社会秩序的基础,科学知识与社会秩序是一个共生化过程,甚至是一个重塑化过程,共生才是不同群体对某一事物认知的共同趋向与规律。

话语是社会的反映。作为新生科学术语,"新冠肺炎"的语际书写既是一个话语系统范畴,也是一个世界秩序范畴,一定意义上讲,还是一项政治话语活动,是国家外交政策的推手,是塑造族群文化身份和群体利益的工具。文化趋同是人类的基本心理需求,只有在科学知识与世界秩序共生的价值理念和安全框架下,世界才能摆脱"新冠肺炎"之类的梦魇,而"科学知识与世界秩序共生"的内涵恰恰是语言共生、科学共生和社会共生。

新冠疫情使人类成为真正的"命运共同体","新冠肺炎"的命名过程是一个对新生事物的科学认知和社会话语的互动与建构过程,是科学话语系统与社会话语结构的彼此协调过程,是新生事物的科学公信与世界秩序互为确立的过程。话语既是输出和输入,也是规范与合作;既是价值与权威,也是秩序与公信;既是意义建构,也是身份建构;但终归是在世界统一性框架下的共同建构、彼此确立和互为共生的过程。

(4) 科技文本中的文化迻译

文本意义的语际转移是翻译的基本伦理,但译学界对于意义转移的充分性尚未给予足够的关注。比如,科技文本在传播科学思想和科学技术的同时,可能附带文化倾向,科学观依附于文化观有其历史渊源。在宇宙探源问题上,科学与神话、宗教、哲学的交织与重叠构成了人类的多维解释样态,体现了科学观与文化观互为解释的密切关联。翻译充分性的伦理意义在于对原文本的尊重,科技与文化之间的历史关联和逻辑关联意味着科技文本的翻译面临着充分性挑战。虞骏所译的《宇宙大爆炸之前》很好地处理了文本中科技与文化的关系,在此以该译本为例,剖析科技文本中科技信息与文化信息的关联特征,探讨科技文本中文化因子的迻译,以促进科技文本中科技信息与文化思想的有效传播。

西方学者探寻事物本质的思维习惯与精神品质为开启宇宙未知的真理之门积蓄了力量、智慧和方法。英国著名科普作家、英国皇家科学研究所和皇家人文科学院成员布莱恩·克莱格撰写的《宇宙大爆炸之前》①就宇宙起源问题进行了神话、宗教、哲学、科学等全景式剖析,重点探讨了当代盛行的宇宙大爆炸(Big Bang)理论,并就燃素说(Phlogiston Theory)、黑洞说(Black Hole Theory)、周期性宇宙说(Periodic Cosmology)等宇宙观做了详细阐述。全书结构清晰、主题鲜明、语言流畅,思维运行与逻辑演进如行云流水,为读者娓娓道出一个浩渺未知的极限宇宙。

① **科技文本中的文化依附特征**

"宇宙"(universe)是一个令人敬畏的概念,它指一切存在事物的集大成。在宇宙探源问题上人类并不缺乏想象。在《宇宙大爆炸之前》一书中,布莱恩·克莱格将人类目前对宇宙起源的解释归为神话、宗教、哲学和科学几个范畴,全图景式展示了古往今来人们对宇宙起源的感悟和解释。尽管布莱恩·克莱格在《宇宙大爆炸之前》中竭力以科学的方式探讨宇宙起源,但却始终无法与西方世界普遍存在的文化认知观割裂,《宇宙大爆炸之前》虽然是科技文本,但并不单纯以科学视角论述科学问题,其中交织着神话、宗

---

① Clegg, Brian, *Before the Big Bang: The Prehistory of the Universe*, New York: St. Martin's Press, 2011, pp. 5 - 6.

教和哲学层面的思考,文化成色很浓。科技与文化的内在逻辑关系始终存在,甚至任何科技观念都是在特定的文化氛围中产生的,科技观念总是根植于文化观念之中。即使像布莱恩·克莱格这样的天文学家和科普作家也相信,"即使是牛顿整理出了一个初步的、关于力学宇宙的科学图景,也没有任何理由去怀疑《圣经》中的那些起源神话"①。英国科学思想家弗雷德·霍伊尔(Fred Hoyle)也认为无法从科学角度去验证信仰;况且,"任何宗教都是一种宇宙论,同时也是对神圣事物的思索"(No religion that is not cosmology at the time that it is a speculation upon divine things.)②。

今天的"大爆炸"理论尽管出自科学家的断言,即宇宙最初由一个密度极大且温度极高的太初状态演变而来,经过不断的膨胀与繁衍,形成今天的状态;但"宇宙大爆炸"膨胀说依旧是一种无法证实的推断和构想,即便是富于天文物理知识经验的本书作者也无法给读者提供一个抛开文化蕴意的、纯粹而确切的科学解释,因为就像神话、宗教、哲学的宇宙起源解释观一样,"大爆炸"宇宙起源论"超出了目前证据能够证实的范围,但又在类比推理可以达至的范围之内"(beyond the bounds of proof, though within those of conjecture or of analogical inference)③。

② 科技文本翻译中的文化转写

《宇宙大爆炸之前》在宇宙起源问题上阐释了丰富的神话、宗教和哲学观点,作者认为,大多数创世神话都将万物之初的混沌和无形状态转变为一个动态而运转正常的宇宙的媒介归功于一位或

---

① 布莱恩·克莱格:《宇宙大爆炸之前》,虞骏译,海南出版社2016年版,第16页。
② Durkheim, Emile, *The Elementary Forms of the Religious Life*, New York: St. Martin's Press, 2009.
③ 布莱恩·克莱格:《宇宙大爆炸之前》,虞骏译,海南出版社2016年版,第1页。

多位造物神①。尽管亚里士多德对自然力量与诸神分离的哲学理念推动了西方自然主义科学精神的进步,但时至今日,科学依然无法完全与神迹剥离。翻译《宇宙大爆炸之前》这样一部科技文本,既要着力呈现本书主导的科学观,又不能忽略其中浓郁的文化内涵。比如书中提到,希腊某个版本的神话中最初的神(爱神厄洛斯 Eros、天神乌剌诺斯 Ouranos 和地神 Gaia)、远古华夏开天辟地的神祖盘古(Pan Gu)以及下埃及最初的太阳神拉(Ra)都产生于一个"蛋",这与万物始于一个"原始超原子"(primeval superatom)(也被称为"宇宙蛋",cosmic egg)的早期宇宙大爆炸理论观构成了神奇的巧合。神话、宗教、哲学的宇宙观与科学宇宙观的巧合性和一致性恰恰说明科学与文化之间难以割舍的交织性。针对此类科技文本,译者显然无法忽视其"文化"的一面。就译法而言,我们可以从以下几个方面探讨。

A. 译序说明

译序是译者对作者的文本内容、文本主题、核心观点以及译者对原作翻译的反思、说明和补充,是译者发挥主体能动作用、阐释翻译理念和策略的重要平台,是读者观测作者、作品和译者的有效窗口。有数据统计,鲁迅"一生译介了 216 篇作品,共撰写了 120 篇译文序跋"②,鲁迅的译序跋对读者了解鲁迅的翻译策略、鲁迅对日本文学的批评与接受等有着不可估量的重要意义;林纾也借由序跋谈论翻译,注解原作,抒发爱国与文学③。

尽管西方的科技写作崇尚逻辑推理和科学精神,但宇宙起源

---

① 布莱恩·克莱格:《宇宙大爆炸之前》,虞骏译,海南出版社 2016 年版,第 16 页。
② 陈红:《鲁迅译文序跋对日本文献之"借鉴"》,《文学研究》2016 年第 2 期。
③ 朱灵慧:《林译序跋:注解原作,抑或注解译者?——兼与朱志瑜先生商榷》,《中国翻译》2017 年第 3 期。

的问题不仅是科学问题,也是文化问题。译者要对《宇宙大爆炸之前》中宇宙起源问题的科学解释与传统的文化解释迻译清楚,就要对原文本中的多维宇宙观加以说明和引导,避免忽略宇宙起源中的文化成色。比如,作者在书中描述到:

> 例:For many cultures, this is obvious: the universe is the work of the creator. So what came before was the creator. However, every culture had its own creation story, each with a different proponent and a different modus operandi. Looking back to the early creation myths can give us a better idea of how humanity came to think about the beginning of everything.
>
> 译文:对于许多文明而言,答案显而易见:宇宙是造物主的杰作,所以出现在最初之前的当然是造物主。然而,每一个文明都有它们自己的创世故事,每个故事都有不同的造物主,创造世界的方法也各不相同。回顾早期的这些创世传说,能让我们更好地理解人类到底是如何思考万物起源的。

书中对宇宙起源问题的文化渊源做了很多描述。就宇宙起源而言,科学并不排斥传统,因为传统只是历史上各个节点的普遍认知,呈现的是人类在不同时空局域中的相对性和局限性。事实上,《宇宙大爆炸之前》宛如一部宇宙起源的研究史,详述了人类有史以来出现的五花八门的宇宙观,既然原文本对研究主题的探索具有科学、神话、宗教与哲学的多重性,译者就有必要在译序中说明,以便启发译语读者的阅读自觉与分辨意识,提高译语读者对原文本信息的接受量与理解度。

B. 脚注补释

翻译科技文本,少不了科技术语的翻译。术语"是通过语音或文字来表达或限定专业概念的约定性语言符号,术语翻译是将原语术语的语言符号转变为译语术语语言符号的思维过程"①。宇宙学中诸如黑洞(black hole)、暗物质(dark matter)、暗能量(dark energy)、引力波(gravitational wave)等术语的普及相对广泛一些,但像宇宙线(cosmic ray)、平流层(stratosphere)、蓝移(blue shift)、红移(red shift)、空间虫洞(space wormhole)、反物质(Antimatter)、黑体辐射(blackbody radiation)等这样的术语有可能是首次进入译者与读者的眼帘,这样的专业术语不见得好翻译,译者必须紧贴语境,基于相关知识体系,必要时邀请相关专家介入,在完全理解的基础上依据术语的命名规律,确定术语译名,原则上应与先前已有的译名保持一致。有时候,复杂的科技概念需要更多的文字才能表达清楚,进而会产生简化概念的需求,简化之后又会产生意想不到的文化性和幽默性。比如本书中将暗物质可能的两种来源描述为 MACHO 和 WIMP,英语中它们恰好是"猛男"和"懦夫"两个词汇。那么,"猛男"和"懦夫"到底是什么样的科学概念呢?这就需要译者详细解释一番,而脚注正是便捷、有效的补注手段。事实上,MACHO 和 WIMP 本是宇宙学概念"晕族大质量致密天体"(massive compact halo object,也称为"大质量致密晕天体")和"弱相互作用大质量粒子"(weakly interacting massive particle)的缩写形式,复杂的科学术语一经简化,既形象地解释了作者需要呈现的

---

① 李亚舒、徐树德:《语言符号任意性和不变性视角下的术语翻译方法研究》,《上海理工大学学报(社会科学版)》2018 年第 3 期。

科学概念,又不乏文化上的意象和幽默,正所谓"科学达到极处,便与哲学和艺术交汇"①。再比如,有些天文学家设想将用于探测宇宙引力波动的 LIGO(激光干涉引力波观测台,laser interferometer gravitaional wave observatory)升级为灵敏度更高的 LISA(太空激光干涉仪,laser interferometer space antenna),而 LISA(丽莎)恰好又是一个家喻户晓的女性名字,与女性普遍更加敏感的特征构成巧合,体现了科学术语命名过程中的人文性征与探索乐趣。

人类对宇宙的认知具有时空性和局限性,科学家往往会用"以其所有,易其所无"的方法来界定科学概念或描述事物性征,也往往需要使用脚注来补释信息。有时,为了行文流畅,译者也会将原文行文中的附加解释内容置于脚注内说明。比如:

例:Some cosmologists were against the term "Big Bang" simply because it lacked class; at the time it was considered unscientific and populist, but to modern ears it was commonplace. It's a catchy and obvious term. To complain about its triviality when physicists have described particles with properties such as "strangeness" and "charm" and biologists give genes names such as "sonic hedgehog", "grunge" and "INDY" (for "I'm not dead yet", a catchphrase in Monty Python and the Holy Grail), seems hypocritical.

译文:一些宇宙学家反对使用"大爆炸"字眼的理由仅仅是因为它没有气质;在那个年代,他们认为这种说法

---

① 李亚舒、黎难秋:《中国科学翻译史》,湖南教育出版社 2000 年版,第 587 页。

不科学,而且太平民化了,不过在现代人的耳朵里,这已经司空见惯了。这是一个容易记住、意义又很明显的单词。如今物理学家在描述粒子属性时已经用上了"奇妙""魅力"之类的字眼,生物学家在给基因命名时也用上"刺猬索尼克""肮脏""INDY"之类的流行语,再指责大爆炸太俗似乎就虚伪了。

上面这个例子可以看出,"大爆炸"一词虽然俗气,却司空见惯且明了、易记,"奇妙""魅力"这两个词富于想象,"刺猬索尼克""我还没死"这类电玩游戏和无厘头电影中的流行语,不仅使深奥的科学术语形象化、亲切化、浅显化,还使科学追上了文化时尚。不过,这些出自电玩和电影中的时尚名词就免不了需要解释一下,万一读者不那么时尚呢?但作者将解释置于行文之中,未免显得过于拖沓,译者唐骏则把这部分拖沓的解释置于脚注之中。

C. 音译转写

《宇宙大爆炸之前》中出现了许多天文学家与自然科学家的名字,涵盖了宇宙起源研究过程中的丰富史实,这自然少不了音译。这些科学家所处的时代、主要思想和成就对读者理解宇宙起源观念的历时性演变会起到过程性和视角性作用,翻译这些人物名称时应依从音译规范,尽量依照名从主人和约定俗成的原则,并保留人物名称的母语拼写。名从主人原则是指按照人物名称在其母语中的发音进行音译,比如,比利时科学家乔治·勒梅特(Georges Lemaître)、英国科学家弗雷德·霍伊尔(Fred Hoyle)等。但本书中相当一部分人物名称已被英语化了,作者并没有保留这些人物名称的母语拼写形式,而是用英语拼写形式取而代之,翻译时就只能按照英语的发音进行音译,这种间接音译法实属不得已而为之,是原文本书写语言限制的结果。比如,柏拉图(Plato)是英语发音的音译,而非其母语希腊语 Πλάτεων 的音译。约定俗成是指某一专有名称的翻译应遵循已被广泛接受的翻译形式,比如阿基米德(Archimedes)就是英语发音的音译形式,尽管没有遵循名从主人原则,按照其母语希腊语 Αρχιμήδη 的发音进行翻译,但因其历经历史沉淀,已广为接受,按照约定俗成原则,就无需再改弦更张、标新立异地重新翻译。按照约定俗成的翻译原则,类似"阿基米德"这样的历史人物名称以及众多其他专名的翻译,既保留了历史文献中的原始样态,也尊重了原始译者的历史认知观。同理,书中许多神话起源部落的名称、神话中诸神的名称也应遵循上述两个原则进行翻译。

D. 图文互释

"科学家是最好的科技翻译者"[①],但由于分工不同和时代局限,具有科学家身份的译者数目寥寥,大量的科技文献翻译任务是靠普通译者完成的。在当今科技化、视图化的时代,译者利用先进的视图文技术,以视图、声音和文字等多模态形式阐释原文本的信息和意图,基于"不同符号系统的意义结合"进行图文符际转写,可以有效实现多模态交际。多模态互动交际与行文的逻辑语义关系并不矛盾,二者基于同样的意图:释意文本。当然,对图文的理解会受到译语读者的认知局限,但相比单一的语言符号转换,"通过语言符号和视觉符号共同完成表意功能,实现意义共建"[②],能对原文意义的阐发起到多管齐下、视觉多维、直观独到的效果。根据赖斯的文本类型理论,科技文本属于信息类文本,科技文本的翻译在借助视图文技术展示原文本信息时,需要预设目标语读者群体的

---

① 李亚舒:《〈中国科学翻译史〉的特色》,《中国翻译》2007年第1期。
② 肖娴:《科技典籍英译之文化迻译——以〈园冶〉为例》,《上海翻译》2019年第3期。

需求。宇宙学和天体物理学领域内复杂的视图,读者未必能达到所需的认知层阶,也就是说,以视图文形式转写科技类文本信息时,要考虑目标语读者受众的科学认知局限,尽量寻求以适合、简易的视图文形式解释复杂的科技思想,实现科技文本翻译的语际转换与符际转换相结合的最佳效果。

总之,翻译是人类知识、科技和文化传播的重要媒介,是科技进步的阶梯。以上以布莱恩·克莱格的《宇宙大爆炸之前》为例,分析了科技文本中的文化依附特征,从译序说明、脚注补释、音译转写和图文互释四个层面探讨了科技文本中文化因子的迻译策略。"适切的行为是自主性与规范性有机结合的结果"①,充分翻译科技文本中的文化信息,能确保科技文本的信息宽度,有助于提升科技文本的语际传播效度。

二、共生翻译批评

没有哪一个概念像"翻译"一样,被诠释得五花八门,纷繁芜杂,历久弥新;没有哪一门学科像"翻译学"一样表述不一,边界模糊,范畴不清;也没有哪一种观念像"翻译"一样各说各话,纷争不断,"论"而不厌。在文本类型和应用实践方面,对翻译的理解尚有针对性,但对翻译的本体理解则凸显了研究者强烈的主体性色彩,体现了时空、社会、学术环境下的演变性和思潮性。本节首先基于笔者所收集的语料,对比分析中西方关于"翻译是什么"(Translation is/as…)的论述,简称"译"论,而后通过语料梳理,分析共生翻译学的"译"论,最后从共生视角阐释翻译批评的标准和原则。

---

① 傅敬民:《译者行为的自主性和规范化》,《北京第二外国语学院学报》2019年第2期。

1. 中西"译"论

东西方翻译史、翻译理论方面的书籍较多,但就"翻译(就)是/即……"这一搜索对象而言,谭载喜的《西方翻译简史》[①]和陈福康的《中国译学理论史稿》[②]语料丰富,比较全面。本节以这两种书籍为案例,对比中西方视角下对"翻译是什么"的阐释差异,通过这些林林总总的"译"论,透视中西方对翻译本质的不同追问和观念差异。语料的选取以"翻译(就)是/即……"为搜索对象,人工筛选时纳入了没有"(就)是/即"的字眼但隐藏着对"译"的论述特征的部分,不包括"翻译"二字前面的文学、文艺、应用、科技等限定语范围。鉴于《圣经》和《佛经》在中西方翻译史上的时长、地位及影响,忽略其影响则不能体现翻译思想的历史经脉,便在搜索中包含了宗教经典中对翻译的论述。

(1) 西方"译"论梳理

《西方翻译简史》是近些年来较为完整、颇受读者欢迎的国外翻译史阅读书籍,中国大陆和港澳台地区的许多院校都将其作为外语及翻译专业的必读书目。此书全面介绍了西方翻译理论与实践的历史变迁和各阶段的发展概况,详细陈述了西方各历史时期,尤其 20 世纪以来西方翻译领域的代表人物、代表译作、思想流派和重要历史事件,对翻译实践和翻译理论相互之间的促进、演变和发展过程作了深入浅出的剖析和讨论,对于翻译思想和理论发展的性质及方向,阐述了基本的认识和见解。以《西方翻译简史》(增订版)为分析对象,语料丰富且相对全面(见表 6-2)。

---

① 谭载喜:《西方翻译简史》(增订版),商务印书馆 2004 年版。
② 陈福康:《中国译学理论史稿》,上海外语教育出版社 2000 年版。

表6-2 《西方翻译简史》(增订版)语料搜集

搜索对象:"翻译(就)是/即……"			
出自(页)	修饰语	描述语	提出者
5		解释	马尔库斯·图利乌斯·西塞罗(Marcus Tullius Cicero,公元前106年—前43)
5		演说	
21		活译	贺拉斯(Quintus Horatius Flaccus,公元前65—公元8)
25/31	(《圣经》翻译)	凭"上帝的感召"	斐洛·犹达欧斯(Philo Judaeus,公元前20?—公元50?);奥古斯丁(St. Augustine, 354—430)
26		与原作竞争	马库斯·法比尤斯·昆体良(Marcus Fabius Quntinlianus,公元35—100左右)
26	(《圣经》翻译)	活译,创作	哲罗姆(St. Jerome, 347?—420)
29	一项教学(decere)	活动	奥古斯丁(St. Augustine, 354—430)
34	表达出没有讹误的	真理	曼里乌·波伊提乌(Manlius Boethius, 480?—524?)
65		把外国语变成译者的本族语言	马丁·路德(Martin Luther, 1483—1546)
121		艺术并加以阐述	约翰·德莱顿(John Dryden, 1631—1700)
100	用一种语言表达另一种语言的事物、思想、用词和风格的	过程	夏尔·巴特(Charles Batteux, 1713—1780)
104	一项触及作品最本质的东西的	活动	约翰·高特夫利特·赫尔德(Johann Gottfried von Herder, 1744—1803)

第六章　伦理、批评与审美

(续表)

出自 (页)	修饰语	描述语	提出者
106	译文并非"取代原文，而是译文就是原文"，这样的翻译是一种	共生现象	约翰·沃尔夫冈·歌德(Johann Wolfgang von Goethe, 1749—1832)
110	一种作解释的	过程	维廉·洪堡特(Wilhelm von Humboldt, 1767—1835)
107	一项创造性的	活动	弗里德里希·施莱尔马赫(Friedrich Schleiermacher, 1768—1834)
111	寻找构成同一基本语言的核心成分，即	寻找意思	弗里德里希·荷尔德林(Friedrich Holderlin, 1770—1843)
136		折中	弗朗西斯·纽曼(Francis W. Newman, 1805—1897)
183	雕刻家的	艺术	波斯盖特(J. P. Postgate, 1853—1926)
188	一种崇高的表演	艺术	科尔涅伊·丘科夫斯基(Корней И. Чуковский, 1882—1969)
278	人类的一种多方面的	活动	巴尔胡达罗夫 (д. C. Бархударов, 1894—1983)
279	错综复杂的和心理	过程	
199	用一种语言的符号去解释另一种语言的	符号解释	雅各布森(Roman Jakobson, 1896—1982)
204	一门绘画或摄影的	艺术	西奥多·萨瓦里(Theodore Horace Savory, 1896—?)
191	一门富有创造性的	艺术	伊凡·卡什金(Иван, A. Кашкин, 1899—1963)
275	一种语言创作	活动	安德烈·费道罗夫(Андрей B. Фёдоров, 1906—?,)

(续表)

出自（页）	修饰语	描述语	提出者
230	通过检验人的行为来寻求语言意思结构的	过程	奎恩（W. V. Quine, 1908—）
264	一种特殊而又普遍的	语言活动	乔治·穆南（Georges Mounin, 1910—1993）
285	原作艺术现实的	反映	基维·加切奇拉泽（Киви Р. Гачечидадзе, 1914—1974）
286	一种特殊形式的	文艺创作	
285	创造性	活动	
207	原文本从语法结构到词汇都有目标文本的	对等形式	约翰·卡特福德（John Catford, 1917—）
213		既是科学，又是艺术、交际	彼得·纽马克（Peter Newmark, 1916—）
6	一种解释	过程	达尼卡·塞莱丝柯维奇（Danica Seleskovitch, 1921—）；玛丽亚娜·勒代雷（Marianne Lederer）
257	一种互动的语用	行为	撒林娜·赖斯（Katharina Reiss, 1923—）
252	一门认知性、解释性和联想性的	科学	威尔斯（Wolfram Wilss, 1925—）
253	同言语行为的所有形式一样，是	符号现象	
254	一项产生语篇的	活动	
202	一个抉择	过程	吉里·列维（Jiri Levy, 1926—1967）
202	一种交际	过程	
217	语言的产生和理解	过程	乔治·斯坦纳（George Steiner, 1929—）
217	一项外显的	活动	

(续表)

出自（页）	修饰语	描述语	提出者
240		科学、艺术；交际、读者反应对等	尤金·A·奈达（Eugene A. Nida, 1941—2011）
258	翻译即目的型	活动	克里斯蒂安·诺德（Christiane Nord, 1943—）
243	对文本形象的一种形式的	改写	安德烈·勒菲弗尔（Andre Lefevere, 1944—1996）
266	需要语言外知识的参与的一种	语言行为	巴黎/释意学派（interpretive school）
267		意义对等	
274		语言行为	前苏联语言学派
274		艺术	前苏联文艺学派代表安托科尔斯基（Л. Антокольский）
194		社会行动	兹拉特瓦（P. Zlateva）
194		跨文化交际	斯内尔·霍恩比、杰特马罗瓦、凯恩德尔（M. Snell-Hornby, Z. Jettmarova and K. Kaindl）
250	发生在一种多文化形态环境和另一种同样多文化形态环境之间的	转换	埃德温·根茨勒（Edwin Gentzler, 1951—）
221	植根于有关文化深处的一种	行为	苏珊·巴斯内特（Susan Bassnett, ）
247	文化内部的和文化之间的	交流	
		用词语司事	道格拉斯·鲁宾逊（Douglas Robinson, 1954—）

从以上表格内容可以看出,西方对"译"的论述是一道别致的风景。西方的阐释体现了对事物概念化和命题化的典型认知范式,描述多集中在宗教、科学、艺术、活动、现象、解释、过程、行为、创作、符号、对等、交际等语词的表述上,凸显了西方翻译思想的科学观、语言观、文艺观、文化观和交际观等,本体论和认识论特征明显。科学、真理、对等、反映与艺术、活译、创作、竞争等体现了二元对立的一面,在伦理层面体现了忠于原作、忠于创作、忠于读者三种主要倾向的伦理认知。具体可归为以下几个层面:

①《圣经》翻译的"神性"思想。《圣经》翻译在西方翻译史上有举足轻重的地位,具有宗教、人类学、历史学、社会学、语言学、文献学、文学等不可或缺的综合作用。对《圣经》的翻译体现了"因循神旨"的绝对虔诚。从《七十子希腊文本》发出的"同一个声音"、得出同样的"译词和词序"的译文,到斐洛、奥古斯丁凭"上帝的感召"而解释出"基督教的玄义",都显示出"十分准确"的"第二原本"希腊语《圣经》在"不纯尘世"中的神圣性和经典性。

② 翻译的语言性与文艺性二元对立。如果说古希腊对《圣经·旧约》的希腊语翻译凸显了语言具有神圣的宗教神性的一面,那么,古罗马人的拉丁文《圣经》翻译则开启了译者主体性、翻译文艺观的先河。从西塞罗提出的翻译"解释员"和"演说家"之分,到昆体良的"与原作竞争",再到贺拉斯的"活译"和哲罗姆的意译,都显示出古罗马人对古希腊翻译思想的批判性。后世欧洲的路德、泰特勒、施莱尔马赫、列维、加切奇拉泽等人的翻译观都延续了西塞罗的直译、意译两分法,凸显了西方翻译思想中原作与译作、形式与内容的二元对立特征。

③ 翻译的科学性和艺术性。20世纪对语言本质和语言共性的研究产生了语言科学观和翻译科学观,主要代表人物有费道罗

夫、雅各布森、奈达、纽马克等语言学家和翻译学家。他们对语言和翻译的关系进行了科学的分析，从奈达的"对等论"，雅各布森的语内（intralingual）、语际（interlingual）和符际（intersemiotic）翻译三分法，到纽马克的语义和交际翻译两分法，显示了语言"等值""等形"的科学论断，他们"把翻译理论和语义、语法功能的分析紧密结合起来，从语言的结构特征和语言的操作技巧上论述翻译问题，认为翻译的目的在于产生与原文对等的译语文本"[1]。弗斯、卡特福德的"语境对等"也属于语言学翻译理论。而翻译的艺术论与古代西方的活译、创造、演说不无关系，到近代欧洲的表演、雕刻、绘画、摄影等都主张翻译是原作艺术现实的反映。翻译既是科学也是艺术的折中观点也同时出现。

④ 翻译的文化与交际观。勒菲弗尔、巴斯内特的"翻译受制于社会文化因素"的观点，弗米尔、赖斯、诺德"翻译须为目的服务"的主张，塞莱丝柯维奇、勒代雷的"翻译释意观"，赫曼斯的"文本由译者操纵"以及鲁宾逊"轮到译者'主事'"的译者中心论，等等，都是翻译研究文化转向以来的、从文本以外着眼翻译的思想流派，具有强烈的主体性和解构主义色彩。暴力、改写、操纵、误读、妇占等主体性的张扬，使得语言在翻译中无处躲藏。

(2) 中国"译"论梳理

中国传统译论中，从东汉到宋的佛经翻译，至明末清初的科技翻译，再至鸦片战争以后的西学翻译都出现了具有代表性的、有较大影响和意义的译论家和译学流派及观点，但以史学专题形式完成中国译学史研究的并不多见。陈福康以历史发展顺序和历时描写手法，按照古代、晚清、民国、1949年以后四个时期，较早地勾画

---

[1] 谭载喜：《西方翻译简史》（增订版），商务印书馆2004年版，第6页。

出中国译学理论史的轮廓并梳理出其流变的线索,还对一些重要的译家、译论家和译学流派做了介绍和评述,较为全面地介绍了中国传统的译论观(见表6-3)。

表6-3 《中国译学理论史稿》语料搜集

出自(页)	修饰语	描述语	提出者
		"翻译(就)是/即……"	
12		遂案本而传,不令有损言游字。	道安(314—385)
6		因循本旨,不加文饰。当令易晓,勿失厥义。	支谦(生卒不详)
19		厥中	慧远(334—416)
21		交辨文旨	僧睿(约371—约438)
38		言易也,以所有易所无也。	赞宁(919—1001)
54		会通——超胜	徐光启(1562—1633)
64		资用	王微(1571—1644)
73	师敌之长技以	制敌	林则徐(1785—1850)
73	师夷长技以	制夷	魏源(1794—1857)
78		通事	冯桂芬(1809—1874)
83		启民智	傅兰雅(1839—1928)
90		善译	马建忠(1845—1900)
123		爱国救世	林纾(1852—1924)
106		信达雅	严复((1854—1921)
94		通西学	康有为(1858—1927)
97		求知彼,救焚拯溺,强国	梁启超(1873—1929)

第六章　伦理、批评与审美

（续表）

出自（页）	修饰语	描述语	提出者
138		横译、纵译	蔡元培(1868—1940)
151	新思想之输入,即新言语输入之	意味	王国维(1877—1927)
287	直译、硬译;"宁信而不顺"	窃火、煮肉;与旅行外国相似,必须有"异国情调"。	鲁迅(1881—1936)
246		国语运动	蒋百里(1882—1938)
398	忠实意思,保留风格,将原文的意思不多不少地	移译	周作人(1885—1967)
418		媒婆	郭沫若(1892—1978)
261		气韵	
279		风韵	
310		创造"新的中国现代言语"	瞿秋白(1899—1935)
425	翻译的基本是	信	赵元任(1892—1982)
511		艺术	傅东华(1893—1971)
318	把原书给我的感应忠实地表现出来	摄影;神韵	曾虚白,1894
329		艺术;传神;通顺	林语堂(1895—1976)
350		译意;译味	金岳霖(1895—1984)
284		使看的人懂,觉得畅快舒服	邹韬奋(1895—1944)
315		雕塑;绘画;形似、意似和神似	陈西滢(1896—1970)
378		个体劳动;神韵	茅盾(1896—1981)

(续表)

出自（页）	修饰语	描述语	提出者
350	文从字顺的	直译	朱光潜（1897—1986）
249	介绍外国的文化到本国里来的	第一利器	朱自清（1898—1948）
219		奶娘	郑振铎（1898—1958）
363		科学	董秋斯（1899—1969）
312		宁错而务顺	赵景深（（1902—1985）
347	忠实地依照原来的思想线索介绍一个本土所无的	学说；宁以义害辞，毋以辞害义。	陈康（1902—1992）
342	言以宣意，文以载道的	传声筒；华化西学；体用合一	贺麟（1902—1992）
371	二度创造的，即再创造的	艺术	焦菊隐（1905—1975）
405		再现	李健吾（1906—1982）
391		临画；神似	傅雷（1908—1966）
336		直译、意译非隔绝，非折衷	艾思奇（1910—1966）
418		达	杨晋豪（1910—1993）
294		化境；投胎转世	钱钟书（1910—1998）
332	保持原作之；忠实传达原文之	神韵；意趣	朱生豪（1912—1944）
334	外国文、本国文、中外文字的文法习惯、常识的	"四通"艺术和学问	朱文振（1914—1993）
455	等价交流之	对立统一体	黄龙（1925—2008）

中国传统翻译思想与西方传统翻译思想的不同之处有如下几个层面。

① 中国翻译理论的底蕴在佛教翻译。中国传统译论对翻译的追问不在本体视域或纯理论层面,而在实用和效用层面,也并非西方的命题式、抽象化、本质化(Translation is/as……)的话语模式,而是中国传统文化思维中的伦理化、具象化、实用型(……是/则为善)的话语模式,显然,"善译"是中国传统翻译思想的典型话语特征。尽管马建忠归纳并提出了"善译"思想,但在我国已有的传统翻译理论体系研究中,并未凸显这一翻译思想的历史脉络。

② 中国传统翻译思想多属于认识论和方法论上的阐释,少见对本体论的追问。中国传统翻译思想虽然也有科学、艺术、再现等科学论、艺术论、语言论的论断,但忠、信、顺、文、质、达、雅、传实、本旨、文饰、易晓等一概可以囊括于"信达雅"之中。而据钱钟书考释①,"信达雅"出于支谦《法句经序》中的记述:诸佛典皆在天竺。天竺言语,与汉异音……名物不同,传实不易……仆初嫌其辞不雅。天竺僧人维祇难曰:佛言依其义不用饰,取其法不以严。其传经者,当令易晓,勿失厥义,是则为善。支谦的《法句经序》序中记载,座中咸曰:老氏称"美言不信,信言不美"……今传胡义,实宜径达。是以自偈受译人口,因循本旨,不加文饰。不难看出,我国经学家的译论并非纯粹的感悟和冥想,而是基于经验凝练而成的译识,多属于认识论和方法论上的阐释,少见对本体论的追问。以"善"来表述好的或恰当的翻译,除了认识论与方法论之外,也具有伦理层面的诉求。比如:严复为了"信"踟蹰于奥衍,"一名之立,旬月踟蹰""字字由戥子称出""步步如上水船"(《致元济函》第二),等

---

① 罗新璋:《我国自成体系的翻译理论》,《中国翻译》1983 年第 7 期。

等。在佛家弟子僧肇的眼中,鸠摩罗什的翻译简直就是极致的"善译":"质而不野,简而必诣"(《百论序》),"文约而诣,旨婉而彰"(《维摩诘经序》),钱钟书笔下的"化境"不过如此。散见于其他资料中鸠摩罗什的"依实出华"①之"译"论兼具直译和意译之精髓,但并未出现在陈福康的《中国译学理论史稿》中,故上表中未将其列出。

③ 中国传统译论中有感悟的一面,属于经验性译识。有些翻译家喜欢打比方、绕弯子、讲条件,而不是直击"翻译"的本质是什么,这与西方本体探索的概念式话语方式"Translation is/as…"有很大差别,比如,盗火、煮肉、媒婆、奶娘、旅游、临摹、绘画、摄影等描述。

④ 中国传统译论明显带有功利和教化的一面。比如,"利器""制敌""制夷""资用""通西学""开民智""求知彼",等等。梁启超明确提出,"欲求知彼,首在译书",为了"救焚拯溺",译书当首立三义:"一曰择当译之本;二曰定公译之例;三曰养能译之才"②,他的强国与新民、译书三义、广译西书的"翻译强国"思想体现了近代中国"救亡与启蒙"③的"翻译之用"。王微认为翻译是语言"资耳目"、科技"资手足"、哲理"资心",这样的"资用"划分精确而精到,明显出于功利和实用。作为时代的镜像,翻译"资用"论者势必成众,除了林则徐、魏源、严复、林纾、马建忠、梁启超等代表人物外,还有周桂笙(1873—1936)的"觉世晴民""开智启慧"、徐念慈(1875—1908)的"匡正译弊""改良社会"、胡适的"白话译""译名家"、傅斯年的"译门径书""译通论书",等等,这里无法一一列出,但已明显感受

---

① 马祖毅:《中国翻译简史》,中国对外翻译出版公司2004年版,第57页;罗新璋:《我国自成体系的翻译理论》,《中国翻译》1983年第7期。
② 梁启超:《变法通议·论译书》(第七章),《时务报》1897年5月至7月。
③ 贺爱军、侯莹莹:《梁启超"翻译强国"思想的体系性探究》,《中国翻译》2023年第1期。

到中国不同时期的时代变革对门户开放的迫切需求,并由此引发出翻译标准、译名统一、翻译馆社、译才培养等社会事业的勃兴问题。

⑤ 中国传统译论中富含哲理的一面。比如,翻译家黄龙在其著作《翻译学》①中论述了一系列颇富哲学的翻译见解,归纳出唯物辩证观、知行统一观、三位一体观、体貌相称观、寓美于微观、信息时代观和智能科学观七大观点。唯物辩证观指翻译受两种异语、口译与笔译、人脑与电脑、理论与实践、社会科学与自然科学等矛盾统一规律所支配;知行统一观主张以知驭行,以行验知,知行统一;三位一体观赋予了严复的"信达雅"以新意,寓信于达雅,反之亦然;体貌相称观主张以古译古,以今译今,以文译文,以野译野,以韵译韵,以骈译骈,以谚译谚,强调了形格的对等翻译;寓美于微观重视"贵在微观、于毫末处得精神"的微观之美;信息时代观认为国力之强弱,系于科技之优劣,而翻译则能应时代之需;智能科学观指出了翻译从经验论范畴到思维科学范畴的社会巨变对翻译智能的开发、专业化教育和训练的时代使命②。贺麟本就是哲学家,对言意之辩证关系有独到的哲理辨识:意与言或道与文,是体与用、一与多的关系。言以宣意,文以载道。意与言、道与文是一种体用合一而不可分割的关系。故意之真妄,道之深浅,皆可于表达意与道的语言文字中验之。深入揭示出意与言、道与文、一与多的翻译辩证关系。

本表搜索的主题在"翻译"("译"),而对大量描述文学翻译的内容并未列入,这就缺了一个时代棱角,比如,林纾运用文言译作,

---

① 黄龙:《翻译学》,江苏教育出版社1988年版。
② 陈福康:《中国译学理论史稿》,上海外语教育出版社2000年版,第456—457页。

是其复古思想在翻译上的反映,严复也认为文言"优美",弃之而用白话,这是"退化"(见《与熊纯如书》)。茅盾提出的翻译西洋文学要"切用""切要""系统"等,颇显时代需求之迫切。但无论如何,这项语料统计只能针对"翻译",无法顾全。

(3) 共生"译"论

共生翻译学自然也无法回避"翻译是什么"这一核心论题,笔者在拙著《共生翻译学建构》(2015)中也基于不同视角给予了多重阐释,尽管这些阐释大多并非戛戛独造,但都不失为行文逻辑中的共生话语。下表同样是以"翻译(就)是/即……"为搜索对象,对《共生翻译学建构》搜索的结果(见表6-4)。

表6-4 《共生翻译学建构》语料收集

"翻译(就)是/即……"		
出自(页)	修饰语	描述语
自序-1	人类文明的共生	纽带
139	是族群间共生的	
自序-2	人类文明的	火种
139	是传递人类文明的	火炬
自序-2	人类语言与文化之间发生共生关系的	前提
自序-7	族群间语言与文化互联共生的	存在
自序-12	人类族群间语言文化互为通约的	生态场
31	人类语言大系统中各子系统产生大量相互作用的	
38	人类语言与文化共生的	
95	实现人类各种文明共生的	"孵化场"与"催化剂"
244	推动人类语言与文化共生的	生态性平台
自序-12	人类语言成长与文化进化的	有机土壤与环境

第六章 伦理、批评与审美

(续表)

出自(页)	修饰语	描述语
自序-12	人类不断走向文明的	工具
自序-12	人类文明强大的	生产力
283	文本	再生产
自序-13	一个跨语言认知	过程
82	译者在原语、原语文化与译语、译语文化之间充分协调的	
91	文化认知与传递的	
169	再现原作的一个积极的、能动的	
204	是译者对原作的审美艺术鉴赏和传播的	
205	特定历史视角下的相对阐释	
自序-1	一种使命性	行为
202	是译者努力协调作者与读者关系的	
274	科学(准确、规范)、艺术(审美、鉴赏)与技术(方法、技巧)的综合实践	
83		真诚
16	译即	共生
58	(如何)促进(语言的)共生、进而推动人的	
226	意义的流动与文化的	
13	(透过语言的表象去)揭示(语言结构深处的)	差异
94	译者对自身所处的翻译生态环境的最大化共生诉求的	结果
73	确定(语词在某一特定场合下的)	语义效果
196	复杂的思想传输	活动
202	构建语言共生的	理想王国

（续表）

出自（页）	修饰语	描述语
204	架设沟通	桥梁
219	是各民族走出自闭、实现互联共生的	
136	人类共生的	铺路石
204	语言上的	技术
204	文学上的	艺术
204	生活中的	感触
204	是原作者和译者之间内心的	共鸣
204	是达到知识与信息共享，语言与文化共生的	连接手段
205	良知的	认证和卫护
205	帮助读者认知世界的	必要手段
205	是实现文化传递的	义务和使命
219	是译者在两种语言、文化、思维个性以及民族气质上的	认知与互动
219	是自然赋予人类认知宇宙万事万物的	方式
263	两种语言与文化的	合力
323	（借助文本这面历史的"镜子"来）映照（现时的）	人心
269	译者所沐浴的社会观念及其个人素养的	综合反映
340	根据原文本的描写来理解特定历史的	处境
340	颠覆、教化、改造人类社会，销匿两性差距的巨大	力量

上表可以看出，共生翻译学的"译"论突出了生态性、哲理性、工具性、功能性、社会性、文化性、伦理性等视角的阐释，显示出生

物共生与人类语言文化共生的类比、隐喻和实指关系,体现了共生在翻译学的内涵和要旨。共生翻译学将生物学中不同生物间互依共存的生态现象与人类语言文化间的互依共存生态现象进行同一性关联和普遍性同构,形成了共生话语阐释理据和行文逻辑,突显了共生在人类语言文化互为进化过程中的历史作用与普遍机制,证实了共生无论作为理性、理念、理论、方法、伦理、机制、实践,甚或是审美,都有无限的阐释视角。共生之于翻译蕴藏着无限的哲学、语言学、伦理学、文化学、社会学、美学等阐释潜力,是一个富有见地的阐释视角,而并非"强征式"进入了翻译的"领地"。

20世纪70年代以来的翻译研究突破了语言学、哲学等传统学科疆界而转向文化和跨学科多元视域,这使得结构主义、对等理论、系统功能理论等以语言学理论为基础的翻译研究范式被边缘化,代之而起的是多元系统理论、目的论、后结构主义、后殖民主义、女性主义等文化理论思潮的登场。韦努蒂基于对文化战略的考量,把翻译分成了归化与异化两大策略;巴斯奈特、勒菲弗尔基于文化与意识形态的考量,把翻译定义成操纵与改写;赛义德、斯皮瓦克等基于政治与殖民的考量,把翻译理解为强权与殖民行为,女性主义翻译家雪莉·西蒙(Sherry Simon)基于对语言的介入和控制,力图推翻长久以来"父权制"的话语体系,她认为,"语言不仅仅是命名与代码系统,还是展示意义与价值的手段"[1],翻译时常表现为"一种强有力的展示女性力量的方式"[2]。女性主义翻译理论家弗洛图(Luise von Flotow)主张翻译干预主义,认为"翻译就是性别改写",她曾说,"传统中,语言是压迫女性的一个重要原

---

[1] Simon, Sherry, *Gender in Translation: Culture Identity and the Politics of Transmission*, London: Routledge, 1996, p.90.
[2] Ibid., p.39.

因,语言作为媒介昭示权威,让女性意识到自己在这个世界上是附属的"①。文本以外的文化因素成为这一时期翻译研究的主要关切。操纵学派代表学者勒菲弗尔的翻译观点典型地说明了这种转向,他认为,翻译无异于文化改写,制约翻译的因素主要不在语言本身,而在于语言之外的其他因素,按重要程度可排列为:意识形态、诗学、文化万象与语言②。这真是一种观念上的颠覆。勒菲弗尔在人类对翻译探索了近三千年以后,却认为语言是翻译中最不重要的问题,因为有更重要的问题需要优先考虑。在他看来,翻译与其说是知识与智力的问题,倒不如说是权力与操纵的问题。文化操纵学派对文化的过度阐释恰恰说明为什么"忠实"是始终伴随人类翻译历史的基本命题,共生翻译学的提出与建构也并非空穴来风和盲目创新,而是对国内翻译研究文化转向的现实焦虑和整合性思考,是基于人类语言文化的共生本质和翻译的历史功能、现实价值而新拓的理论路径和话语模式。

2. 善译与共生

善是中华传统道德文化核心之一,许慎《说文解字》记载:善,吉也。儒经《大学》有言:大学之道,在明明德,在亲民,在止于至善。此为德善、良善之意。《左传》也记述有:其所善者,吾则行之;其所恶者,吾则改之。意指驱弊从善。善于己谓心善气和,于事谓行端影正,于人谓与人为善,于业谓艺高工巧。

善之于翻译已有很多论述,且始于久远。早在三国时期支谦

---

① 张婷:《女性主义翻译研究——以简·奥斯汀小说译本为例》,上海外国语大学硕士学位论文,2010年。
② Lefevere, André, *Translating Literature: Practice and Theory in a Comparative Literature Context*, Beijing: Foreign Language Teaching and Research Press, 2006, p.87.

的《法句经序》中就有"其传经者,当令易晓,勿失厥义,是则为善",意思是翻译经书,应当使人能读明白而又能够传达本意,可谓好的翻译。《晋书·鸠摩罗什传》也有记载:"天竺国俗,甚重文制,其宫商体韵,以入管弦为善",指天竺文重辞藻,翻译其佛经中的宫商体韵时,应当便于颂咏和歌叹才适当。

玄奘的《大唐西域记》中署名辩机的《记赞》一文中也记载有,"传经深旨,务从易晓。苟不违本,斯则为善",意思是翻译经书要理解透彻,表达通晓,不悖本义,才算好。道宣(596—667)在其《唐京师大慈恩寺梵僧那提传二》中评论以往的佛教翻译时说,"往者,西凉法谶,世号'通人',后秦童寿(鸠摩罗什),时称'僧杰',善披文意,妙显经心,会达言方,风骨流便,弘衍于世,不亏传述"。"通人""僧杰"是对法谶和鸠摩罗什的智识和才能的赞誉,他们是译经大家,不仅能够参透经文的蕴意,还能精妙地表达经书的实质。北宋赞宁(919—1001)在其主持编撰的《宋高僧传》第一卷《译经篇》的第一篇《唐京兆大荐福寺义净传》中写道:"译之言易也,谓以所有易所无也。譬诸枳橘焉,由易土而殖,橘化为枳。枳橘之呼虽殊,而辛芳干叶无异……东僧往西,学尽梵书,解尽佛意,始可称善传译者。"简洁明了,解尽佛意,即为善译。马建忠在其《拟设翻译书院议》①一文中明确提出了"善译",并做了充分解释:

> 夫译之为事难矣!译之将奈何?其平日冥心钩考,必先将所译者与所以译者两国之文字,深嗜笃好,字栉句比,以考彼此文字孳生之源,同异之故。所有相当之实义,委曲推究,务审其音声之高下,析其字句之繁简,尽其

---

① 马建忠:《拟设翻译书院议》,《适可斋记言记行》(记言卷四)。

> 文体之变态,及其义理精深奥折之所由然。夫如是,则一书到手,经营反复,确知其意旨之所在,而又摹写其神情,仿佛其语气,然后心悟神解,振笔而书,译成之文,适如其所译而止,而曾无毫发出入于其间。夫而后,能使阅者所得之益,与观原文无异。是则为善译也已。

以上例子可以看出,善译是佛经翻译的深厚传统,是一脉相承的佛经翻译思想,而善译思想的历史价值和现实作用在当下并未得到足够重视。善译实际上回答了"什么是好的翻译"的问题,"当令易晓,勿失厥义",忠实、通顺即为好的翻译;"宫商体韵,入管弦为善",保留韵体,便于歌咏和弹唱,可谓好的翻译;"善披文意,妙显经心",能够参透文意,还能淋漓表达,已经是"僧杰"们上好的翻译;"解尽佛意",是谓善译;"与观原文无异"是谓善译。善译是对佛经翻译经验的认知,也富有评价的意味。翻译是语际互动工具,更是一门学问。虽然被奉为译事圭臬的"信达雅"没有给"善"留出物理和字符空间,但"善"却给其中每一个字着上了底色。

在伦理和方法层面,共生富有善的内涵。善是译者应持有的心地,是译者赋予翻译活动的基本情感和态度,是面对异域文本、借鉴他山时应持有的一种胸怀。所谓与原作竞争,只是一种高傲的学习态度罢了,拿了人家的东西(文化),还摆出一种不服气的样子,偷天换日、扭曲变形、自以为是,其实,只是把自家的话说得通顺、耐听而已。善之于方法而言,指好的翻译方法,通俗地说就是"译得好",即善译。马建忠对善译的解释就侧重了方法层面,确其意旨,摹其神情,仿其语气,心悟神解,译如其所译,无毫发出入,使阅者得益,与观原文无异,详细勾画了善作为好的翻译方法的内涵和所指。

在翻译批评层面,共生富有善的内涵。共生翻译学认为,善是翻译批评的情感和道德前提,共生是翻译批评的伦理和目标指向。善之于批评,是批评者应持有的心地,是批评者赋予翻译批评活动的基本情感和态度,是面对译者主体、翻译文本、社会语境时应持有的一种批评胸怀,即善评。善是翻译批评的出发点,共生是翻译批评的落脚地。批评不是斗争和你死我活,而是相互审视、相互完善,具有互镜功能、社会价值和审美意义。共生翻译批评坚持客观性、辩证性、规范性、明晰性的翻译批评原则,自然会触及文本的意义、风格、口吻、价值、审美等要素,也应该对译者主体、翻译功能、翻译规范、社会价值起到监督和启发作用。

3. 善评与共生

(1) 对翻译批评的多元阐释

翻译批评,有时也被称为翻译评论,或简称"译评"。豪斯将翻译批评称为翻译评价或翻译评估[①]。作为"翻译理论与实践之间的一条基本纽带"[②],翻译批评虽然属于应用翻译研究范畴,却富有深厚的理论特质。国内关于翻译批评的著述自20世纪90年代以来尤为集中,翻译批评的研究范畴覆盖了翻译批评史、文学翻译批评、科学翻译批评、文化翻译批评、语料库翻译批评、译者行为翻译批评、翻译批评话语、翻译批评模型、翻译修辞批评、翻译诗学批评、中外批评对比、生态翻译批评和翻译批评学科建构等,对翻译批评的界定涉及功能、价值、方法、标准、原则、性质、类别、目标、过程等,批评视角多元,批评内涵丰富,批评视野开阔。鉴于本书的篇幅,以下仅从翻译批评的概念、标准和原则三个层面进行梳理,

---

① 张汨:《翻译批评研究的名与实——尤莉安娜·豪斯(Juliane House)教授访谈及启示》,《燕山大学学报(哲学社会科学版)》2021年第3期。
② Newmark, Peter, *A Textbook of Translation*, London: Prentice Hall, 1988, p.184.

探讨翻译批评的共性内涵、批评标准的多元特征和翻译批评的基本原则。

近三十年来,国内出版的翻译批评著述主要有黎翠珍的《翻译评赏》(1996)、姜治文和文军的《翻译批评论》(1999)、周仪和罗平的《翻译与批评》(1999)、马红军的《翻译批评散论》(2000)、张南峰的《中西译学批评》(2004)、杨晓荣的《翻译批评导论》(2005)、文军主编的《中国翻译批评百年回眸》(2006)、温秀颖的《翻译批评:从理论到实践》(2007)、肖维青的《翻译批评模式研究》(2010)、刘云虹的《翻译批评研究》(2015)和《批评之批评:翻译批评理论建构与反思》(2020)等。侧重文学翻译批评的著述有许钧的《文学翻译批评研究》(1992)及其增订本(2012)、王宏印的《文学翻译批评论稿》(2006)和《文学翻译批评概论:从文学批评到翻译教学》(2009)、王平的《文学翻译批评学》(2006)、赵秀明和赵张进的《文学翻译批评——理论、方法与实践》(2010)、王洪涛的《文学翻译研究:从文本批评到理论思考》(2018)等。侧重其他文类与批评视角的有文军的《科学翻译批评导论》(2006)、胡德香的《翻译批评新思路——中西比较语境下的文化翻译批评》(2006)、周领顺的《译者行为批评:路径探索》(2014)、岳中生和于增环的《生态翻译批评体系构建研究》(2016)、胡开宝等的《语料库批评翻译学概论》(2018)、廖七一的《20世纪中国翻译批评话语研究》(2020)和周领顺的《汉语乡土语言英译行为批评研究》(2022)等。

国内对翻译批评的界定和阐释呈多元态势。林煌天将翻译批评界定为,参照一定的标准,对翻译过程及其译作质量与价值进行全面的评价[①]。王恩冕指出,"所谓翻译批评或翻译评论,是指根据

---

① 林煌天主编:《中国翻译词典》,湖北教育出版社1997年版,第184页。

有关理论和观点对翻译思想、翻译活动和翻译作品进行分析和评论,以提高翻译者的整体素质和翻译的整体质量,是翻译研究的组成部分"[1]。郑海凌以文学翻译审美为视点,将翻译批评界定为"根据一定的批评标准,对具体的翻译现象(译本或者译论)进行的科学的评价活动"[2]。文军认为,翻译批评依据一定理论,采用相关方法,对译者、翻译过程、译作质量与价值及其影响进行分析与评价[3]。许钧从广义和狭义两个层面对翻译批评做出界定:广义指理解翻译与评价翻译;狭义指对翻译活动的理性反思与评价,既包括对翻译现象、翻译文本的具体评价,也包括对翻译本质、过程、技巧、手段、作用、影响的总体评价[4]。周兆祥认为,翻译评论(译评)是"论述翻译工作的活动,往往涉及评估其得失。译评的范围甚广,通常包括剖析、对比、欣赏、改正、评价等"[5]。杨晓荣将翻译批评界定为"主要指针对具体的译作或与译作有关的某种翻译现象所发的评论"[6]。肖维青认为翻译批评是一种学术活动,它涉及批评的主客体、批评的参照系、批评的方法论等范畴……是批评者运用翻译研究以及其他相关理论,或者参照一定标准和尺度,对具体的翻译现象(包括译作、译者、译事、译论和翻译过程等)进行的分析和评价[7]。刘云虹认为,翻译批评是对翻译活动的理解与评价,即从特定的历史文化背景出发,以翻译理论及其他相关理论为基础,依据一定的标准,对翻译作品、翻译过程和翻译现象进行分析、

---

[1] 王恩冕:《论我国的翻译批评——回顾与展望》,《中国翻译》1999 年第 4 期。
[2] 郑海凌:《谈翻译批评的基本理论问题》,《中国翻译》2000 年第 2 期。
[3] 文军编著:《科学翻译批评导论》,中国对外翻译出版公司 2006 年版,第 9 页。
[4] 许钧:《翻译论》,湖北教育出版社 2003 年版,第 403 页。
[5] 黎翠珍主编:《翻译评赏》,中国青年出版社 2004 年版,第 3 页。
[6] 杨晓荣:《翻译批评导论》,中国对外翻译出版公司 2005 年版,第 3 页。
[7] 肖维青:《翻译批评模式研究》,上海外语教育出版社 2010 年版,第 46、29 页。

阐释与评价①。《中国译学大辞典》将翻译批评界定为"一种具有一定实践手段和理论目标的精神活动,是从一定的价值观念出发,对具体的翻译现象(包括译作和译论)进行分析和评价的学术活动,是审美评价与科学判定的有机统一"②,等等。

综合以上对翻译批评的界定,共生翻译学尝试将翻译批评界定为:基于特定的社会语境,依据一定的批评理论、方法、标准和原则,对翻译现象、翻译活动、翻译过程、翻译行为和翻译作品等进行的综合评价活动。翻译批评涉及批评主体、批评客体、批评参照系等批评活动的一些基本要素,需要依据特定的批评理论,主要以作品、作者与读者反映为参照,也依据批评者个人的批评修养、伦理倾向、审美特点等进行批评,还需要兼顾科学、客观、辩证、公平、规范、发展等综合因素。目前国内翻译批评的随意性、盲目性、跟风式、单面性、感想式、悬空式(缺乏阅读基础)批评并不少见,翻译规范性批评多,描述性批评少。再有,就翻译批评的方法而言,功能性、价值性翻译批评多,有的翻译批评仅以"不能解决翻译实际问题"就简单判定一种理论的价值和功能,忽略了理论应有的宏观指向和"形而上"特征;而基于特定的翻译批评理论对批评对象进行分析性、辩证性、条理性、规范性的批评则少之又少,三言两语即做出判定的翻译批评案例比比皆是。

(2) 共生视角下的翻译批评标准

中国传统翻译的案本、求信、质朴、文丽、文质并重、信顺、善译、美译、神似、化境、神韵、信达雅、多元互补论、美化之艺术、等值、等效等,大多着眼于具体翻译活动与实践,多属认识论和方法

---

① 刘云虹:《翻译批评研究》,南京大学出版社 2015 年版,第 41 页。
② 方梦之主编:《中国译学大辞典》,上海外语教育出版社 2011 年版,第 77 页。

论层面的判断,也兼有伦理和审美的特质,体现了文本性、时代性和具象性特征,而对文本以外的翻译主体、翻译功能、翻译规范、翻译价值等没有过多涉及。

上面说到,善译实际上回答了"什么是好的翻译"的问题,那么,善评也应回答"什么是好的翻译批评"的问题。翻译批评是一种价值判断,也是一种伦理秉持;是一种学术规范,也是一种善意的交流;是一种个体行为,也是一种社会责任;是一种前瞻思考,也是一种理性回望;是一种综合素养,也是一种翻译审美。善译与善评应该互为表里,善译为质,善评为表,即翻译批评要赋予翻译本身以善,使翻译行为与翻译批评互为作用。善评是共生翻译批评的情感和道德出发点,涉及的层面包括伦理、社会、历史、价值、审美等,翻译批评的对象是翻译理论和翻译实践,是对翻译的现象、活动、过程、理论、思想、作品、方法,乃至翻译批评进行批评。

共生视角下的翻译批评自然要遵循翻译活动的基本认知规律。共生是"一个杂糅性的范畴,因为共生既是渊源于生物学领域、生发于东方的一种精神、意识、思维方式和价值追求,也是对当代西方哲学相关理念的呼应及其借鉴,一经产生便具有了不可忽视的影响力"[①]。共生翻译学曾针对翻译行为、翻译研究和翻译伦理提出32字的基本原则:译应循本,译分文类,译有所为,译人有品,译即求真,译即向善,译即尚美和译即共生。其中,译应循本侧重了忠实原则,译分文类体现了功能原则,译有所为强调了译者的能动性原则,译人有品突出了译者的伦理原则和个性化翻译原则,译即求真、译即向善、译即尚美明晰了共生翻译学的本体论和认识论,译即共生阐明了共生翻译学的总体原则和核心原则。这些基

---

① 李燕:《共生教育论纲》,山东师范大学博士学位论文,2005年。

本原则彰显于宏微之中,既涵盖宏阔的"大道",也昭示微观的"蝼蚁",其理论性和实践性是互为依存而密切关联的。

那么,就批评而言,也可以依循相同的原则,即:评应循本,评分文类,评有所为,评者有品,评即求真,评即向善,评即尚美和评即共生。这些原则体现了共生视角下善评的内涵。其中,评应循本遵循了翻译批评的第一原则,即翻译批评的出发点和支撑点都要归于原作,译作的最佳参照系也是原作,对译作的分析、对比与评价终归要落实到原作,原作就在那里,译作何以为之、以何为之、为之以何,都要以原作为案本和循迹。评分文类遵循了翻译批评的分类原则,即翻译批评没有绝对的标准,只有相对的标准,这个相对性就是有差别批评,即根据文本类型的不同而采取不同的翻译批评标准、方法和原则。评有所为强调了批评者的能动性原则。评者有品突出了评者的伦理道德约束和学术批评修养。评即求真、评即向善、评即尚美明晰了共生翻译学的本体论和认识论批评原则。评即共生阐明了共生翻译学的批评目标指向和核心批评原则。翻译批评主要针对的就是翻译理论与实践,只有将翻译批评置于翻译理论与实践之中,共生翻译批评才能通向翻译的理性高度和现实生活。

善评,并非要否定翻译批评中的对立关系,竞争是共生关系中的极端活跃与激烈要素,共生与竞争不是对立关系,而是从属关系,竞争是共生的重要内涵,是共生的一种特殊状态。换句话说,共生是宇宙、自然、人类社会的一种均衡状态,是一种常态,而竞争则是其中的不均衡状态,是一种非常态的现状。共生是宇宙、自然及人类社会的普遍性,而竞争则是其特殊性。共生是翻译中的诸多关系存在与发展的机制,是维持翻译诸多关系平衡与动态发展的最基本因素,是一种稳定的翻译秩序。共生并不排斥竞争,竞争也是维持翻译诸多关系的重要因素,但共生才是人类翻译历史长河中的显性生态特质。

认知主体、翻译对象、译者经验以及对翻译的理解等方面的差异,导致人们对翻译标准的认知无法从一而终。翻译标准的多样性客观存在,翻译标准的主观性和有限性也是客观存在,这意味着翻译批评标准并不具备以统一性和完整性为条件,而需要具有批评的针对性、逻辑性和辩证性,并承认翻译批评标准的有限性、相对性和多样性。辜正坤指出,翻译标准多元化"意味着我们应该以一种宽容的态度承认若干个标准的共时性存在,并认识到它们是一个各自具有特定功能而又相互补充的标准系统"①。古往今来,翻译没有过统一的标准,也不具备整齐划一的批评标准,"怕乱套的人把自己想象成了救世主,以为自己不定出一条金科玉律,翻译业从此就岌岌乎危哉,寸步难行了"②。

总之,对翻译批评标准的设定与实践应用要遵循翻译活动的基本认知规律,既不能泛泛而谈,无的放矢,也不能循规蹈矩,固守成规;而应基于翻译批评的主客体及相关的参照系,借助适合的批评理论和方法原则,对批评对象进行客观、辩证、规范、明晰的分析和评价,以实现翻译批评的伦理、社会、历史和审美等价值。

(3) 共生视角下的翻译批评原则

贝尔曼指出,翻译批评"不仅要产生出自身的方法论,而且还试图将该方法建立在明晰的,有关语言、文本及翻译的理论基础之上"③。翻译批评是一项复杂而多元的精神活动,也必然涉及翻译

---

① 辜正坤:《翻译标准多元互补论》,《中国翻译》1989 年第 1 期。
② 同上。
③ Berman, Anoine, *Par une Criipue des Pmchutions: John Dome*, Paris: Gallimand, 1995, p.45.

主体、翻译客体、翻译方法以及翻译活动的规范、功能、价值、伦理、审美、人际等因素。共生翻译学认为，翻译批评应遵循客观性、辩证性、规范性和明晰性的基本原则。

① 客观性

客观性是翻译批评的科学态度，也包含着对翻译批评对象的伦理逻辑和劳动尊重。翻译批评具有理论思维特质，自然需要对翻译理论与实践的批评上升到一定的理论高度，对翻译批评对象进行理论归纳和逻辑分析，做到科学评价和客观分析，而不以主观化、盲目性甚至权威化进行说教式或盖棺式评价。客观性是翻译批评活动的第一属性，《易经》有言：修辞立诚。诚即信，信即依据批评对象，尊重客观事实，遵从批评规律，做出相对客观、公正的评价；而翻译批评者的经验和素养又会限制其批评行为的客观性和公正性。鲁迅曾说，严又陵为要译书，曾经查过汉晋六朝翻译佛经的方法。翻译批评者也要像译者一样研读原作、原作者、原作社会的语境、文化、审美和价值观念以及原作读者的社会反响，没有足够的原作知识和背景就不能够保障翻译批评的客观性和公正性。

② 辩证性

辩证性属于方法论范畴，共生视角下翻译批评的辩证性有三个层面的解读。其一，辩证性属于二元互为和多元互补，而非二元对立或单一论定；其二，辩证性既立足于本学科，也超越本学科的单一视野，还具有哲学层面的抽象性思维逻辑；其三，辩证性意味着将部分与整体、对立与统一、文本内外、学科内外、主观与客观、理论与实践、分析与综合、归纳和演绎、具体与抽象、现时与历时、科学与艺术、伦理与审美等二者相结合，这些关系具有相互依存，彼此渗透，互为作用的辩证关系。翻译批评对象的多样化和翻译批评的复杂性需要辩证性作为思维逻辑支撑，也需要辩证性作为翻译批评客观性和相对性的保障。近年来国内翻译批评的简单化、小段式、纠错式、盖棺式、断想式、感悟性、盲目性、跟风式、权判式、随意性、悬空式（对批评对象缺乏起码的阅读基础和基本了解）等缺乏辩证与科学特质的翻译批评比比皆是，翻译批评的理论性薄弱，翻译批评的素养亟待提升。田菱提出了翻译学的辩证逻辑思维学派，用辩证逻辑思维方法消融了一般科学方法，吸纳了专门科学方法，形成了多视角、多层次、全方位、渗透纵深的开放型方法论体系，在理论上追循"四度"：哲学思维的高度、科学论证的力度、逻辑思维的严密度和艺术魅力的感染力①。许钧有言，翻译批评就是理解翻译和评价翻译，那么，语言的外在逻辑性和内在规定性决定了翻译的科学性和逻辑思维的严密性以及翻译批评的客观性；翻译的文学性和语言的艺术性则决定了翻译批评也要具备艺术感染力；翻译的综合性艺术特征决定了翻译批评应提升至哲学思维的高度，体现具体与抽象、现时与历时、伦理与审美、对立与统一的逻辑内涵。

辩证性也意味着将翻译批评置于有限的时空和条件范围内，对有限的批评对象进行评价，而非面面俱到，幻想高屋建瓴。比如，周领顺就将翻译批评对象限制在译者行为范围内，在充分的批评研究与批评实践中形成了"行为-社会视域"评价系统②。翻译批评的辩证性具有相对客观性和主观能动性，相对客观性指辩证性的时空和条件的有限性，主观能动性指翻译批评的可为性和创造性，即结合翻译现实，创新性地构建翻译批评的合理性与适切度。

---

① 杜承南、文军主编：《中国当代翻译百论》，重庆大学出版社1994年版，第35页。
② 周领顺：《译者行为批评"行为-社会视域"评价系统》，《上海翻译》2022年第5期。

③ 规范性

翻译批评具有丰富的理论潜质。图里（Gideon Toury）、赫曼斯（Theo Hermans）、切斯特曼（Andrew Chesterman）和瓦格纳（Emma Wagner）、诺德（Christiane Nord）、谢芙娜（Christina Schäffner）、皮姆（Anthony Pym）、吉尔（Daniel Gile）、傅敬民等都曾经或正在致力于翻译的规范性研究。图里首先提出规范性（prescriptive）和描述性（descriptive）两条翻译研究路径；赫曼斯以"翻译规范"为核心概念而展开的描述性翻译研究体现了翻译研究的描述性与规范性之间的密切关联；切斯特曼通过描述性翻译规范研究实现从"是"（is）到"应该"（ought）的过渡，将"应该做……"的含义化约成了"为了与一般人接受的标准保持一致，就需要做……"的客观描述话语，换句话说，就是通过描述性翻译规范研究实现客观描述与规范评价的双重目标[①]。傅敬民近年来一直致力于翻译本体和翻译应用的规范研究，具有丰富的学术成果和阐释视角，等等。

共生翻译学视角下的翻译规范并非操控，而更具有调整功能；描述也并非完全客观，而更具实践与理论之间的连接功能。规范性研究是依据翻译的科学性、实践性和思维逻辑性而产生的翻译思想观念，具有客观性；描述性研究也会因研究者自身的时空条件和翻译认知素养的局限而无法避免其主观性。如阿奈丽（Alexandra Lianeri）就否认"客观描写"的可能性。但毫无疑问，翻译研究的规范性和描述性双重性质决定了翻译批评研究无法单一行事。规范性和描述性的翻译批评研究之间存在互为与共生作

[①] 张冬梅：《从"是"到"应该"——切斯特曼翻译规范理论的逻辑进路与有效性限度解析》，《外国语文研究》2018 年第 5 期。

用,翻译批评的规范性是描述研究基础上的规范,描述性翻译批评研究也是以规范性为基础的描述性研究。规范性和描述性是翻译批评过程中的主客观因素互为作用的翻译批评活动特征,正如艾玛·瓦格纳(Emma Wagner)所说,"在更好的描述的基础上建立更好的规定:产生更好的指导"(leading to better guidance: better prescription based on better description)①。

④ 明晰性

翻译批评既不是模糊科学,也不是模糊艺术,因此翻译批评应具有针对性,能够透过现象看本质。翻译批评是一项学术评价活动,涉及批评主体、批评对象、批评性质、批评标准、批评方法、批评模式、批评原则等范畴,明晰性就成为不可或缺的批评原则之一。廖七一指出:

> 翻译批评实际上是主流话语的延伸、顺应甚或强化……话语是特定语境中的语言交际事件,是与社会权力关系相互缠绕的具体言语方式。话语不是意义传输"透明"的通道,话语隐含着言说者的兴趣、观念与情感。话语具有不同形态和层次,如主流与非主流、强势与弱势、中心与非中心等,其中还包括相关的、具有排斥性的另类话语。更重要的是,话语在描述事实的同时也改变甚至"建构"事物和世界的状态②。

翻译批评话语的规范与建构需要明晰性来支撑,正像廖七一

---

① Chesterman, Andrew, Emma Wagner, *Can Theory Help Translators?*, Manchester: St. Jerome Publishing, 2002, p.6.
② 廖七一:《翻译的界定与翻译批评》,《中国外语》2020 年第 6 期。

所说,话语既可以描述事实,也可能改变甚至重构事实。翻译批评的明晰性需要批评主体明晰翻译批评对象、翻译批评事实、翻译批评视角、翻译批评所借鉴的理论、方法、标准、原则等,比如,作为文学翻译研究的范畴,翻译批评要以翻译的艺术欣赏为基础,对译者或文学翻译理论与实践问题作出审美分析和评价,实现指导文学翻译实践和文学翻译艺术鉴赏的效果。这里,"以翻译的艺术欣赏为基础"就明晰了文学翻译批评的评价视角和标准。黄忠廉针对传统翻译实践中的全译而提出了变译理论,即非完整性翻译,是译者根据特定条件下特定读者的特殊需求,采用增、减、编、述、缩、并、改、仿等变通手段摄取原作有关内容的翻译活动①。那么,对以变译形式译出的文本就只能根据特定条件下特定读者的特殊需求做出判断,即主要以译语读者为评价参照。共生翻译学所依循的"评应循本,评分文类,评有所为,评者有品,评即求真,评即向善,评即尚美和评即共生",针对的是翻译批评活动中的对象、主体、客体、伦理、价值、审美、本质等问题,旨在明确翻译批评的适切标准。

三、共生翻译审美

1. 仁美

翻译不只是一种语码转换生活,还是一种道德审美生活。道德往往是审美的第一要素,正如康德所说,美是道德的象征。美并非只是肤浅的表象,更具有道德的本真。文本是世道人心的缩影,翻译是缩影的再现。道家的美在自然,西方柏拉图的美在抽象和永恒,儒家的经典论述中,德行与审美密切关联。孔子在《论语·

---

① 黄忠廉:《变译理论研究类型考》,《外语学刊》2011年第6期。

里仁》篇中记述道:"里仁为美,择不处仁,焉得知?"字面上指居住在仁德的环境里,与仁者在一起就是美的;也可解释为内心达至仁的境界就是美,也就是"心处仁",即人的内心有一个"仁"的道德和情感居处。无论哪一种解释,显然都是道德审美。《周礼·遂人》记载,殷周时期,"五家为邻,五邻为里",即 25 户为一"里"。孔子在此借用"里"喻指与仁者比邻的选择是美,因为"择不处仁",即选择居所,居住在没有仁德的地方,"焉得知?"怎么能算得上明智呢?显然,"里仁"是一种道德选择,也是一种智慧判断,用智慧选择道德的生活,才能获得美。仁是什么?孔子眼中的"仁"是"爱人",是"克己复礼"(《论语·颜渊》),是"己所不欲,勿施于人"的"恕道",是孟子心中的"恻隐之心",是韩愈所指的"博爱",是贾公彦笔下的"内善于心,外及于物",是朱熹诠释的"本心之全德"和"外在"之"事功"①,是冯友兰概指的"一切德性的总和"②,是戴震主张的"生生之德也"(《孟子字义疏证》)。这样,在中华儒家道德审美脉系中,"仁"作为"德目的总名"③,逐步具有了"统摄诸德"④的功能和"敦仁之学"的体用特征,正所谓仁者,"万物之情也";仁者,"自有苍生以来,人自有也";仁者,"以天下万物为一体,莫非己也"⑤。仁与善不仅密切交连,甚至一定程度上重叠,故称"居于仁者之里,是为善也"(《集释》)。仁则善,仁则智,仁则美,仁、善、智是美的一体。仁既是一种智慧和价值判断,也是一种个人内在道德自觉和

---

① 李艳:《里仁为美——孔子美学思想研究》,曲阜师范大学硕士学位论文,2017 年。
② 冯友兰:《三松堂全集·中国哲学简史》,河南人民出版社 2001 年版,第 41 页。
③ 儒家德目包括恭、敬、忠、恕、宽、信、敏、惠等。见中国孔子基金会编:《中国儒学百科全书》,中国大百科全书出版社 1997 年版,第 107 页。
④ 陈鼓应:《老庄新论》,上海古籍出版社 1992 年版,第 79 页。
⑤ 中国孔子基金会编:《中国儒学百科全书》,中国大百科全书出版社 1997 年版,第 107—108 页。

社会礼仪风尚,说明"仁"是儒家倡导的社会礼仪和人际关系的秩序风向,同时也符合社会群体伦理价值和个体内心需求。总之,仁既是一种广义的道德原则,也是一种具象的心理和行为指征,是儒家的伦理审美、社会教化和礼俗规约,是内在德性与情感和外在教化与风尚的统一,具有美学、伦理学、哲学、社会学等层面的意义。

共生翻译学认为,"仁"是翻译的第一审美原则。翻译就是一个择仁、里仁的过程,翻译的美与仁比邻、与仁相通,即选择好的原文本,传递原文的思想和精神,达至"里仁"的境界,进而完成对原文本的审美过程。其中,译者的内在审美和道德判断为"仁",即以"仁"与原文相处,与作者相通,心怀共生之仁,于文本再构中使原语破茧成蝶,构筑两种文化的康衢烟月,心向世界之大同;译者在体验异域风物中,诠释翻译之道通,"天下之物,各从其美"描述的是美的自然规律。不同地域的风物形胜自然有不同的美,选择好的原文本就是"择仁",即选择与仁比邻,目的是"里仁",即与好的思想文化交接、相融,从溪山各异、各美其美达至云月相同、美美与共的"仁美"境界。当然,在儒家看来,仁者并非没有鉴别,孔子说"唯仁者能好人,能恶人",即好善而恶恶,是说仁者懂是非之辨,通天下之理。社会层面的礼俗和风尚,比如"尽善矣,又尽美矣"(《论语·八佾》)、"美善相乐"(荀子《乐论》),虽然指的是音乐的教化和风尚作用,而对翻译的文化本质而言,文化的教化和风尚作用一点也不亚于音乐。翻译也是尽善尽美,美善相乐之事,是有益于人类文明互鉴和社会多元进步的事业。作为一个复述事件,翻译是一次仁和善的相互转换,是施方与受方之间对善和恩惠的传递和共享;翻译像是甘露,具有双重的福佑,赐福给原文施者和译文受者。

当然,仁,并不具备唯一的标准,但从善出发的翻译事件便可被视为"仁"。比如,作为"上帝的语言""永恒的真理",甚至连词序都是一种"玄义"的《圣经》,教会人士一度认为民族语的词汇、语法贫乏,不足以用来进行翻译、解释"基督教的玄义",逐字翻译就成为"上帝的感召",这不能不说是对信仰的"仁"。到了16世纪初,面对民族语言和宗教改革的双重压力,路德采用了"人民的语言"翻译《圣经》,以使"扶犁的庄稼汉"也能读得懂。路德认为,"真正的翻译是把外国语变成译者的本族语言……翻译中必须使用地道的德语,而不是拉丁化的德语"①。这样,路德版《圣经》覆盖了当时德国底层那些既不懂希伯来语和希腊语,也不懂拉丁语,文化水平还低下的普通民众,收到了出奇的社会效果,不仅对德国人的生活和宗教发生了深远的影响,而且创造了为民众所接受的文学语言形式,对德国语言的统一和发展起了不可估量的作用②。显然,路德翻译《圣经》符合孔子对"仁"的标准——"爱人"。

2. 信美

信,古往今来一直是翻译研究与实践的核心议题。信,既是对翻译的文本之源的伦理尊重,也意指文本内容、语言规律和文本风格的转换。当语言被看作艺术时,信自然是审美的范畴,当语言载歌载舞时,对立消失了,剩下的只有意境和美。然而,翻译也一向有艺术与科学之纷争。信无疑是翻译的第一要旨,信以达旨是翻译的根本诉求,但形信、意信往往会落入二元对立的罅隙,形意俱信是翻译的最高理想,而形与意又是一对矛盾,信是形意之间矛盾的根源?还是其结果?亦或是其解决方法?这是一个难以说清楚的问题。通观我国的译论流脉,案本求信、依实出华、文质并重、信

---

① 谭载喜:《西方翻译简史》(增订版),商务印书馆2004年版,第65页。
② 同上书,第64页。

达雅、信顺、神似、化境、神韵、再创造、美化之艺术，等等，终归都是探求解决形信与意信之间矛盾的问题，也是对信的不同理解和阐释。

信之所以美，并非针对"美言不信，信言不美"的提法，而是因为信即为真，是文本之所以为文本的东西，是翻译之所以为翻译的东西。信，既忠于文本符号的承载之物，也忠于文本符号本身。翻译如何面对译语读者的接受环境以及译语社会对译文的接受现实，这又是一个"靠近作者多一些"，还是"靠近读者多一些"的矛盾。说到底，翻译的直译和意译始终是翻译过程中面对的复杂选择问题，没有哪一个主张直译的译者会避免意译，也没有哪一个主张意译的译者会避免直译，直译或意译的主张往往只是思想层面的倾向，而非对实践的承诺。

因此可以说，自古而今的翻译二元论争仅是止于理论和思想层面的问题。语言学派与文艺学派、科学与艺术、死译与活译、直译与意译、描述与规范、直接与间接、形式与功能、语义与交际、充分性与可接受性、异化与归化、显型与隐型，等等，在实践中并非是非此即彼的问题，而是彼此交织、动态交融的过程。在遇到概念缺位、文化异质，甚至是"圣域"般的思想沟壑时，直译显然无能为力，只能"以其所有，易其所无"才能完成原意的语际转移。在形意相同的语境下，即无需做太多的语言思维或文化观念上的调整就可以实现意义的转递，在对等就可以实现等值的情况下，谁又愿意去绕弯子呢？

信，从让"词"说话，即意义在纯语言的流动中被置于"道"（word）的位置的那个起决定性作用的事物，到词组当家，即现代语言学家的语义词组观，再到语境决定意义，即意义穿梭于行文，而非孤词之间的意义叠加。当"信"达不到"顺"的功效时，就被认为是"滥用的忠实"(abusive fidelity)①,当诗歌的意境和文学中的文学性对翻译构成"蔑视"时,人们忘记了翻译是在为诗歌和文学的世界性做事,转而苛责"忠实的虚伪"(faith unfaithful)。翻译中,"总是还有一些不可触碰的东西,它不是可传达的,如原文的创造性词语一样,因为这种内容与语言的关系在原文中与在翻译中是截然不同的。在原文中,内容和语言构成了一个确定的整体,就像果实和果皮一样",这也成为"不可译论"所针对的"口实"②。翻译承载了太多的桥梁功能:语言的、社会的、宗教的、知识的、文化的、思想的、观念的、习俗的、禁忌的,等等,自然也有像诗性、文学性这样的不易承载之重。翻译被置于绝对的考验和考量之中,各说各话、各摸各象便成为各方透视其"真相"的万花筒。

对"信"的莫衷一是往往缘于对"信"的认知标准和审视维度存在差异。译文对原文的"僵化"忠实,导致了"硬译""死译""挪译"等对直译的负面解剖和"活译""自由译""创译""超胜""宽泛化"(generalized translation)等对脱离形信的意译的"不忠实"质疑,而"厥中""折中""会通""非隔绝、非折中"等中间派倒是始终介于直译、意译的调和位置却又始终未能像直译和意译那样形成主流阵地。至于后结构主义理论、女权主义理论和后殖民理论等解构主义理论,则批判轻易地依附于原文的语言和语义,而追求主体的、开放的、自由的翻译阐释,有意颠覆传统的忠实原则。在作品中插入译者的政治主见和意识观念,从而显示"主体""中心""女性""边缘"的力量,翻译被置于文本之外,被当作意识形态的竞技场和生

---

① 埃德温·根茨勒:《翻译、后结构主义与权力》,胡文征译,载于陈永国主编:《翻译与后现代性》,中国人民大学出版社 2005 年版,第 127 页。
② 雅克·德里达:《巴别塔》,陈永国译,载于陈永国主编:《翻译与后现代性》,中国人民大学出版社 2005 年版,第 32 页。

态场,这是共生翻译学问世的主要原因。消解、解构这些解构主义观念,探索规整性、去意识形态化、融合性的翻译途径就成为翻译研究的转弯之处,而共生恰好能以生命之源、能量互补、互依共存、物种创新、生生之德归拢这些分歧,共生之于翻译学的语言学、伦理学、哲学、美学等意义,在于两种语言文化美美与共的翻译本质。

形意共生是翻译信美的极致体现,语言依形,意义达质,形意兼具,这是每一个翻译者的精神朝圣,也应是译者的行为认知。然而,"形能达,意可至"是一个无限的境界,而非能验证的标准,更何况对"形"的理解层次、标准,甚至想象都难以一致。德里达曾说,翻译是一种形式,是通过形式建构的……是诗意地重写①。本雅明想通过表达"语言间最亲密的关系",形成一种亲和性,从而达成"翻译的契约"②,或者这对德里达而言就是一种"不可能的契约"③,因为"事物的踪迹永远不能被呈现④。"任何富于音乐、和谐感的作品都不可能译成另一种语言而不破坏其全部优美和谐感",是但丁(Dante)"文学不可译"⑤论的"优美"的借口,埃利森(David B. Allison)也认为不可能将"异国情调"的"语气、格调、氛围……毫不丢失地缜密地总体再现出来"⑥,等等。对翻译"入微"的"端详"把翻译伦理推向了一种乌托邦之维,正如保罗·德曼(Paul De Man)

---

① 雅克·德里达:《巴别塔》,陈永国译,载于陈永国主编:《翻译与后现代性》,中国人民大学出版社 2005 年版,第 24、30 页。
② 同上书,第 28 页。
③ 陈永国主编:《翻译与后现代性》,中国人民大学出版社 2005 年版,第 117 页。
④ Derrida, Jacques, "Difference", in Hazard Adams and Leroy Seale, *Critical Theory Since 1965*, Tallahassee: University Press of Florida, 1986, p.130.
⑤ 但丁:《飨宴》(第 1 篇第 7 章),转引自 philip H. Wicksteed 的英译本;谭载喜:《西方翻译简史》(增订版),商务印书馆 2004 年版,第 5 页。
⑥ Allison, David B., "The Différance of Translation", in Hugh J. Sidverman and Gary E. Aylesworth, ed., *The Textual Sublime: Deconstruction and its Diferences*, New York: State University of New York Press, 1990, pp.177 - 190.

所说,"翻译卓越地而且出乎意料地证实了翻译的不可能性"①。然而,翻译又卓越地而且出乎意料地"超越"了翻译的不可能性,因为恰恰是翻译丰富了各民族的语言,开启了各族群的民智。比如,《圣经》的翻译推动了欧洲各民族语言的成熟与融合,中国"五四"运动时期语言和思想的现代化就是基于社会推动和翻译而完成的。形和意是不可割裂的翻译对象、目的和任务。文本是语言之器,语言是符号系统,翻译是形意共生,形信和意信是共生翻译学信美的两大要素。

(1) 形信

对语言之形的语际"摆渡"是翻译的伦理范畴,也是翻译的审美范畴。探索相应的翻译手段和方法多种多样。此处以文学翻译为例,从"像似"入手,探索"像似"在文学翻译中语言依形的信美机制和功能。

像似②是形意之间相似性关系的浓缩表达,是形意互生的手段之一,常被视为文学作为语言艺术的结构性原则和决定性特征。像似以完整的符号为形式表征,以广义的隐喻为基本特征,反映客

---

① De Man, Paul, "Conclusions: Walter Benjamin's The Task of the Translator", in Paul De Man, *The Resistance to Theory*, Manchester: Manchester University Press, 1986.
② iconicity 一词出于皮尔斯的符号学术语。20世纪80年代许国璋将其引入国内以来,icon出现了像似、象似、相似、图像、符码、语像、肖似、形象等多种翻译形式,其中以"像似"和"象似"居多。胡易容博士通过词源、词源、词法和术语生成环境等层面论证了"像似"这种译法;王寅认为,"像似"与"象似"体现了唯物主义的体认语言学(CL)和体认认知语言学(ECL)与基于唯心主义的索氏和乔氏语言理论之间的根本分歧,西方的"像似性"体现了人本位的理据性(motivation),因而主张取"像似"而非"象似",以体现 CL 和 ECL 的人本性精神。本部分结合近年来 icon 在语言学、符号学、翻译学领域的使用趋势及其在人类学、文化社会学领域中的普遍认同,也取"像似"来明确 icon 在本文中所指代的表意符号与表意对象之间的相似性关系。为通篇表述一致和避免混乱,也将本小节中的他引部分中指涉 icon 的"象似"表述以"像似"取代。但在上一小节阐述中国传统哲学和诗学文论中保留了中国文化话语表述传统,使用了"象思维"。

观世界与人类精神世界的映照性关联,将意义赋予物质外形,使意义回归物质并重新介入现实,从而实现文学作为审美活动的"形化"和"物化"。

① **文学文本的信美:像似**

与中华传统哲学、中国传统诗学文论的"'象思维'"中"观物取象""借象立意"相比,西方世界也有其独特的"象"的手法。不同的是,西方常以象征和符号来表述事物之间的类比和理据关系,这两个概念发展至今,已经成为符号学的基础。在古希腊时期,哲学家就利用象征手段进行超越具象的形而上建构,比如,柏拉图的"理念论"(万物是"理念"的影子,是理念的感性显现)、亚里士多德的"语词是象征符号",等等。在基督教世界里,寓万能之神于处处可见的象征之中是基督徒的生活环境和生活方式。在近现代西方,象征是诗学的勃发(但丁),象征与美直接关联(康德),意义是观念或对象,是可感的存在或形象,是形与意的关联客观实在(黑格尔)。20世纪以来,对象征的研究显现于精神和文化领域,象征是梦的最主要表现形式(弗洛伊德),是具象化的民族文化原型(荣格),甚至人本身就是"象征的动物",人类的一切文化形式都是象征形式(卡西尔),人类的文化就是"从历史上沿袭下来的、体现于象征符号中的意义模式,是由象征符号表达的概念体系,人类以此达到沟通、延续和发展他的对生活的知识和态度"①。象征不仅被视为意义的载体和媒介,更被巴特、德里达等视为"一个活的肌体,具有人脑般的功能,具有生成意义机制……一个'意义生成器'"②。

---

① 克利福德·格尔兹:《文化的解释》,纳日碧力戈等译,上海人民出版社1999年版,第103页。
② 金莉、李铁:《西方文论关键词》(第二卷),外语教学与研究出版社2017年版,第732—741页。

关于象征与符号的区别,索绪尔(Ferdinand de Saussure)、皮尔斯(Charles Sanders Peirce)都做过探讨。索绪尔的结构主义语言学强调了符号(sign)在其能指与所指之间的任意性和非自然性,即依赖习俗和惯例才形成的;而象征(symbol)的基础却是能指和所指之间的自然联系,即基于事物之间的相似和肖像才形成的自然联系①。但在美国符号学家皮尔斯的符号三分法(symbol,icon,index)中,"symbol"是基于习俗和惯例的符号,"icon"是基于相似和肖像而形成的符号,"index"是基于因果关系而形成的符号。皮尔斯笔下的图像符号(icon)侧重形意之间的理据性(motivation),王寅称这种理据性为"像似性",他还将雷可夫(George Lakoff)和约翰逊(Mark Johnson)等人基于体验哲学建构的认知语言学(cognitive language, CL)本土化为体认语言学(embodied-cognitive linguistics, ECL),体认语言学认同皮尔斯的像似理据观,认为"语言像似于人们的认知机制,且在其作用下一定程度上像似于现实世界"②。体认语言学保留了索绪尔的结构主义语言学形义一体观,但否定了索绪尔关于符号任意性的"先验语言观"和乔姆斯基的"天赋语言观",以"现实—认知—语言"体认核心原则,运用"体"(互动体验)和"认"(认知加工)的认知机制,将现实世界、人与语言三者有机关联起来,重塑了"像似性"(iconicity)即理据性(motivation)的唯物观和人本精神③。

这样,与汉语文化系统中"象思维"中的"象"(xiang)的内涵趋近的,就是索绪尔的象征(symbol)和皮尔斯的符号(icon)。笔者在此对三者不做学理和内涵上的详细辨别和区分,只关注三者对图

---

① 费尔迪南德·索绪尔:《普通语言学教程》,高名凯译,商务印书馆1980年版,第104页。
② 王寅:《像似性十辩——体认语言学的像似观新解》,《当代外语研究》2019年第1期。
③ 同上。

像或符号与意义之间关系建构的共同特质,并侧重皮尔斯符号学中"像似性"(iconicity)对文学翻译的阐释力。

"像似"概念发端于皮尔斯的符号学,指图像、形象、符像等形式的相似关系,是"象征的浓缩"①。"像似性"是语言形成的基本机制之一②,是"语言形式和内容之间的联系有着非任意、有理据、可论证的一面"③,是形意之间相似性关系的浓缩表达,是人们体验和认知客观世界的惯常思维模式和语言呈现方式。意义源自人类对现实世界的感知和经验,是"基于体验的心理现象"④,也总是借助自然事物在大脑中的映像(image)而得以生动呈现。文学写作是心理和精神活动的具象化、符号化、物质化过程,文学中的"像似性"开始受到学者们关注,学者们注意到"像似性"(iconicity)是语言生成的重要机制,对意义的像似化描写比抽象化概括,更能使读者以物质或直观的感性认知去增强对意义的体验。通过与客观世界建立"像似性"关联,将意义赋予物质外形,将"抽象的认知和道德包含和隐匿于美学外形之下"⑤,使意义回归物质并重新介入现实,从而使文学成为"感觉到的生活的幻象",成为"幻象的艺术"。

② 语言的像似与诗学的像似

认知语言学和体认语言学将语言与意义之间存在的相似性关联称为语言"像似性"。基于体验哲学(embodied philosophy)的认知语言学,对基于分析哲学(analytical philosophy)的结构主义语言

---

① Freud, S., *An Outline of Psychoanalysis*, Trans., J. Strachey, New York: Norton, 1949, p.51.
② 朱纯深:《从句法像似性与"异常"句式的翻译看文学翻译中的文体意识》,《中国翻译》2004年第1期。
③ 张敏:《认知语言学与汉语名词短语》,中国社会科学出版社1998年版,第137页。
④ 王寅:《象似性原则的语用分析》,《现代外语》2003年第1期。
⑤ 杰弗里·亚历山大、高蕊、赵迪:《像似意识:意义的物质感》,《文艺理论研究》2016年第2期。

学提出的语言任意性发出了挑战,认为语言与现实具有同构性,意义正是基于身体对客观世界的感知和经验而产生,具有心智的体验性和思维的隐喻性,语言的句法结构正是借助约定俗成的原则而具有合乎逻辑的"像似性"①。认知语言学层面的"像似性"侧重对形式(结构)与内容(意义)之间相似关系的考察,重视"像似性"的语义和语用价值。"像似性"在认知语言学中得到了广泛审视,深入波及到语法、语义、语用等"像似性"话语分析,具体体现在符号、音韵、书写、数量、距离、时序、句法、篇章等层面。

随着认知科学(cognitive science)的发展,人们对人类心智的跨学科研究视野越来越广阔,认知诗学也在认知语言学的发展中萌芽。里奇和肖特(Leech & Short)②从文体学角度探讨了文学的"像似性"问题,美国学者弗里曼(Freeman)最先使用"诗学"像似性"(poetic iconicity)这一术语,认为形义之间的像似关系"很可能是文学文本的一个决定性特征"③,指出诗学"像似性"是"用语言来创造感觉到的生活的幻象",它不是一种"复制式"再现,而是通过"完整的符号表征"而获得的一种相似性关联,是形式和意义的互为审美和高度融合。熊沐清将诗学"像似性"概括为"以符号形式反映现实世界与作者——读者观念世界的映照性相似",认为这是诗学"像似性"的"规定性特征",是"一种美学特质"④。

诗学"像似性"体现了文学作品的巨大艺术张力,它使作品具

---

① 王寅:《象似性原则的语用分析》,《现代外语》2003年第1期。
② Leeeh, G. N. & Miehael H. Short, *Style in Fiction: A Linguistic Introduction to English Fictional Prose*, London & New York: Longman, 1981.
③ Geeraerts, Dirk & Hubert Cuyckens, *The Oxford Handbook of Cognitive Linguistics*, Oxford: Oxford University Press, 2007, pp. 1187 - 1188.
④ 熊沐清:《试论诗学象似性的涵义与形式》,《外国语文》2012年第6期。

有了"语言本身难以企及的效果"①。译者在审美和情感体验中对文学作品中的"像似美"进行形象性拟写与创造性仿造，这是文学翻译的首要审美伦理。

③ 文学翻译中"像似美"的拟写与仿创

文学总是从审美理想的高度来映照现实，而以字字珠玑、吉光片羽的至美形式浸润读者心灵，则能体现文学的最大美学功能和社会价值。认知诗学将"像似性"看作是文学文本中形式和意义间的一种结构性映射（image），是一种弥漫在整个文本中的特质，一种苏珊·朗格所称的"艺术的结构性原则"②。"像似性"是文学文本得以实现审美功用的基本方式，文学文本的"像似性"美学特质源于其"形式、意义、情感和审美效果之间建立在相似关系基础上的融合"③。在文学翻译中考察"像似性"，主要涉及译者对文学文本中"像似性"的审美呈现及其美学价值，因为语言上的出神入化与神形皆似是文学之所以为文学的基本艺术特征，文学翻译对文学作品中像似美学特质的再现，不仅包括借助想象与创造，在原文本的构造和形态与译文本的结构和形态之间建立"像似性"关联，而且也包括在形式模拟不能为之的情况下，通过合理想象和能动创造来谋求与原文相同的形意像似效果，以此来完成原文本意义在译文本中的"构像"。下面尝试从文学文本的整体性、结构性和话语性三个层面分析译者对文学作品中"像似美"的拟写与仿创。

A. 整体性像似

语言和思想是美的表里，也是文学创作的旨归。文学的美是

---

① 熊沐清：《试论诗学象似性的涵义与形式》，《外国语文》2012年第6期。
② Brône, G., & J. Vandaele, *Cognitive Poetics: Goals, Gains and Gaps*, Berlin & New York: Mouton de Gruyter, 2009, p.173.
③ 熊沐清：《试论诗学象似性的涵义与形式》，《外国语文》2012年第6期。

形式与内容、感性与理性、形象与抽象、个性与共性之间的高度和谐与统一,文学翻译的整体性像似是指译文本与原文本在通篇的形式、内容、基调、风格、口吻、语言特色等层面的相似性和一致性。人们对译本的评价首先是从其整体层面着眼的,译者通过模仿和创造将译文本仿造成原文本的"感觉到的幻象",即"现实的幻象"。以翻译史观看,对译本的鉴赏与评价总是出于整体观层面,案本求信、质朴与文丽、忠实与漂亮、异化与归化、抗争论、竞赛论、信达雅、善译论、对等说、信顺说、神似说、神韵说、化境说等,概莫能外。这些又都可以归拢至直译和意译上面,也就是如何使译文"像"原文的问题,而"像"不仅指形式,还意涵着内容、基调、风格、口吻、语言特色等层面,换句话说,是形式、意义、情感、伦理和审美的整体性像似,是文学翻译"像似美"的整体观诠释。

以莎士比亚的《哈姆雷特》为例,这部文学上的"蒙娜丽莎"的汉译已逾百年,译本不下百种;基于各译本在汉语文化中的持续影响力,笔者在此择取朱生豪、梁实秋、卞之琳的三种译本做比较分析,考察三者在整体层面与原文本的像似效果。

形式与风格的统一是文学创作的基本逻辑。《哈姆雷特》是戏剧文学,要服务于极具感官的舞台表演,因此创作中的模式化、具象化成分较多,比如剧中的人物列表、幕与场的戏剧结构、人物对白的运行模式、导演词(对白之外的道具、背景、人物出场、剧情衔接等非剧情内容的指导词)等组成了莎氏的戏剧创作要素,朱译、梁译、卞译均保留了原作的戏剧形态和行文结构,避免了"译文体"的痕迹,形式上的"像似"效果显著。

《哈姆雷特》是英国文艺复兴时期的作品,作者承袭了当时戏剧惯用的古剧体、无韵诗、散文、民谣等创作形式,在涉及宫廷、贵族的辞令、书信、宣言时,以韵文创作,因为韵文在当时是"正格",

符合观众对正经常道、高贵尊严、体面庄重的人物身份的联想。《哈姆雷特》剧中的散文体一方面塑造了疯者、丑角、卑微者的插科打诨、玩世不恭的言语风格,突显了人物的俗气、卑贱、少教养等气质,与指向宫廷、贵族的韵文形成反衬,另一方面又用于刻画人物的庄重和犹豫及其思想和哲理的凝练和深刻。比如《哈姆雷特》剧中人物的十二段独白多为作者借人物和剧情而展开的深刻人生感悟,是对人性、道德、伦理、命运的剖白。民谣体自然、简洁、明快,多为疯者、小丑创设,《哈姆雷特》剧中此类唱段不少,真假参半、亦谐亦虐。在全剧风格的统驭上,梁实秋以"悉照译,以存真"为译旨,甚至标点也得以保留。朱生豪则通篇以散文体译出,侧重作者非凡语言之呈现,因为《哈姆雷特》剧服务于当时的舞台表演,其语言既精于雕琢,又"明白晓畅"。朱生豪在其《哈姆雷特》译自序中阐明,其译追逐原文的"神味""神韵""意趣"和"命意",也的确达到了与原文精神和气质上的"神交"与"像似"。卞之琳本就是诗人,讲求"节的匀称,句的均齐"①,追求情感与音节的像似与融通。就整体性像似效果而言,梁译的最大优势在于"形",朱译在于"神",而卞译则在于"格"。三人的译创功力各具优长,风格颇具个性。

B. 结构性像似

结构并非形同虚设,不同的文本结构会引发读者不同的联想和体验,甚至会生成额外的阅读意义,从而影响文本的整体基调和风格,甚至能决定译者阅读的情致。下面从篇式和句式两个层面进行探讨。

第一,篇式像似。篇式是针对整个文本的体裁与结构而言。文学创作者对文本的通篇结构是有意创设的,而非信手拈来,为的

---

① 周兆祥:《汉译〈哈姆雷特〉研究》,香港中文大学出版社1981年版,第26页。

第六章 伦理、批评与审美

是打动读者和竭力实现文学的审美与社会价值。像似是文学作者的审美本能和文体自觉，比如印度诗人泰戈尔的《飞鸟集》(Stray Birds)是一部富含哲理的格言体诗集，多属于对自然、生命、人生意义和存在价值的零散性沉思，就连诗集的标题也突显出这位哲人兼诗人别样的博大、飘逸和深邃。试看通篇第一首诗的两个译本：

例：Stray birds of summer come to my window to sing and fly away. And yellow leaves of autumn, which have no songs, flutter and fall there with a sigh.

郑振铎译：
夏天的飞鸟，飞到我窗前唱歌，又飞去了。
秋天的黄叶，它们没有什么可唱，只叹息一声，飞落在那里①。

冯唐译：
夏日的飞鸟来到我窗前
歌
笑
翩跹
消失在我眼前

秋天的黄叶一直在窗前
无歌
无笑

---

① 泰戈尔：《飞鸟集》，郑振铎译，外语教学与研究出版社2010年版，第2页。

无蹁跹

坠落在我眼前①

郑译本完全遵从了泰戈尔的格言诗体篇式结构,忠实呈现了原文本的形式和意境,尽力隐去了其自身作为译者的"形",释放了读者的想象,使之随作者的思绪一起放飞。当代诗人兼作家冯唐则通篇颠覆了原文本的格言诗体,而以押韵的现代诗体译出,不但遮盖了原诗无韵诗体的自由,也丧失了原诗所创设的意境,读者感受到了译者旺盛的创作欲,对译诗行韵的追逐胜过对原诗意境的呈现,虽然机锋闪烁,轻逸剽捷,但其结果却是,读者甚至捕捉不到原诗意境的影子。郑译和冯译的不同篇式结构影响了通篇文本的基调、风格与情致,读者的体验会有天壤之异。

文学写作是对客观世界与观念世界的模拟和映射,而文学翻译则是对模拟的模拟,对映射的映射。译文本是一个仿像世界,是译者主体为模拟和映射对象(原文本)而创生的符号世界,是对文学原作所展现的客观对象和观念世界的物形化和符号化,是符号再现体。罗杰·福勒认为,"文本的外形暗示着话语的种类"②,会影响读者的期待与阅读节奏,甚或暗示某种话语含义。因此,遵循原作的篇式结构是实现原文本、译文本之间"像似性"效果不可或缺的一部分,也是翻译文学不同文本类型生成之所在;而对文本结构的变形可能涉及译者本身的喜好和优长,亦或出于时尚或市场的催索,是否能经受时间和多数受众的检验,尚需观察。

当然,文学翻译中并非不能对原文本的篇式结构进行再造,尤

---

① 泰戈尔:《飞鸟集》,冯唐译,浙江文艺出版社 2015 年版,第 1 页。
② 罗杰·福勒:《语言学与小说》,於宁等译,重庆出版社 1991 年版,第 55 页。

其当译语社会没有与原文本的篇式结构和文体相类似而无法形式模拟时，创造就成为必然。比如，汉语中的古诗词与日语中的俳句经庞德吸收而首创成为英语的"意象诗体"；英语中重"说"不重"唱"的戏剧传统经我国"五四"文化运动的吸收而衍生出别具一格的话剧形式①；赵彦春首创的"三字经"英译体式也是"像似"意识的结果。文学翻译中对原文本的陌生结构和体裁进行"补白"式引进，会丰富译语社会的文学类型与创作风格，恰如孟子所云："以其所有，易其所无"。

第二、句式像似。朱纯深认为，句法像似的文体功能具有潜在的艺术效果②，它能促使文学写作与文学翻译的形式、意义和效果三者合一，比如，通过"白话文言化"和"中文西文化"而"交混着西洋句法和文言词汇"的"冰心体"就显得"自由秀逸"③，而冯唐对格言体《飞鸟集》的诗体化却显得"体过于质"，其结构上对像似的偏离影响到通篇的形式、意义、效果三者合一的整体和谐。句式是对现实进行的虚拟的、符号的"演出"，句式的演进预示着人物的行为发生和心理变化过程，句式像似体现了人们模仿现实世界与映照观念世界的认知经验性、思维时序性和心理稳定性，也能反映人物的出身、居地、环境、教育、阶层、职业，甚至个性特征。里奇和肖特（Leech & Short）认为，句法"像似性"的文体效果赖于语言编码的表达（present）和对其所表达内容的模仿（represent），也总是遵循呈现（presentational）、顺时（chronological）和心理（psychological）

---

① 刘满芸：《共生理论视阈下的翻译研究》，《中国翻译》2016 年第 3 期。
② 朱纯深：《从句法像似性与"异常"句式的翻译看文学翻译中的文体意识》，《中国翻译》2004 年第 1 期。
③ 金振邦：《文体学》，东北师范大学出版社 1994 年版，第 163 页；朱纯深：《从句法像似性与"异常"句式的翻译看文学翻译中的文体意识》，《中国翻译》2004 年第 1 期。

三个次序原则,这是文学文本不同于其他类型文本的特别之处①。译者对句式文体的自觉是实现文学翻译像似效果的基础。然而,一种语言不只是一套符号和组合结构形式,还是一套与其他不同的意念系统和思想模式②。句式文体的像似呈现势必导致两个层面:形式像似和隐喻像似。

句式像似又可分为形式像似和隐喻像似。形式像似是指译文句式对原文句式文体的模拟会出现形、意、像之间的高度一致,即原句与译句的形式、意义和像似手段完全一致。比如 Stray Birds(《飞鸟集》)中的一段:

> The fish in the water is silent, the animal on the earth is noisy, the bird in the air is singing. But Man has in him the silence of the sea, the noise of the earth and the music of the air.
>
> 译:水里的游鱼是沉默的,陆地上的兽类是喧嚣的,空中的飞鸟是歌唱的;但是人类却兼有了海里的沉默,地上的喧嚣与空中的音乐。③

本例中,原句和译句在句式的形式、意义和像似手段上完全相似。作者将人类自身具有的"静""动"和"声"这三种心理、行为和生理特征分别"像似"成具有相应特征的"鱼""兽"和"鸟",而这并

---

① Leeeh, G. N., & Miehael H. Short, *Style in Fiction: A Linguistic Introduction to English Fictional Prose*, London & New York: Longman, 1981, pp.188-189;熊沐清:《试论诗象似性的涵义与形式》,《外国语文》2012 年第 6 期。
② 周兆祥:《汉译〈哈姆雷特〉研究》,香港中文大学出版社 1981 年版,第 43 页。
③ 泰戈尔:《飞鸟集》,郑振铎译,外语教学与研究出版社 2010 年版,第 23 页。

没有超出译文社会群体的认知经验和联想,因为在涉及自然性和本能性层面时,人类的通感性特征明显,具有认知和经验的同一性和共情性,不像宗教、习俗、文化的异族性差异那么激烈。郑振铎的译句基本契合了原句的"形""意"和"像",达到了朱纯深所说的形式、意义和效果的三者合一,但也添加了不少干扰项,比如,增译的"游"具有动感,干扰了对"鱼"的"静"的意指;"飞"也属增译,指行为,干扰了对"鸟"的"声"的突显,况且与无修饰语的"兽类"也欠平衡。另外,原句里的三个方位短语表达齐整,而译句里的"水里""陆地上"和"空中"则亏于精致;"游鱼""兽类"和"飞鸟"除了过度阐释外,还有构词结构不一致的问题;"沉默""喧嚣"和"音乐"的构词也欠顺畅。再则,本句中的"in the water"和"of the sea"并无所指上的不同,为保持指代一致,不必将"水里"换译成"海里"。为此,笔者试译为:

  水里的鱼是沉默的,陆上的兽是喧嚣的,空中的鸟是歌唱的;但人类却兼有水里的沉默,地上的喧嚣和空中的欢乐。

  隐喻像似是指"像似"不只是对客观现实的模拟和仿像,还是对主观真实的映照和模仿,比如观点、情感、态度、意志等层面的真实,后者就不能"以形赋形",只能"以意赋形",这导致大量的隐喻(广义)存在。隐喻甚至构成了我们感知赖以生存的客观世界和观念世界的方式方法。隐喻像似是指译文句式对原文句式文体的模拟会出现形与像上的不一致,即译句与原句的句式顺序或像似手段不一致。不同的民族经过自身历史的演变与社会生态的进化而形成了其独特的思维模式和心理认知惯式,并对意义的生成、储存、呈现与传输完成了自身独特的语言符号体系的构建,对形义相似关系的跨语符建联不啻天渊。那么,要达到思维跨域与交际流通就不仅要"形式模仿形式",必要时还不得不"意义模仿形式"。比如,《哈姆雷特》剧中第三幕第二场中伶王与伶后的一段剖白爱情的对白中,作者借用了古希罗神话人物太阳神(Phœbus)、海神(Neptune)、大地之神(Tellus)和婚姻之神(Hymen)喻指太阳、大海、地球和爱情,但汉语文化中并不存在这些神话人物,也就无法产生像作者一样的认知联想,翻译时,就不能以形式模仿形式,而只能以形式模仿意义。比如,朱生豪将"Hymen"音译成"亥门"(有的朱译版本为"许门"),虽然竭力模仿了形式,但要使读者"达其旨"还需进一步的语境铺垫。《哈姆雷特》剧中基于对西方宗教、神话、典故的认知而造设的意象效果往往很难在译语中实现形式像似。

文学翻译不能只是简单地追求语义或功能上的对等,而是要捕捉"细微之处"的文学意趣和情怀。隐喻思维和隐喻表达常常贯穿于文学写作的整个过程。文学隐喻通常是作者以极具想象力的独特方式将普通生活中的概念营造出生动的表现特征。比如:

> Things in the east usually move with glacial slowness. Dawn, lazy and drawn-out, lingers in twilight a long time before spreading. A silver lining is a happenstance in an overcast sky.

本句中至少有三个隐喻:第一,世事发生犹如冰川移动(Human affairs are glaciers.);第二,黎明像人一样慵懒而拖沓(Dawn is a human who is lazy and drawn-out.);第三,希望是天空中偶然发出的一线光(Hope is a silver lining in the sky.)。叶子南将此翻译为：

> 东方的事动起来总如冰川移动一般缓慢。黎明在破晓前，总是慵懒地在昏暗的晨光中无尽头地徘徊。一线银光是阴沉天际中的偶然希望①。

将原句中的形意像似关系在译句中重新语境化并非易事，叶子南的翻译生动而形象，但在原句、译句间的像似度上还有提高的余地，比如可以更加贴近原句语序和结构、加强描述性等，可尝试译为：

> 东方的事动起来总如冰川游弋般缓慢。黎明慵懒而拖沓，久久地眷恋在破晓前那昏暗的晨光中。一线银光透出阴沉天际中的偶然希望。

隐喻生动地构绘了形意之间的像似关系，没有了隐喻，文学的色调将苍白无比。多数文学文本中的隐喻从书名即开始，书名的选用透露出作者在艺术造设上的匠心。比如：单是对《红楼梦》书名的解释就芜杂繁多，但基本认同的有：红楼是隐喻，喻指旧时华贵的官宦家族或富家妇女的金闺绣户；梦也是隐喻，是幻象与幻灭，喻示书中人物（尤其"金陵十二钗"）及其背后家族的命运与兴衰，或暗指与帝王瓜葛的官宦家族的沉浮，是小说通篇结构与故事的发展脉络，是作者之所以促成此书的"意味"。

---

① 叶子南：《认知隐喻与翻译实用教程》，北京大学出版社2013年版，第77页。

C. 话语性像似

话语是人物关系的言语方式。文学文本的思想寓意、人物塑造、场景铺设、情节推进、风格驾驭等都需要话语铺垫，话语是作者创建文学文本的艺术现实的基石。文学话语构思奇特、表现丰富、充满隐喻，无论是对话还是无声的心理活动（言语思维），都可以通过内容和形式体现出人物的某个或数个性格特征[1]，"人物的言语风格可以揭示他的出身、居住地、社会阶级或者职业，还可以暗示个性特征"[2]。下面从意象与修辞、"附声于形"两个层面来分析文学话语的"像似美"特征。

第一、意象与修辞

意象与修辞是文学的精灵，是文学作为话语活动的高级审美形式。文学王冠上的璀璨明珠《哈姆雷特》就是"活生生"的语言艺术，这部取材于13世纪初丹麦宫廷史事的名剧，意象丰富、修辞华丽，剧中创设的与主题、剧情、角色等相关的意象比比皆是。与中国"文以载道"的文学传统不同，《哈姆雷特》剧主题多元（如复仇、爱情、正义、伦理、生死等）、情节跌宕、人物关系盘根错节，作者大量引据经典、寓意深刻，将人物的遭遇及其对生死、悲喜、仇恨、命运的求索熔铸于言表，是人物心理活动的极致展现。维克斯（B. Vickers）将莎士比亚的创作意象分得很细，主要有主题意象和情节意象，他甚至统计出《哈姆雷特》剧全部的74个疾病意象（明指、暗指和相关指三种），比如，哈姆雷特身上的疮患与溃疡意指丹麦国内的道德病态等；情节意象指为了突出剧中的特定情节与舞台效果而对剧中人物出场的装扮、舞台背景的设置、舞台道具的设计等

---

[1] Rimmon-Kenan, Shlomith, *Narrative Fiction: Contemporary Poetics*, New York: Routledge, 2002, p.65.
[2] 熊沐清：《试论诗学象似性的涵义与形式》，《外国语文》2012年第6期。

意象化，使观众得以联想到作者设定的意指，比如死亡、陷阱等。"鬼魂"意象在《哈姆雷特》剧中频频出现，蕴含着自相对立的基督教情感，一方面喻指冤屈、善良、复仇匡正，如："a poor ghost, an honest ghost, this apparition"，另一方面又影射邪恶、恐怖、引诱犯罪，如："a damned ghost, this dreaded sight, this thing, this illusion"，体现了莎剧塑造人物时的丰富与多面，恰如哈姆雷特这样一个犹豫不决、富有英雄气概而又颇具悲情色彩的矛盾体①。卞之琳刻意保留了全剧的意象，梁实秋也竭力为之，但哈学家周兆祥认为梁实秋的意象手法简朴、直观，效果稍逊；朱生豪则对某些意象从简从略，以适于舞台表演。

莎士比亚是修辞大家，在文学的伊甸园里，莎士比亚是炫眼的巨擘，"他矫拔的笔力下生出无数神妙的悲喜故事，这些故事乘着他那神奇语言的翅膀，洞悉了人类整个内心的宇宙"②。约瑟夫（Miriam Joseph）在其《莎士比亚语言运用艺术》中总结出200多种修辞手法，莎氏常使用变换音节、转化词类（anthimeria）、误引经典（malapropism）、双关、叠词（reduplication）、反复、不雅饰词（tapinosis）以及大量的格言、谚语和俗语等，比如《哈姆雷特》剧中的乱伦（incest）、杂种与王八（bastard and cuckold）、通奸（who red my mother）等淫亵语③；哈姆雷特羞辱其母亲的话语多达150行，丰富了角色的矛盾性格，体现了作者驾驭文学语言的高度与深度以及对语境和情境衔接的自然度和娴熟度。《哈姆雷特》剧强大的语言能量是其成为传世经典的极大因素，这部"前无古人后无来

---

① Vickers, Brian, *The Artistry of Shakespeare's Prose*, New York: Methuen, 1968.
② 刘满芸、顾冀梅：《在时空中穿行的经典重译——从〈哈姆雷特〉的不同汉译本看经典翻译的时代变奏》，《廊坊师范学院学报》2007年第5期。
③ Joseph, Miriam, *Shakespeare's Use of the Arts of Language*, London: Hafner, 1966, pp. 278 - 354.

者、全人类所加冕的戏剧诗人之王的灿烂王冠上的一颗最光辉的金刚钻"①上最刚硬的部分无疑是其高超的语言艺术,对各路译者都是一种极限挑战。

从译本话语的像似效果看,朱译之神韵、意趣与出神入化,其语言之雕琢、酣畅与浓墨华彩,深切透视了原剧之精髓,赢得了最多的版次;梁译之语法、标点与悉照存真,其语言之平实、严谨与把玩细腻,可谓最忠实之译本;卞译之格律、节韵与均齐工整,其语言之诗意、含蓄与极致练达,颇显其作为诗人之才情。这说明不同译本所传递出的文学像似艺术效果不尽相同,也极具个性,可能为不同的目标语读者群体所接受或排斥。

第二、"附声于形"

"附声于形"指借用具有音韵和节奏特征的语言符号表达形意之间的相似性,以增加话语像似的模拟和动感效果。《哈姆雷特》剧中除散文体外,还有各种韵文体,包括无韵诗(blank verse)、工整无韵诗(patterned blank verse)、韵文(verse)、偶韵体(rhymed couplets)、格律诗(stanza form)、打油诗(ragged verse)和歌谣(ballad)等,各种文体随剧情而多变,为角色的性格与气质而精设,堪称"诗文体裁的展览厅"。据《莎士比亚百科全书》统计的数据,除了1211行散文体外,《哈姆雷特》剧中的无韵诗达2444行,其他韵体诗多达3929行②,全剧充满了韵律的流畅与节奏的动感,整个世界为之着迷。比如《哈姆雷特》剧的偶韵体,即抑扬格五音步,两行押同韵的双行一韵体或随韵体,就出现在每场的结尾及哈姆雷

---

① 高旭东、蒋永影:《〈哈姆莱特〉在当代中国的研究、改编与艺术重构》,《外国文学研究》2014年第6期。
② 周兆祥:《汉译〈哈姆雷特〉研究》,香港中文大学出版社1981年版,第212页。另外,周兆祥统计的这三项数据分别为:1208,2490,2931。

特"引言抒怀"的场合,足见作者在通篇韵体结构与节奏上的表现力。

就节奏与韵律的像似表现而言,卞之琳功夫最深,不但保留了与原作的诗与散文一一对应的形式,而且自创格律,以顿代步,重塑节奏单位,达到音律工整、"诗"别于"散"的文体效果,更重要的是传递出《哈姆雷特》剧的格律、气韵和节奏,足见其对形式苛求的用心。朱生豪以"散"译"诗",忽略了原作的文体风格,但音律工整,语言酣畅、渲染至极,舞台艺术值高。梁实秋侧重"解其意"而未"顾其形",译笔拘谨,行文平实,舞台声效、节奏与动感不足。

总之,语言是文学最重要的表现艺术,"像似性"体现了文学中形意共生的物质样态,体现了文学作为语言艺术的美学特质。以上尝试从文学文本的整体性、结构性和话语性三个层面分析了文学译者如何实现原语、译语之间在形式、意义、情感、伦理和审美等层面的像似美学构建。文学是一种深刻的美学形式,是"进入他人心灵的完美介质",实现"像似美"在译语文本中的形态化、物质化是文学翻译的美学要务。语言形式的再现能力是文学译者的重要素养。

(2) 意信

毫无疑问,意义是翻译的第一伦理,也是翻译信美的两大要素之一。历时而顾,意义被冠以"质""魂""胎""转世""内容""生命"等。意义被一种语言符号所表征,又被另一种语言符号所再现。但更深层的关系是,意义被裹挟在一种语言符号体系中,而这种语言符号体系是"经过自身历史的演变与社会生态的进化而对意义的生成、储存、呈现与传输模式完成的独特的建构"[①]。所以,语言

---

① 刘满芸:《翻译研究文化转向以来的主体滥觞之反思——从"翻译暴力"谈起》,《上海理工大学学报(社会科学版)》2017年第1期。

是历史、社会形成的思维惯式的表征,词汇与句法组织的特征与规律也必定受身处社会的地域、物质和环境所限制。不同语言对世界的划分是有区别的,不同语言有不同的看待和描写世界的方式①,对熟悉的环境、风物形胜的社会有丰富的语言表征,而对自身环境之外的事物则"造词"不足。语言有自身的历史形成过程,是一个民族沧桑巨变的历史记录,具有深厚的时空烙印,是思想、文化的载体,也与历史、地理、风俗、政治、经济密不可分。可以说,语言是文化的脸,文化是民族的心。

英国是海洋岛国,与海洋、海上贸易、渔业等相关的概念和隐喻在词汇表征上丰富而明确,而中国是大陆农业国家,农耕、节气、应时、取宜等相关词汇是英国那样的海洋岛国不具备的。这可能导致的结果便是,一种语言用词语明确标记的东西,在另一种语言中可能标记不明确,甚至没有标记,出现"词汇模糊"(lexical ambiguity)或"词汇空缺"(word vacuum),即一个社会中自然语言的某些词汇在另一社会的"语言场"中没有同样的词汇。比如,中国的农历、八卦、中医、饮食、丝绸、瓷器以及典故、习俗、文学人物、传说人物、名人名典等文化的"别致性",在异域环境下会招致其指称意义缺失或指称意义相同而语用意义缺失。同样,英语中的神话人物、宗教礼仪、习俗典故、生活饮食、运动方式、文学人物、名人名典等也是汉语民族的"文化空缺"。其原因是,任何一种语言,要用有限的词汇去指称无限的主客观世界,都需要按照自身文化的现实对世界进行切分或界定,文化重点(cultural emphases)或文化领地(cultural domain)直接影响词汇的多少、特征、细度、精确度或

---

① 纪春萍:《跨学科翻译研究:学科意识与系统路径——加尔博夫斯基访谈录》,《中国翻译》2020年第5期。

分化程度。这给翻译带来的问题就不仅仅是对等或等值的问题。

从词源学(etymology)上讲,英汉同属曲折变化(inflections)较少的分析性语言(analytical language),而不属于综合型语言(synthetic language)。但英汉语系归属不同,英语属于印欧语系(Indo-European language system),汉语属于汉藏语系(Sino-Tibetan language system),英汉语言思维差异甚远。美国翻译学家尤金·奈达(Eugene A. Nida)在其《翻译意义》[①]一书中指出,语言学上英汉之间最主要的区别是形合与意合。英语及大多数印欧语言中,句子的从属关系大多用衔接词(connectives)明确地表达出来;但同一种情况下汉语则不用衔接词而用意合手法,仅靠句子本身的语境就能表达明白。英汉语言差异表明,英语民族重形式与时空逻辑思维,这导致句法组织有"尾大不掉"的特征,即句子重心在句首,呈现的是结论、断言和结果,其后是可长可短、可绵延不断的解释和铺展,因此也被喻为"竹节式语法",字里行间总有连接词(connectives)表征句子中各个部分的逻辑关系。汉语句间少有连词,不具备一目了然的语言表达形态,灵活、松散、随意的"会意"是汉语的基本表达形式。汉语结构松弛、积累式分句(accumulative clauses)、独立小句(independent clauses)比比皆是,也因此被冠以"流水式"句法。所以,译文对原文意义的表征并不意味着要改变自身的语言组织规律、句法表达习惯和特征,那样的话会产生不伦不类的"第三种语言"[②]。再者,一味追求语言上的对应会损害翻译作为文本的可读性、艺术性和创造性。汉语隐含了形态上繁文缛节的变化,广泛使用意合手段表情达意,而形态上的千变万化并不

---

① Nida, E., *Translating Meaning*, SanDimas, California: English Language Institute, 1982.
② Shuttleworth, M., & M. Cowie, *Dictionary of Translation Studies*, Shanghai: Foreign Language Education Press, 2004, p.187.

属于汉语句法的构造基础,所以,形式上的绝对忠实是对翻译的误解或过度悟解。

"忠实"不仅是传统翻译理论的最高伦理标准,也是一种审美标准,而且这种"不可更改"的严厉氛围,使"忠实"变成一种道学化的教条而禁锢着译者的翻译思考与实践。比如,源自《圣经》翻译的古典神学阐释学与古代语言学就对翻译理论的发展产生了重大影响,长期囿于对词句或句法现象的语言对应研究,致使翻译理论长期停留在"语言对等"的纯语言技巧使用的研究领域,如斐洛、奥古斯丁、波伊提乌、荷尔德林、本雅明、梁实秋的逐字对译,尤其本雅明的"透明"理论,实质上都属于"形式对等"的传统翻译思想。

鉴于思想传输的复杂性,语言作为艺术表达的无限开放的潜在性,不同译者对原作的阐释会有无限的视域。任何译者对文本的阐释都不会是终结的圭臬,而只能是特定历史条件下完成的一段理解过程,是"一段特殊的历史逗留"。伽达默尔在《真理与方法》一书中,把"理解"看成是人类的主体性精神活动,认为语言是人的存在形式,理解借助语言认识存在进而也认识人类自身,"能够被理解的存在就是语言"[1],这是伽达默尔的现代哲学阐释学中标志性的思辨。他对"理解"的理解既不属于传统神学阐释学中对释经过程中要求译者克服自身局限、摆脱主观意愿、避免误解、绝对忠实地把握原义的技术性层面,也不属于近代哲学阐释学中施莱尔马赫、狄尔泰所主张的认识论和方法论层面,而属于承续海德格尔的存在本体论而形成的哲学本体论层面。伽达默尔在《真理与方法》第二版序言中就开宗明义地指出:此书的目的不在探讨

---

[1] 汉斯-格奥尔格·伽达默尔:《诠释学Ⅰ:真理与方法》,洪汉鼎译,商务印书馆 2007 年版,译者序言第 11 页。

"理解"现象本身,而在"理解"现象背后的东西,即理解现象的本体论问题。可以看出,伽达默尔旨在揭示人类精神活动中"理解"现象的普遍性本质特征。"理解"本是一种传统的"避免误解的艺术",一项解经释义的技艺,在现代阐释学这里转变成了阐释人类自身存在的哲学本体论。伽氏对人的"理解"活动的主体性定位助长了"译者主体"的再创造翻译观的盛行,但其理论中也有客观的一面,即人的历史性与语言性决定了人的理解的相对性与历史性。

受海德格尔的"存在即语言"思想的启发,伽氏认为语言与人具有同一性,人的各项活动都必然打上语言的烙印,语言就是人的生存本质和世界观。在他看来,理解本身就是存在活动,各种现实存在的历史流传物,诸如语言文物、典章制度等就是人的历史性存在,且都是语言形式的存在,因而得出,理解人类的历史传统就是理解语言,语言就是人类存在的家园,人存在的根本特性就是语言性。这样,理解的历史性和语言性构成了伽达默尔阐释学中关于理解的核心思想。他给语言树立了绝对的权威,一切都是语言在言说,语言即存在,人们通过理解语言而理解存在,并因此理解自身的存在。然而,但凡理解,皆有偏见,因为理解从来不是"由一张白纸开始的"。阐释主体与阐释对象的非共时性必然造成理解的障碍,人是历史地存在,受其自身时代中的传统文化熏陶后会形成某种成见,这种成见使我们无法对不同于我们自身背景的理解对象进行客观解释,因此,理解不是一个复制过程,而是带有"偏见"的领会。在此,伽达默尔揭示了理解过程中"偏见"的合理的一面,它不再与理性形成绝对的对立,而是理性的一部分内涵。这样,当理解者自身的成见遭遇文本中的传统与文化时,会与文本自身的历史文化境遇或视域相触,二者交互作用后会达到"视域融合",这种融合是包含了各自差异与同质要素的新的视域,是超越了各自原来视域中最初的问题与成见,使人们有了新的经验和新的领会的可能性,从而实现理解的"效果历史"。在这里,伽达默尔对理解的历史性所造成的片面性给予了充分认识,对译者作为理解主体的主观性及有限性的客观存在给予了充分的阐释。

人类的理解活动会永不完结地循环,人类的理解就是连续不断的"效果历史",正所谓经验的本性不在于对它的重复,而在于它能不断成为新的经验。拿莎翁的经典著作《哈姆雷特》的汉译本来说,从文言文、白话文、散文到诗体,随着时代的行进而不断地变奏。这些译本生成于中国不同的历史环境下,皆以各自的阐释视角,以各自时代的读者为阅读对象,采取适合各自时代语言规范和普遍接受的形式而译出的阶段性版本。同样一部《哈姆雷特》在他们眼里产生了异样的阐释目的、视角和志趣,烙下了明显的时代印迹,但毫无疑问的是,他们都起到了推动莎剧在中国广泛传播的作用,形成了连续不断的"效果历史",这充分说明了翻译的历史性与无限开放性的本质与特点。翻译更类似于历史,我们要从历史的视角理解自然变化,而非从自然变化的视角理解历史。如果我们想要理解正在成熟的东西,那就从历史变化的视角去理解它。所有的译作皆生成于不同的历史环境下,具有明显的时代烙印。但毫无疑问的是,正是由于有了翻译,人类文明的宝贵遗产才得以世代相传,不同语言所负载的观念与文化才互为共生。

总之,翻译是意义投射的场所,是原文内涵意义的真实化、表征化和符号化,意义则是作者用符号包裹的意图,是"语言外的对应物"①,即作者对客观世界、身处社会及环境的阐释和反映。译者

---

① 保罗·德曼:《"结论":瓦尔特·本雅明的"译者的任务"》,陈永国译,载于陈永国主编:《翻译与后现代性》,中国人民大学出版社 2005 年版,第 53 页。

要进入作者的文本世界,本质上是要进入作者的精神世界及其所处的现实世界,译者对翻译本质的表达、意义的表征只能通过原语符号和行文去捕捉"语言外的对应物"。译者作为理解主体,他的前在经验和能力会阻碍其对原文的客观理解,但人的共通性成为彼此理解的可能,"理解不是心灵之间的神秘交流,而是一种对共同意义的分有"[①]。族群间思维的天然性差异必然会在译文中通过碰撞、交叉与互补来实现互文性转化,体现了语际间互为进化与共生的形态、方式与过程。

3. 智美

翻译在智识层面的审美并不少见。中国传统翻译中的启智思想在特定的历史阶段起到过显性作用,明末晚清、五四运动时期尤其如此。傅兰雅(1839—1928)曾经流露过"译书启发中国民智""智识无国界"[②]的启智翻译思想。受中国传统文化思想根深蒂固的"中学为体,西学为用"影响,清政府翻译"彼邦"的坚船利炮、声光化电等科技舶来品成为"所精"和"所务",正所谓"彼之所精,不外象数形下之末;彼之所务,不越功利之间"[③];但严复持翻译启智的观点,认为"汽机兵械之伦,皆其形下之粗迹……非命脉之所在"[④],并在拟定《京师大学堂译书局章程》时强调了翻译宗旨:一曰开瀹民智,不主故常;二曰,敦崇朴学,以棣贫弱;三曰,借鉴他山,力求进步;四曰,正名定义,以杜杂庞[⑤]。林纾翻译外国小说同样是为了

[①] 汉斯-格奥尔格·伽达默尔:《诠释学Ⅰ:真理与方法》,洪汉鼎译,商务印书馆2007年版,第397页。
[②] 陈福康:《中国译学理论史稿》,上海外语教育出版社2000年版,第83页。
[③] 赫胥黎(Huxley, T. H.):《天演论》,严复译,中国青年出版社2009年版,译《天演论》自序第4页。
[④] 胡伟希选注:《论世变之亟——严复集》,辽宁人民出版社1994年版,第3页。
[⑤] 陈福康:《中国译学理论史稿》,上海外语教育出版社2000年版,第114页。

开启民智，实现爱国救世，鲁迅的"盗火"、康有为的"通西学"、梁启超的"求知彼"等都有"开智"的成分。

共生翻译学的智美在于解蔽。蔽是蒙蔽、偏见，解蔽则是去除蒙蔽和偏见，全面认知事物的本质和规律。解蔽是战国末期儒家学派代表人物荀子的治学思想，荀子在《天论》《解蔽》中陈述了当时诸侯异政、百家异说的片面主张，认为"慎子有见于后，无见于先；老子有见于诎，无见于信；墨子有见于齐，无见于畸；宋子有见于少，无见于多"（《天论》）；"墨子蔽于用而不知文，宋子蔽于欲而不知得，慎子蔽于法而不知贤，申子蔽于势而不知知，惠子蔽于辞而不知实，庄子蔽于天而不知人"。因而，"凡人之患，蔽于一曲，而暗于大理"（《解蔽》）。荀子针对当时诸子百家各怀成见的片面认识提出了"兼陈万物""虚壹而静"的解蔽思想，即全面观察事物，对事物的衡量兼顾各个方面，分析事物不主观臆测，不抱成见。

共生翻译学之所以将解蔽看作一种智慧审美，是因为翻译的功能之一就是拔除智识之钝，弥补自身之拙，即严复所说的"借鉴他山"。鲁迅的"宁信不顺"、陈康的"宁以义害辞，毋以辞害义"、曾虚白的"摄影"、陈西滢的"雕塑""绘画"、贺麟的"传声筒"等都是为了借鉴语言文化的智性和他性。在西方，文艺复兴时期欧洲各民族通过翻译确立了语言与民族文化之间的一种新型关系，翻译成为促进民族解蔽的工具，即借助文艺复兴这股翻译浪潮而实现各自民族语言的独立性和合法性，民族语言完成了蜕化，实现了民族自足的语言符号的思想代理。施莱尔马赫以丰富的情感和生动的笔触表达了翻译解蔽的思想："一种内在需要再清楚不过地表达了我们的人民的特殊召唤，迫使我们大量地翻译；我们不能回头，我们必须继续……我们的民族注定要在其语言中携带着外国艺术和学术的瑰宝，将其与自己的艺术和学术瑰宝结合起来，组成一个伟大的历史整体。"①

共生翻译学的解蔽审美不只体现在严复所说的"借鉴他山",还体现在翻译的能动性和创造性的一面,正如徐光启所说的"会通——超胜"。翻译本身是两种语言、两种文化结合的结果,脱离了任何一种语言或文化,翻译活动都无法完成。本来,"直译"和"意译"都意味着"借鉴他山"在策略上的不同,而非意味着"改变他山";但当翻译活动被置于特定的社会语境时,翻译的社会张力就会显现,翻译的文本性和文本的社会性之间的掣肘使得翻译并非总是能够偏安于文本之隅而忽视文本之外的作用。实际上,翻译从一开始,即对作为翻译对象的文本的选择,就往往是一个社会抉择的问题,而非总是依凭译者个人的喜好,虽然译者有选择的权力,但译者的偏好并非总能与出版商、出版社、读者群以及现时的社会文化倾斜步调一致。借鉴文化、借鉴谁的文化、借鉴哪些文化,都有赖于社会语境下的现实需求。在18世纪后期欧洲的美学争论由模仿转向表现之际,翻译被施莱尔马赫描述成对"母语"的忠实问题,甚至"文学的成功等于军事上的成功,翻译可以扩张文学和政治两个疆域"②,正如尼采所说,翻译对罗马人而言就是"征服的一种形式"。历时而顾,翻译中罗马人的去希腊化,欧洲各民族的去拉丁化,既是视自身民族智慧高于其他民族智慧而将翻译本土化的文化策略,也是利用文化抗争保卫自身民族文化生存的发展策略,还是利用文化抗争实现经济、政治、军事、综合国力强盛的国家战略;而翻译恰恰是对外文化的排头兵。如果"竞争""优势

---

① 雪莉·西蒙:《热尔曼娜·德·斯塔尔和加亚特里·斯皮瓦克:文化掮客》,陈永国译,载于陈永国主编:《翻译与后现代性》,中国人民大学出版社2005年版,第278页。
② 洛里·张伯伦:《性别与翻译的种种隐喻》,王广州译,载于陈永国主编:《翻译与后现代性》,中国人民大学出版社2005年版,第356—357页。

竞赛"也可以描述成美的话,它们的本质是民族智慧之间的对撞,所谓"竞争""优势竞赛",只不过是一种高傲的文化借鉴方式罢了,既貌视了对象文化,又吸收了对象文化,还通过吸收和融合对象文化而强大了自身文化。所以,翻译中的一个无法排除的真相就是——共生。翻译在于跨越语言和文化的视障,借鉴另一种语言和文化来解蔽自身视界的偏颇与狭隘,达到启智国民、促进进步的目的。翻译就像是借来一双眼睛来观察同样的世界,看到的是世界不同的侧面与变化多样的事物,正如荀子所说,"夫道者体常而尽变",即万物既具有规律的恒定性,又具有无穷变化、丰富多彩的动态性。翻译的解蔽之美在于透视语言差异和文化差异,并在透视过程中实现译语语言文化的成长,这个成长过程便是解蔽的过程。针对斯坦纳划定的信赖(trust,信赖原文,透彻理解)、侵入(aggression,理解、认识产生冲突)、吸收(incorporation,移植、同化原文的形式和内容)和补偿(restitution,原文、译文在交互中达至平衡)的翻译四步骤,凯利将其视为基于正题(thesis)、反题(antithesis)和合题(synthesis)的黑格尔式理论模式,即原语语言、译语语言和译本语言[①]。显然,译本是两种语言文化的结合,是互为作用之后你中有我、我中有你的合体,语言文化的交互作用在翻译文本中体现得淋漓尽致。翻译的解蔽之美既浅表于文本的语言形态,也内嵌于文本的意义内容;既有语言的交合与新创,也有思想的碰撞与新生。翻译就是一项解蔽活动,在解蔽中实现语言文化的跨域共生。

以上从仁美、信美、智美三个层面对共生翻译学进行了美学视

---

① Kelly, Louis G., *The True Interpreter: A History of Translation Theory and Practice in the West*, Oxford: Blackwell, 1979, p.61.

角的阐释,译者对原文的伦理判断是"仁",即以"仁"结识原文,沟通作者,融通文化;译者对原文的形意判断为"信",即以"信"再现原文形式,传递原文信息;译者对原文的智识判断为"智",即以"智"借鉴他山之石,化解文化之"蔽",以"智"应对翻译过程中遭遇的各种复杂问题。

第七章

文化、间性与道通

第七章　文化、间性与道通

生物共生指不同生物紧密地生活在一起，彼此形成能量互补，共同进化的互依共存关系。这其中的关键要素是异质与互补的生命逻辑关系。西方哲学、文艺美学等领域兴起的间性研究同样富含差异、互动、互补的内指，间性的本质是一种关系存在，是"所有关系的总和和概括"[①]，是不同领域之间既彰显差异和独立又建构相似和关联且相互作用的体现。间性作为差异性和相似性之间关系的总和，与中华传统哲学中"道通为一"的思想异曲同工。"道即通，通即道""穷则变，变则通，通则久""通则达""达则兼济天下"的朴素唯物辩证思想体现了事物之间的互动关系和动态变化。这里不妨借"间性"和"道通"视角来拓展共生文化话语的分析，佐证共生翻译学所倡导的"同质相合，异质共生"的共生翻译理念。

一、文化与间性

"间性"（intersexuality）原是生物学术语，也称为"雌雄同体"（hermaphrodism），指某些生物个体的生殖系统、性染色体和性激素等方面由于遗传或胎儿发育过程异常而产生的兼有两性特征的生物个体现象，是介于两种不同性别之间的交叉状态。间性个体的存在对人们重新审视传统性别二元论提供了生物理据，对促进

---

① 商戈令：《间性论撮要》，《哲学分析》2015年第6期。

尊重、包容、认同"第三性别"的社会氛围提供了重要参考。

"间性"逐渐进入人文社会科学领域并与其原始的生物学意义相剥离,泛指不同领域、不同事物之间的互动关系。商戈令新创了"interality"(间性)、"interology/interalogy"(间性论)等英文词汇,从哲学层面将"间性"定义为"那些非实体性质或因素的总称,用以指称存在、实体、语词及概念组成之内、之外和之间的时空、变化(过程)、关系等非实体因素、性质和作用的总和",认为间性论"提供了一条不同于西方传统哲学本体论(ontology)但却构成了中国哲学基础的且是理解和解释世界的思路、方法和范式"①。国内也有学者使用"interness"描述"间性"②。在西方哲学体系中,胡塞尔的现象学、海德格尔的存在主义、伽达默尔的阐释学等都曾对自我、本体以外的他者、他异性等进行过探索,伽达默尔阐释了经验和历史的互相渗透性和依赖性,提出了"视域融合""效果历史"的阐释理论,哈贝马斯社会学意义上的主体间性尝试建构了人与人交往行为的理想模式。总之,后现代主义哲学对主体之间"间性"的持续探讨,推动了主体、文本、学科和文化等间性哲学理论的诞生③。

"间性"已是一个跨学科概念,在跨学科领域中,间性指不同学科之间的同构、补充、冲突或转化的交互作用和交叉影响,对不同学科的交叉与发展产生了重要意义。间性研究是西方哲学、文艺美学等领域在主体性研究之后形成的观念和方法上的一次转向,主要包括学科间性、主体间性、文本间性和文化间性等,具有综合

---

① 商戈令:《间性论撮要》,《哲学分析》2015 年第 6 期。
② 阮红梅:《文化间性视域下中国大学校史对外翻译探析——以西北工业大学校史英译为个案》,上海外国语大学博士学位论文,2014 年。
③ 同上。

性、跨越性、开放性、互动性特点①。"间性"试图消弭主体与客体、中心与边缘的二元对立,以"我们"化解"我"的主观窠臼,构建哈贝马斯所提倡的人际交往的理性基础②。

共生翻译学视角下的间性指翻译活动中相涉的主体之间、客体之间以及主客体之间互动、互补、互通、互融的差异性和相似性关系的总和,是"同质相合,异质共生"的互为作用与和谐关系。由于本书其他章节已涉足学科、主体和文本间性的分析,本节仅从文化层面阐释间性以及间性与中华传统哲学中道通思想的融合。

1. 场域内外

对翻译而言,文化是超出文本场域而又表现于文本场域的差异性与相似性互动与互补、互通与互融的建构活动,是对差异中的关系和关系中的差异的"间性"认知互动;而对两种文化中的相似性部分,则不存在认知困难。间性文化的共生意义尤为重要,尤其是文化差异的部分,即不同生活方式之间、不同精神价值之间差异性的互动与互镜,直指不同文化的观念、习俗、信仰、历史、传统和语言等民族情感和民族视域内的核心所指部分。文化本来就是一个族群生产活动与生活经验的集大成,族群的群体认知定式和民族外在气质在长期积淀中形成,其群体的行为习惯、思维方式、价值判断、道德水准及其特有的民族心理固态性和集体化人格都是一个民族得以存续的、特有的文化基因,也正是民族文化的这种"特有性"和"个异性"才使得人类文化与文明枝繁叶茂、花果丛生。

---

① 李庆本:《间性研究与中国当代文艺美学的理论创新》,《马克思主义美学研究》2008年第1期。
② 赵永峰:《法兰克福学派论争:从阿多诺主体性到哈贝马斯主体间性——以哈贝马斯普遍语用学为例》,《重庆社会科学》2020年第7期。

共生翻译学的文化间性研究关注的是,从原文到译文的文本建构过程中,不同文化之间的相互作用、交流和冲突以及这些互动对译语环境的个体、群体及社会的影响。翻译的文化协同功能无疑要远远大于其对文化的割裂作用,避免文化间性的两个极端,一是后殖民理论批评家霍米·巴巴警告的那种——借文化多样性或多元性之名把同一性(homogeneity)强加给"少数族群"的文化同化危险[①],二是因文化极端自恋主义而无限膨胀的抵御外域文化的保守欲望。文化间性恰恰是在"文化强权"和霍米·巴巴指出的"少数族的叙述权"之间建立起的一种认知关联和对话权利,即霍米·巴巴从后现代社会多元文化语境中族群的"混杂性"(hybridity)中看到的新世界主义的可能性,也就是通过文化疆域的混杂,在"一个充满跨民族的、移民的社会"中、也被称之为"第四世界"的群体里,表达文化差异的民主可能性,或说是文化的民主主义世界的可能性。但那些流亡的、流散的社会群体能否与主流文化社群相融,能否进入主流文化社群的氛围,能占其中多大份额,能在庞大的主流文化社群中拥有多大的发言权、多高的话语声,能否触动主流文化社群中心的倾听兴趣以至实现中心话语与少数族群边缘文化之间的"转换"?这种打破现实文化疆界的可能性时常受到质疑。而通过翻译的手段,即在原文向译文过渡的文本建构过程中,一种既保持差异又建立沟通的文化间性可能会得以实现,即既保留原文本中对原文化的"指涉、规范和价值体系",又可以"开辟出"两种文化间的协商空间,在两种文化之间能动地游走。

  历时视野下,许多翻译研究与实践都指向翻译活动对文化间性的协同功能,比如,玄奘提倡的"既须求真,又须喻俗"的文质并

---

① Bhabha, H. K., *The Location of Culture*, London: Routledge, 1994, p.229.

重观;施莱尔·马赫(Friedrich Schleiermacher)倡导的两种不同途径,即"尽可能地不扰乱原作者的安宁,让读者去接近作者"和"尽可能地不扰乱读者的安宁,让作者去接近读者"①;奈达提出的"翻译即交际""动态对等说"②;纽马克提出的语义和交际翻译方法③;鲁迅提出的"信顺说"④,等等。翻译中文化间性的协同既要保持比克曼(Beekman)和卡洛(Callow)所说的历史忠信(historical fidelity),即翻译必须再现原文中的物体、地点、人物、动物、风俗、信仰及活动等历史陈述部分"⑤,也就是尊重原语社会中的文化"圣域"部分——那些"编织着民族生活方式和自尊心,成了与宗教和语言有着强烈关系的文化传统基因"⑥的精神内核部分,以"互镜"认知代替"中心"认知;同时,还要在语言表达上尽力实现地道的翻译(idiomatic translation),也就是使译文读起来尽可能自然。

间性既是一种文化关系建构,也是一种文化差异的互镜认知,可以在关系建构中确立同一性,在互镜与互鉴中坦诚差异性,推动译语语言文化的自我改良,甚至自我洗礼。所谓语言文化的东方主义和帝国主义其实是"边缘"与"中心"的代名词,是意识形态阵地的摇摆,而语言文化的间性思想却可能是这两个极端的调和杠杆。消解"边缘"与"中心"的隔阂,代之以"相同"与"差异"的间性

---

① 谭载喜:《西方翻译简史》(增订版),商务印书馆2004年版,第108页。
② Nida, E. A., & C. R. Taber, *The Theory and Practice of Translation*, Leiden: E. J. Brill, 1969, p.1.
③ Newmark, P., *Approaches to Translation*, London: Pergamon Press, 1981, pp. 38-56.
④ 转引自郭著章主编:《英汉互译实用教程》,武汉大学出版社2010年版,第15页。
⑤ Beekman, J., & J. Callow, *Translating the Word of God, Grand Rapids*, Michigan: Zondervan, 1974, p. 35; M. Shuttleworth & M. Cowie, *Dictionary of Translation Studies*, Shanghai: Shanghai Foreign Language Education Press, 2004, p.71.
⑥ 黑川纪章:《新共生思想》,覃力等译,中国建筑工业出版社2008年版,第191—192页。

共生,以沟通与建构为目的和方法,是共生翻译学倡导的基本文化理念。

2. 间性与互动

荷兰著名美学家穆尔(Jos de Mul)提出了间性文化阐释学(intercultural hermeneutics),他认为前现代文化是单一型文化,现代文化是多元文化,而后现代文化是万花筒式(kaleidoscopic)的文化,是文化间性的,在万花筒式的后现代文化中,"我们"成了"不断流通与交流过程的组成部分"①。间性研究已渗透到哲学、美学、传媒理论、生态文学、文化人类学、比较文学、跨语境诗学等领域,逐渐形成了文艺美学研究的间性取向。文化间性克服了"文化杂合""文化融合""多元文化"等概念的缺陷,而以文化间的开放关系为前提,既承认差异,也承认文化对话是一种力量关系②,通过存异求同,扩大文化之间的理解、互动、尊重与宽容。

间性既意味着差异,也意味着关联。不同文化与观念要想实现互识与互惠,就需要摧毁文化壁垒或边界,在互动中坦诚差异,在差异中谋求融通。互动是文化间性的核心主题,翻译研究"理应是探究如何超越文化、语言和主体界限,有效实现知识转移以调节人类认知非对称状态的一门经验学科"③。翻译是扩展人与外部世界之间有限时空关系的有效媒介和手段,是人类跨越时空、地域、历史、文化界限的沟通工具,也总是能够调节不同族群社会对文化认知的失衡关系,"促进人类跨文化理解、沟通与互鉴,推进知识的

---

① 约斯·德·穆尔:《阐释学视界——全球化世界的文化间性阐释学》,麦永雄、方颀玮译,《外国美学》2012年刊。
② 蔡熙:《关于文化间性的理论思考》,《大连大学学报》2009年第1期。
③ 李瑞林:《知识翻译学的知识论阐释》,《当代外语研究》2022年第1期。

全球性流动与应用,改善全人类的生命体验品质,造就多元一体、和谐共生的世界新秩序"①。

　　文化视域差异缘于文化空间的间距,也导致了翻译中对文化阐释的不完整性和相对性。翻译是不同文化在语言空间和文本空间的际遇,而非在现实空间的直接接触和流通,词汇、概念、句法、风格、认知的不对称性既可产生对彼此文化的视域扩展和视域互补,也可能产生视域障碍。文化鸿沟与情感抵触是间性差异的一面,而全球化与人工智能可视化技术促进了文化间的虚拟互动与融合,这对消除文化鸿沟与情感抵触具有一定的功效。翻译视界中的文化经验一定程度上弥合了现实中的文化隔阂,文化的共生和动态演变方式不再以实体空间为必要条件;而文本作为符号空间,既是文化关系建构的载体,也可能是消除文化差异的障碍。语言符号转化之中,译者认知与表达的局限就是文化关系建构的局限。语言的优势和生活的经验促使作者形成了原作的表达意图和表达风格,而译者恰恰无法置身于同样的时空去感受同样的生活。然而,语言能够表达一切意义这个事实,使得译者能够通过理解语言而像作者一样去理解作者的表达意图和表达风格,这恰恰是翻译的魅力所在。正如狄尔泰所说,"理解克服了生活经验的局限性,拓展了我们存在的视界,开拓了由共同性迈向普遍性的道路"②。总之,翻译所具有的文化关系建构功能,拓宽了我们的生活认知经验,丰富了我们的文化表达方式,拓展了我们的文化审美视野,促进了人类多元文明的共生与共荣。

---

① 李瑞林:《知识翻译学的知识论阐释》,《当代外语研究》2022年第1期。
② 约斯·德·穆尔:《阐释学视界——全球化世界的文化间性阐释学》,麦永雄、方颁玮译,《外国美学》2012年刊。

3. "居间"共生

如果说翻译是不同文化之间互动的手段与媒介,那么文本便是两种文化的"居间"场所(in-between space),这个场所负载着两种语言和文化。翻译"不是单语写作,而是两种语言结构的相互渗透与合成共生"①,文化内嵌于语言之中,语言具有表达和塑造文化现实的功能,"只有当与使用语言单位的文化背景一起考虑时,才能理解语言单位的含义"②,因此,翻译是两种语言和两种文化的"居间"行为。对于异质文化而言,翻译是以语言为媒介从陌生视界到经验视界过渡的桥梁,对原文本的诠释就是"视界拓展""视界融合""视界播撒"③的过程,中西语言和文化遭遇的这个文本"居间"场所和后现代政治地缘学家爱德华·苏贾提出的"第三空间理论"(third space theory)不谋而合。译者与作者携带各自的文化身份与表达习惯在文本中相遇,彼此之间既是互镜与借鉴关系,也是互为与合力关系,译者需要克服自身语言和文化路径的局限,进入到"他者"语言和文化的"领地",在一个既陌生又熟悉的环境下理解和诠释一个活生生的人——作者和他的深邃思想、写作风格,甚至陌生的价值观。翻译是以语言为媒介的思想对话,而语言以社会现实为基础,译者并没有同作者一样的社会"前见",难以与作者感同身受,但在翻译中这似乎不是问题,因为,世界之大同、语言的可理解性,使得译者能够携带自身的经验视界去理解和诠释另一种语言符号系统,即意义的承载系统。

---

① Bassnett, Susan, *Translation Studies*, London & New York: Routledge, 2002, p.16.
② House, Juliane, ed., *Translation: A Multidisciplinary Approach*, Hampshire: Palgrave Macmillan, 2014, p.3.
③ 约斯·德·穆尔:《阐释学视界——全球化世界的文化间性阐释学》,麦永雄、方颁玮译,《外国美学》2012年刊。

第七章 文化、间性与道通

然而,语言是复杂的,社会是变迁的,语言和意义会随社会语境的变化而演变、甚至消亡。语境的变迁使得语言和意义之间有了隔阂,在历史语境中颇为熟悉的意义在现实语境中会大不相同,甚至早已不存在。比如,中国古籍原作与其英译本之间的语言结构存在时空差异[1],同样,现在的"哲学""自由""抽象""美元""伊丽莎白"等由西方引入的概念和名称早已为人们熟悉和普遍使用,而与之相对应的历史语境下的译名"致知""伏利当""玄摘""打拉""额勒查白"至少在现实生活中已不复存在。这说明,语言的表征具有历时性。再比如,译入同样一部古希腊哲学作品,一个"五四"时期的译者与一位当下的译者,定然会以不同的语言甚至不同的理解视角和文体风格再现原作,因为不同时期译者的社会"前见"和经验视界是不同的,包括时空的、语言的、文化的、伦理的、思维的、交际的、审美的,甚至是意识形态的,等等。所以,语言对意义的现实表征与历史表征存在差距,这也说明语言具有历时性,语言的历时变迁表征了其社会的变迁。

即便是在共时语境下,文本作为两种文化的"居间"场所,其局限不仅来自语言和文化上的差异,也来自观念上的差异。在"居间"的交流中,译者与作者、译语读者与原语读者体现出的"居间差"(in-between gap)定然存在。从文本输出的原作到文本输入的译作经历了符号体系的转变、时空语境的流变和文本读者的置换,定然不会出现如奈达所说的"译文读者作出的反应基本等同于原文读者对原作的反应"[2],这只是个乌托邦而已。记得在20世纪80年代初期,一名年轻的日本女学者到山西省一些大学进行学术访

---

[1] 罗慧、倪锦诚、倪乐彤:《中国古籍与其英译本语言结构的时空差异研究》,《海外英语(下)》2022年第8期。
[2] 谭载喜:《西方翻译简史》(增订版),商务印书馆2004年版,第235页。

问,她对赵树理的"山药蛋派"文学风格很感兴趣。在一次学术讲座期间,她讲到《小二黑结婚》中的角色人物,认为相比周围那些中规中矩、缺乏激情的人,三仙姑广为日本读者接受,因为她"虽然已四十五岁,却偏爱当个老来俏,小鞋上仍要绣花,裤腿上仍要镶边",每天都要涂脂抹粉,争艳卖俏。在日本读者眼中,她是一个热爱生活、充满活力的女人,而不是作者着意刻画的一个裹挟着封建残余、心存病态、性格扭曲的旧女性形象。你看,民族思维和文化观念的差异会使原作在译语文化中变成另外一种模样,产生完全不同的文化镜像。翻译使原文离开了原语言的时空坐标与社会境遇,在进入目标语时空坐标与社会境遇时获得了新的文化土壤环境,使得信息的传达产生了意义的"延异",使原文在译文及译语文化中演绎出新的活力和价值。因此,正是翻译"使语言或词语具有了地缘文化或地缘政治学的意义,同时也体现了流动的文化资本的解辖域化价值"①。

对持有不同翻译信念的译者来说,对待同样文本的翻译任务会有不同的选择。一方面,译者不仅要弄懂每一个字、词、句,还要身不由己地、本能地、自发地被原文本所慑服,被一种特殊的语境、文化、语言所慑服。在这种被慑服的状态中,主体与客体、原语言与目标语、自我与他者之间的界限瞬间消失了,于是,译者在距离自我最近的地方跨越了他者的踪迹"②;另一方面,翻译中的"话语、权力和知识都涉及一部越界的历史"③。潘维茨在其《欧洲文化的

---

① 陈永国:《代序:翻译的文化政治》,载于陈永国主编:《翻译与后现代性》,中国人民大学出版社 2005 年版,第 5 页。
② Spivak, Gayatri C., "Politics of Translation", *Outside in the Teaching Machine*, New York: Routledge, 1993, pp.197-200.
③ Lemert, Charles C., & Garth Gillan, *Michel Foucoult: Social Theory and Translation*, New York: Columbia University, 1982, p.63.

危机》中说,"我们的翻译,甚至是最优秀的翻译,都是从一个错误的前提开始……译者的错误在于,他维护了本族语言碰巧所处的状态,而不是让他的语言深受外国语言的影响,他只想维护自身语言的'纯洁'和'优越'而不图借助外语的力量深化和丰富自己的语言"①。王东风也曾犀利地指出,人类历史上,在大国沙文主义意识形态的驱使下,大国归化弱小国家的文化"就像归化亡国奴一样"。比如,古罗马帝国在军事占领古希腊之后,开始颠覆一向被其奉为至宝的希腊文化,把希腊文化作为"文学战利品"进行"宰割",以此来炫耀罗马人"知识方面的成就"②,此时罗马人的翻译已经成了"读来像其原文",而非"读来像原文"。这种强行归化目标语文化的语言帝国主义行径在人类的翻译史上并不鲜见。

语言与文化是翻译的两条线索,语言为明线,文化属暗线,语言转换观和文化翻译观的有机融合是交流的本质③。交流本是文本翻译的主要目的和功能,但交流从来就不是翻译行为的唯一目的,翻译"从来不以毫无争议的方式进行交流,译者总是弥合了外语文本的语言和文化差异,代之以另外一系列基本上属于本土化了的、得自接受语言和文化从而使外语可以被接受的差异,进而完成与外语文本的交流"④。译本在被呈现到译语读者那里之前,早已被译者"字斟句酌"过了。所以,翻译总归不能做到原封原样,总免不了会有隔靴搔痒或阴差阳错的问题。正如雅克·勒塞所说,

---

① Banjamin, Walter., "The Task of the Translator", in Arendt and Hannah, eds., *Illumination*, New York: Fontana Press, 1992, pp. 81-82.
② 谭载喜:《西方翻译简史》(增订版),商务印书馆 2004 年版,第 19 页。
③ 胡开宝:《对话与多元——试析许钧翻译文化观点的特征、内涵与意义》,《中国翻译》2021年第 6 期。
④ 劳伦斯·韦努蒂:《翻译、共性、乌托邦》,王广州译,载于陈永国主编:《翻译与后现代性》,中国人民大学出版社 2005 年版,第 186 页。

语言是古代错误的仓库,潜在真理的宝藏①。

翻译是一个文化借鉴与互补过程,也是一种"居间"文化建构。虽然说是"居间",却并非是静态的建构。辛红娟认为,翻译具有旅行意味,是文化上的"越界"和"再生",是跨越不同话语传统,实现不同民族思想和文化的沟通和交流②。翻译是特定时空际遇下的相对理解,但人们总是强行赋予翻译一种达到与原文同样逼真的使命,这才是真正的不可能。人不能两次踏入同一条河流,文本在跨越时空的旅行中也不可能毫无二致地复现,即便是四百多年前的莎士比亚本人,也不可能在今天的现实中原样地保持其当年的思维和语言特性。人们对翻译总是寄存一种理想,即在译文中再现原文中"入微"的表达,既传达语义,又再现原语语言艺术的极致与境界,使语言和文化在时空的位移中毫不褪色。要达到这个标准,除非不去翻译。

翻译中,语言间的差异性随处可见,但"任何企图证明词语是差异的多重性寄居场所,都将会忽视它的所指,并忽视这样一种可能性:一个词的语义的任何含混均可借助对事物的参照得到解决"③。布拉格语言学派代表雅各布森认为,"所有认知经验及其分类都可用任何一种现存语言表达出来……语言符码的任何组成部分都可根据共性和对比原则而被对峙、并置、进入共边的关系之中。目标语言中语法措施的缺乏并不影响原语言中整个概念信息的直译,如果表达不充分,可以用外来词或外来翻译,用新词或语

---

① 劳伦斯·韦努蒂:《翻译、共性、乌托邦》,王广州译,载于陈永国主编:《翻译与后现代性》,中国人民大学出版社 2005 年版,第 186 页。
② 辛红娟:《〈道德经〉在英语世界:文本旅行与世界想象》,上海译文出版社 2008 年版,第 87 页。
③ 安德鲁·本雅明:《翻译与哲学》,胡文征译,载于陈永国主编:《翻译与后现代性》,中国人民大学出版社 2005 年版,第 91 页。

义转换,最后用迂回说法来限定和扩展术语"①。

在"居间"的场所里,词作为观念和意义的符号,承载着任何意义片段及其之间的逻辑关系,寻求语际间差异中的等量对应是人类实现交流与共生的重要手段,也是两种语言文化间可译与互通的有效体现。雅各布森认为,差异中的等量是语言的最重要问题,也是语言学的关键问题。从跨文化交际的意义讲,"求同"是最重要的策略,对语际间语词对应单位的内涵和外延意义进行"入微"的比较,随时都可能成为"不可译"的借口,但在多数情况下都不具有交际意义。语言的互补性和普遍性使翻译成为可能,翻译的使命是构建人类语言文化共生的理想王国,语言与意义的关系如此和谐而深邃,"以至于语言触及意义就好比微风拨动风鸣琴一样"②。

二、间性与道通

道,既是最朴素的原理,也是最精深的思想。道,可以象形地描写细长的线状事物,可以指水和人通行的实在,可以意指方向和方法,可以引为道理和德行,直至"道可道,非常道"的哲学境界。道者行也,达也。通即连,通即畅,通即达,通即晓,通即全。庄子的道通思想即为:道即通,通即道。谭嗣同在其《仁学·仁学界说之二十七界说》中将"通"归为四义:上下通,中外通,男女通,人我通。中华传统哲学和文化中,对道与通的阐释极为丰厚、深刻而广

---

① Jakoboson, R., "On Linguistic Aspects of Translation", L. Venuti, ed., *The Translation Studies Reader*, London: Routledge, 2000, pp. 113 – 118.
② Banjamin, Walter, "The Task of the Translator", Arendt and Hannah, eds., *Illumination*, New York: Fontana Press, 1992, pp. 70 – 82.

博:"道通为一""知通为一"(《庄子·齐物论》)、"通于一而万事毕"(《庄子·天地》)、"道不远人""君子遵道而行""车同轨,书同文,行同伦"(《中庸》)、"学以致其道"(《论语》)、"道虽迩,不行不至"(《荀子·修身》)、"同异交得"(《墨子》)、"万物并作"(《道德经》)、"众理具而万事出"(《王阳明全集》)、"经之至者,道也;所以明道者,其词也;所以成词者,字也。由字以通其词,由词以通其道,必有渐"(《与是仲明论学书》)等。"道"之深邃,"通"之弘远,言虽能达致,而行犹不及也!虽然如此,翻译的终极目的依然是道通,道通即共生,"道通为一",一即共生,正所谓万物殊异,形类不同,"唯道通而一之"。对于个体小人物而言,"道通"无法昭示大德和大容,但具身性道通还是可以有所修为的。具身性道通语境可谓三重境界:"say and let say""do and let do""be and let be",即允许个体立言、立行、立德,进而达到言通、事通、人通之共通。言通是思之辨理,言之框规,对学术而言,"言之端""言之信""言之实"是起码的伦理;事通是万事有因,行必至果,翻译活动是文化互动,在互动中行至道通;人通是德之根本,与己通、与人通、与天下通,在思维、认知和行为上不拿自己的界定别人的,不拿别人的裹挟自己的,不拿陈旧的羁绊现时的。翻译的宏观立意不过如此,而翻译的实际过程则是一种苦行与朝圣。

　　道通是一种多元共生的关系融洽状态。道通为一,一即多元而一体。共生既是一种具有普遍性特质的整体现象,也是异质万象、繁花共芳的个体现象。共生的实质是一种关系,一种人性化、创造性和开放性的存在关系,是面向同质和异质双向开放的多元集合体。《道德经》中的"贵生""尚和"为文化差异之间的相同性建构提供了一个高境界的互为方式,"生"作为"道"的别体,以"贵生"

"尚和"指征天地之"道",界定道家的生命伦理①,也是天下有道,万物并育,道通而生的普世宇宙观。"道"通弱国小民,也通强邦达官,以"道"为媒,远可交异邦,近可睦邻人。

1. 关联与差异

翻译中间性共生的两个重要议题是互为关联与差异共生。其一,间性共生意味着翻译与其他学科知识的关联性与互动性。无论是我国古代的"洪范九畴"、周朝的"六艺",还是西方古代雅典学园的"自由七科",亦或是现在的语言学、文学、哲学、逻辑性、美学、社会学、经济学等社会和人文科学以及划类精细的自然科学知识,都与翻译有着密切关联,翻译活动的宏观对象就是全部学科的知识。纽马克曾广泛论述过翻译与其他学科的关系,并因此提出了较有影响力的语义翻译和交际翻译方法。斯皮瓦克在探讨区域研究和比较文学研究时,认为多元文化主义(multiculturalism)和文化研究思潮催生了比较文学的学科自我革新,并发出了"跨越疆界""学科之死"的感叹②,这多少也触动了翻译学界对翻译学的学科建构与学科边界的担忧。翻译活动对知识的要求涵盖了"古"与"今"、"中"与"外"、"专"与"杂"、"科"与"普"、"精"与"疏"等各个层面,学科知识无论是分立、交叉还是融合,都使得翻译不单单是语境理解的问题,有时更是常识判断的问题。随着科技、人工智能技术的发展,传统科学认知中宗教神学和绘画艺术范畴中的神秘性在科学、物理学等自然科学中业已开始实证思考,当人们崇尚简朴主义和返璞归真时,科技的发展早已将人类推向未知的

---

① 辛红娟:《〈道德经〉思想意涵的世界性意义》,《湖南科技大学学报(社会科学版)》2019 年第 6 期。
② Spivak, G.C., *Death of a Discipline*, New York: Columbia University Press, 2003.

未来。

　　间性共生的知识所指范畴广、维度繁,译者除去双语知识、翻译理论与方法的积淀与修养外,广博的泛学科知识、原文本领域知识、原语社会背景知识以及当下科技知识推动下的人工智能知识与工具等跨学科知识,都是间性视野下翻译条件的必要构成。

　　其二,翻译活动是在差异中寻找融通的方法。翻译甚至就是一种差异性对比,又在对比中实现融通,正是差异形成了两种语言文化之间理解的障碍。民族生态的地域性,民族心理的别致性,民族文化的承传性,民族语言生成的历史性,民族语言结构的复杂与独特性等,都限制着译者对原文信息的解读与重现。语言的差异即是民族之间的差异,语言的个性即是民族的个性,民族的个性由其语言而表征;而语言的背后是强大的社会文化差异和意识形态差异,社会文化和意识形态差异又是民族思维典型化和集体人格化的定型。比如,文学作品本身也是一种意识形态体现方式,文学作品的作者如果不是为了某种真实的意图或展现一种"原初的意义",那么,作者的创造就不会产生,翻译就不会受制于一种"真实"。传统的语言工具观与现代的语言思想本体观存在对立。传统语言观建立在世界物质与人类思维同一性的基础上,语言生成于对物质、空间和抽象思维的辨识意图,其符号或形式不同,但本质上是传达意义或思想的载体,而不是意义本身。正如奈达所说,"任何用语言表达的意义,都取决于它所代表的语言以外的实体、行为、特征和关系"[①]。现代语言观建立在世界本质的差异性基础上,认为"人与人、种族与种族之间的差异存在巨大的鸿沟,对于人类的思想文化来说,人性和人类社会的共同性实际上只是一个非

[①] 奈达:《语言文化与翻译》,严久生译,内蒙古大学出版社1998年版,第117页。

常遥远的背景"①。这种观点强调人们更看重文化之间的差异性而不是共同性,正是思想文化的差异构筑了人类社会丰富与复杂的样态。但不可否认的是,以交际为目的的翻译,正是通过两种语言和两个民族之间的共性才实现了各自差异性的体现,共性是连接人类思想与情感的中介,也是各种族之间识别与接受差异的前提,是人类的共性构筑了彼此依存的基础,同样,也因人类的多元与差异丰富了彼此文化的内容。奈达也认为,中西方以及各民族各地域之间并没有本质的差别,所以,世界的差异与隔绝可以通过翻译来解决。

语言并非翻译研究的唯一问题,文本也并非翻译的整个世界。中西文化相交,相比人与人之间的接触,更多的是文本承载的思想之间的互动。文本承载着数千年来东西方文明交汇的成果,如果说文化之道,道通于文本,一点儿也不过分。共生必然具备交叉、交互特性,翻译是一种知识变现手段,是文明互鉴的过程,也是寻求语言文化的相对共识过程。正如外典汉译对中国社会变革的历史作用一样,汉典外译对西方政治、哲学、社会、文学、文化的发展也产生了巨大影响。《中国文明》的作者、英国剑桥大学教授李约瑟在1942年的一次演讲中说,"当余发现18世纪西洋思潮源于中国之事,余极感欣慰"。的确,中国儒道思想对西方的推介,极大地激发了欧洲启蒙主义思想的产生,对德国的布莱尼茨、沃尔弗,法国的孟德斯鸠、伏尔泰、狄德罗、霍尔巴赫等无疑产生了深远的影响。

随着老子、庄子著作译介的增多,道家思想逐渐超越了儒家思想,成为影响世界的主要思潮。在德国,作家赫尔曼·黑塞崇尚纯

---

① 高玉:《论"忠实"作为文学翻译范畴的伦理性》,《外国文学》2004年第2期。

洁的精神生活，与老子思想产生了共鸣；剧作家布莱希特读《道德经》时，颇为自己的某些想法与"道"暗合而欣喜；存在主义哲学家德瓦尔在其工作室里悬挂着中文字幅，上写老子的言论："孰能浊以静之？""孰能安以久之"；马克思对中国哲学了解颇深，他曾感叹只有德意志民族与中华民族才有哲学；歌德从中国文学与东方文学中预见到不同国家、不同民族文学会相互交融，提出"世界文学"的大构想；意象派诗人庞德曾说，意象派诗歌的产生都是"处在中国诗的决定影响之下的"；有"美国莎士比亚"之称的作家尤金·奥尼尔承认，《老子》《庄子》中的神秘主义要比其他任何东方书籍更令他感兴趣。总之，汉典外译和外典汉译推介了中华和世界博大精深思想的互动与传播，推动了人类文化遗产的交融与共生，加快了中华文明与世界文明之间的互鉴与互惠，体现了人类族群在差异中寻求互补、在关联中求同建构的文化共生生态。

2. 开放与流动

翻译就是在文化间性中实现道通。文化间性的开放性与流动性特征体现在三个层面。其一，翻译中主体关系、客体关系以及主客体之间关系的开放与流通特征。翻译作为一个个事件的发生过程和结果，其参与主体、实践对象都会产生不断的变化。比如，翻译主体对原文本的不同选择会产生不同的主体关系，包括赞助商、出版社、编辑、编审、译审、翻译审查部门等，同时也会产生不同的客体关系，包括原文本及其作者背景、知识结构、社会文化背景、出版时间、社会影响等，都体现了翻译的主体、客体及主客体之间的开放性与流动性特征。

当然，翻译的主体、客体及主客体之间的开放性和流动性都以社会语境为前提，因为社会的演变、意识形态的流变与语言和话语的演变密切相关,当然也与翻译密切相关。不同时空和社会语境下的译者主体在面对同样一部作品时,其翻译策略和意向不尽相同,甚至理解原文都是一个问题。比如,有文学上的"蒙娜丽莎"之称的《哈姆雷特》就衍生出一句广为流传的说辞:一千个读者眼里就有一千个哈姆雷特。精神分析学者弗洛伊德、荣格从中解出了"俄狄浦斯情结";西方马克思主义者伊格尔顿从中读出了文化的反省;东方马克思主义者卞之琳从中悟出了阶级性和人民性;道德说教者普罗瑟从中得出了反道德、反宗教的复仇劣根性;女权主义者卫曼从中掘出了"言说的权力";文化唯物主义者德利谟尔从中窥出了莎士比亚的政治性与革命性①;等等,鲁迅也曾经有过类似的说法,在谈到中国经典《红楼梦》时,就戏谑地说过,一部《红楼梦》,单是命题,就因读者的眼光而有种种:经学家看见《易》,道学家看见淫,才子看见缠绵,革命家看见排满,流言家看见宫闱秘事。作为读者的译者何尝不是这样!

翻译是一项社会活动。译者无法脱离其社会语境。就像语言本身一样,翻译中的意义转换以社会关系为前提并反映社会关系。译者总要置身于社会语境之中,会有意识或无意识地受到社会、文化或政治因素的制约。所以,翻译中的主客体关系也是一种文化关系,在文化差异中尝试建构文化关联,并在关联中寻找融通。

其二,翻译事件与社会环境、经济发展、文化语境、读者需求也具有开放性和流动性关系特征。翻译事件与社会、经济、文化事件密切相关,社会、经济和文化在流动中开放,也在开放中流动,且带动翻译事件的发生。比如,每年的诺贝尔颁奖是社会和文化事件,

---

① 刘满芸、顾冀梅:《在时空中穿行的经典重译——从〈哈姆雷特〉的不同汉译本看经典翻译的时代变奏》,《廊坊师范学院学报》2007年第5期。

翻译事件紧跟其后，获奖作者的作品会及时、集中地译入或译出，由此产生社会急速效益。莫言、屠呦呦，甚至提名作家残雪都是如此。当然，之所以提名往往也是实力和影响的结果，残雪被提名前，其作品已被译至多个国家。其他领域也会因国家政策导向而产生相应的社会、经济和文化翻译效应。所以，翻译是关系网络事件，而不单单是基于文本场域的决定。

  从历史角度看，社会流变的复杂性以及文化在时空流转中的重塑性，导致人们对翻译的认知和态度从来就不是稳定不变的。比如，17—19世纪法国的翻译思潮就随各种社会和文艺思潮而变化。17世纪的法国国力遥遥领先于其他欧洲国家，翻译已成为当时大部分教会学校的必修课程，在文学上出现了古典主义浪潮，席卷了文学创作与翻译领域，古典主义的文艺理论体系如"三一律"即在此间确立。这一时期的翻译追求语言华丽、风格高雅，如阿布朗古尔、于埃、阿伯兰库、佩兰等；在古典作品翻译以及翻译方法上产生了崇古派与厚今派之间的争论，即所谓的"古今之争"：以贝洛为首的厚今派首先发难古典主义的教条，认为人类在进步，今人应超过古人；而以波瓦洛为代表的崇古派斥责厚今派是"疯子""野蛮人"[①]。厚今派在这场"古今之争"中明显占了上风，导致厚今薄古、任意发挥之风盛行，给平易朴素的古典主义作品披上了高雅华丽的衣装，因而这一时期的翻译被称为"漂亮而不忠实"，这标志着古典主义的没落与启蒙文学的开始。18世纪法国的启蒙运动发展蓬勃，翻译的不准确之风依然盛行，但也有强调忠实原文的翻译家，如伏尔泰、达西埃夫人等。到了19世纪，席卷欧洲的浪漫主义也影响到法国，欧洲其他国家的文学、政治、哲学、美学等作品被大量译

---

① 谭载喜：《西方翻译简史》（增订版），商务印书馆2004年版，第90页。

入法语世界，以莎士比亚、弥尔顿、歌德等人的作品最受欢迎。这一时期的翻译风格已回归原文，华丽的自由译风已经消失。不只是法国，英国也是如此，16世纪的苏格兰诗人和文学翻译家加文·道格拉斯（Gavin Douglas，1475？—1522）对中世纪时过于自由的译法提出过严肃批评，称卡克斯顿按照法译本译出的《伊尼特》与维吉尔的原作差距"就好比魔鬼和圣奥斯丁（St. Austin）之间的差异一样"[1]。这说明社会语境引发的创作和翻译风尚的改变像洋流和季风一样循环而多变。

其三，翻译的文本性具有可塑的一面，翻译文本的可塑性表征着文化的流动性。翻译活动涉及的因素复杂而交叠，尤其在涉及文化时，时空、社会、意义、译者身份、国家、民族、宗教、权力、意识形态、审查、冲突，甚至抵抗等都可能会是干预因素。文本的可塑性不仅仅是语言风格的问题，也可能是观念或价值观的问题。正因为文化和意识形态观念有冲突和对抗的一面，共生翻译学才提倡以共生的理念、理性和伦理处理翻译中的冲突问题，也是面对差异的间性文化所能提供的最好的策略。试想，如果不以共生为出发点和归宿，翻译何以有必要存在，又何以实现文化间的道通？

文本和人一样，既是流动的生命，又富有静止的特征。文本是流动而开放的场域空间，记录和描述着流动而开放的社会、经济和文化等事件以及个体和群体的反映，也记录着人的、或人作为社会群体成员的生命历程、生活轨迹、实践活动和思想意识，这个记录过程体现了语言的即时生成性和无限丰富性。翻译中的人与人、

---

[1] Amos, Flora Ross, *Early Theories of Translation*, New York: Octagon Books, 1973, p.129.

人与环境、人与事件具有连带且流动与开放的关系,语境是意义的场所,但语境何尝不是译者自身与作者的生活经验和生命认知的结合?毕竟,翻译中少不了"认知语境和社会语境的结合",换句话说,理解文本即是理解人[①]。翻译的文本性,尤其"构建文学领域这样的对象需要并使我们能够彻底打破实体主义的思维模式"[②],从而再现文本的艺术思维和语言特质。

3. 多元与统一

多元与统一是道通的内涵所指,多元指人类文化生态的多样性特征,统一指多样性文化差异与共性互为存在及其所构成的整体范畴和样态。共生翻译学以生物共生理论、生物语言学中语言的生物性和社会性双重属性的语言哲学观以及中华传统哲学中的共生思想精华为学理依据,探索不同语言文化之间的内在共生规律和外在多元形态,显示出共生翻译学研究中文化视野的多元性、互动性和统一性的共生内涵。

文化有一元、二元、多元、混杂等特点,道通即为不同文化彼此共在而又相对独立。随着资本的全球化和信息的网络化流动、文化多元化的流通和混杂、劳动力密集化迁移和人口的流散和变化,传统视角下可知的、自给自足的"地方"概念变得越来越模糊,这也为翻译研究从语言、文本内部向其外部发展的社会需求提供了条件。20世纪70年代至本世纪前十年的四十年左右的时间里,文化转向的翻译研究趋于二元分野与多元共视局面。一方面,文化

---

① House, J., *Translation: A Multidisciplinary Approach*, Basingstoke: Palgrave Macmillan, 2014.
② Bourdieu, P., "The Field of Cultural Production, or: The Economic World Reversed", in *Poetics*, Trans. by Richard Nice, North-Holland, 1983(12), p.311.

操纵翻译、少数族裔翻译、政治学派、女性主义翻译、后殖民翻译等翻译思潮,彰显了解构主义意识形态的翻译本体研究特点,具有二元分野特征:少数族裔与英语世界、后殖民边缘文化与英语中心文化、男性与女性等都是以二元论为分析工具的理论话语。另一方面,多元系统论(polysystem)、多元互补论(multi-complementarism)、文化多元主义(cultural pluralism)、间性文化阐释学(intercultural hermeneutics)等社会多元、文化多元、翻译(认知与方法)多元等多元视野的文化观,则试图消除"边缘"与"中心"、"隐形"与"显形"、"多数"与"少数"、"平等"与"权威"之间的分野,而且逐渐成为翻译研究的可接受模式。多元的隐喻是差异性,统一的隐喻是共性,即人类对客观世界和主观精神认知的相通部分,二者既对立又互补。

  翻译的文化性毋庸置疑,文化甚至就是翻译的核心议题。从文化层面讨论翻译,考蒂斯(Ovidi Carbonell Cortés)和哈丁(Sue-Ann Harding)分出了五个议题:核心问题与话题、翻译与文化叙事、翻译与社会语境、翻译与文化创新以及翻译与专业文化[1]。核心问题与话题聚焦了身份、意义、权力、空间等问题。翻译与文化叙事探讨了文学翻译的风格与诗学,翻译史、知识与中国国家建设,出版社与翻译项目或说是出版社通过翻译成为文化叙事的关键角色,历史方法下的翻译与文化发展,翻译遭遇宗教等问题。翻译与社会语境涉及意识形态与翻译,翻译与文明冲突,从宏观的全球框架到微观的文本实践所遭遇的敏感、礼貌、禁忌、审查等文化翻译,翻译与殖民,翻译与女性,翻译与口语社会、口语传统及口语

---

[1] Harding, Sue-Ann, & O.C. Cortés, eds., *The Routledge Handbook of Translation and Culture*, London: Taylor and Francis, 2018, p.2.

叙事、翻译与译者的合作网络、博物馆、物质文化与文化呈现等问题。翻译与文化创新聚焦了翻译与创造力，翻译、混杂与边界以及翻译的非标准语言，翻译与无障碍文化也即翻译与博物馆文化普及，漫画、绘画等各种形式的文学名著翻译等问题。翻译与专业文化涉及了法律、医学、科学、外宣、商务、新闻、语言教育、全球化教育等翻译问题[1]。以上可见，翻译涉及的方方面面表明，翻译本身就是一个多元建构的实践活动。

文化翻译观认为，译者的身份、文本的意义都和权力、空间密切关联。翻译可能触到文化和文明冲突的一面，尤其涉及殖民化、后殖民主义、地缘政治冲突、性别差异等明显议题以及社会语境下的意识形态，甚至微妙、礼貌、禁忌、审查等敏感文化元素时，共生内含的存异求同特质就派上了用场。"同质相合、异质共生"恰恰是在差异中寻求和谐的理性支柱。文化是一种社会建构，文化若以文本叙事形式呈现，就具有了叙事风格，甚至诗学的艺术特征，文学作品的翻译尤其如此。文学翻译叙事风格的跨文化传递就有了文学叙事风格世界化的可能。翻译活动中的文化创新是多面的，文学翻译创造性体现在文学译者能力的迁移，文化混杂空间新语言的衍生，博物馆文化、名著经典翻译中的知识传播与创新，以及专业文化翻译带给社会与个人互动与发展的极大裨益。

语言文化的混杂现象也体现在网络社区和计算机人工智能领域，有了智能化电子设备，语际、符际、族际之间在面对信息的瞬息性、传达的急速性和区域的模糊性的传播生态时，甚至不能保持其稳定的形式就已倏忽消逝。在时下人工智能技术主导信息传播的

---

[1] Harding, Sue-Ann, & O. C. Cortés, eds., *The Routledge Handbook of Translation and Culture*, London: Taylor and Francis, 2018, pp. 2-13.

语境下，传统的翻译本体视域如何得到拓展，如何对接现实需求，译者的任务、翻译的本质、翻译的界定、语言的转换、文本的对等、忠实的翻译、意义的等值等，这些延续了几千年的翻译争议在面对新时代人工智能技术的冲击时，译者将以文字的能力，还是技术的能力，亦或是文字和技术的双重能力迎接当下对翻译活动的挑战？翻译的人本性和技术性从来没有像今天这样给人以困惑和胁迫。当技术能够瞬间实现跨文化沟通时，翻译文本的恒定品质是否会被遗忘或替代？技术对文化多元和统一的助力是否将会甩掉翻译而单独前行？翻译会陷落吗？

然而，技术能解决跋山涉水的问题，是否也能解决身临其境的问题？几千年来，翻译赋能人类文化生态进步，促进人类文明共生，而今，翻译需要历史的拯救还是需要创造新的历史？无论如何，翻译就是历史，面对不同时代的飞跃和张力，翻译始终的功能都是促进人类语言文化的多元与统一。当然，统一不是单一化，而是提高文化差异中共性的张力，促进文化交流的便利和繁荣。翻译是人类历史长河中文化共生的乐园，翻译以人性为开端，以理解相结识，以共生结文化之良缘。面对技术的迅猛和未来的未知，翻译服务社会的方式与自身多元建构的模式有待同仁去深思与开发。

多元与统一能为翻译研究延展出无限的认知维度和表达话语。多元与统一视角下的共生翻译学将"共生"视为一种翻译思想文化、翻译理论工具、翻译实践方法和翻译批评工具，从文化间性的心理认知考察语言间性的思维底色，从语言的表层、深层结构和行文的语域和风格，探究实现译文和原文契合的思维认知和实践途径，实现译文与原文的共生，从而达到人与自然、与社会、与他人、与自我的沟通与圆融，最终达至道通为一的境界。

参考文献

一、中文文献

[1] 埃德加·莫兰：《复杂性理论与教育问题》，陈一壮译，北京大学出版社 2004 年版。

[2] 包亚明主编：《后现代性与地理学的政治》，上海教育出版社 2001 年版。

[3] 保罗·利科：《保罗·利科论翻译》，章文、孙凯译，生活·读书·新知三联书店，2022 年版。

[4] 布莱恩·克莱格：《宇宙大爆炸之前》，虞骏译，海南出版社 2016 年版。

[5] 陈东成：《大易翻译学》，中国社会科学出版社 2016 年版。

[6] 陈福康：《中国译学理论史稿》，上海外语教育出版社 2000 年版。

[7] 陈鼓应：《老庄新论》，上海古籍出版社 1992 年版。

[8] 陈永国主编：《翻译与后现代性》，中国人民大学出版社 2005 年版。

[9] 邓晓芒：《西方哲学史》，高等教育出版社 2005 年版。

[10] 杜承南、文军主编：《中国当代翻译百论》，重庆大学出版社 1994 年版。

[11] 方梦之：《中国译学大辞典》，上海外语教育出版社 2011 年版。

[12] 费尔迪南德·索绪尔：《普通语言学教程》，高名凯译，商务印书馆 1980 年版。

[13] 冯友兰：《三松堂全集·中国哲学简史》，河南人民出版社 2001 年版。

[14] 傅敬民：《〈圣经〉汉译的文化资本解读》，复旦大学出版社 2009 年版。

[15] 郭著章主编：《英汉互译实用教程》，武汉大学出版社 2010 年版。

[16] 汉斯-格奥尔格·伽达默尔:《诠释学 I:真理与方法》,洪汉鼎译,商务印书馆,1999 年版。

[17] 赫尔曼·哈肯:《协同学》,凌复华译,上海译文出版社 2005 年版。

[18] 黑川纪章:《新共生思想》,覃力等译,中国建筑工业出版社 2008 年版。

[19] 胡守钧:《社会共生论》,复旦大学出版社 2010 年版。

[20] 胡伟希选注:《论世变之亟——严复集》,辽宁人民出版社 1994 年版。

[21] 胡壮麟:《语言学教程》,北京大学出版社 2001 年版。

[22] 怀特海:《科学与近代世界》,何钦译,商务印书馆 2012 年版。

[23] 黄龙:《翻译学》,江苏教育出版社 1988 年版。

[24] 黄忠廉:《变异理论》,中国对外翻译出版公司 2002 年版。

[25] 黄忠廉、李亚舒:《科学翻译学》,中国对外翻译出版公司 2002 年版。

[26] 季羡林:《季羡林谈翻译》,当代中国出版社 2007 年版。

[27] 金莉、李铁:《西方文论关键词》(第二卷),外语教学与研究出版社 2017 年版。

[28] 金振邦:《文体学》,东北师范大学出版社 1994 年版。

[29] 卡尔·波普尔:《客观知识——一个进化论的研究》,舒炜光等译,上海译文出版社 1987 年版。

[30] 克利福德·格尔兹:《文化的解释》,纳日碧力戈等译,上海人民出版社 1999 年版。

[31] 黎昌抱、邵斌主编:《中外翻译理论教程》,浙江大学出版社 2013 年版。

[32] 黎翠珍主编:《翻译评赏》,中国青年出版社 2004 年版。

[33] 李诗明:《中国比较教育学教材内容研究》,哈尔滨师范大学博士学位论文,2020 年。

[34] 李思强:《共生构建说:论纲》,中国社会科学出版社 2004 年版。

[35] 李亚舒、黎难秋:《中国科学翻译史》,湖南教育出版社 2000 年版。

[36] 李亚舒、赵文利、吴伟雄主编:《科技翻译论著新萃》,气象出版社 2000 年。

[37] 李燕:《共生教育论纲》,山东师范大学博士学位论文,2005 年。

[38] 李泽厚:《中国古代思想史论》,人民出版社 1985 年版。

[39] 列·尼·苏沃洛夫:《唯物辩证法》,宋一秀、易杰雄译,黑龙江人民出版 1984

年版。
[40] 林恩·马古利斯、多里昂·萨根：《我是谁——闻所未闻的生命故事》，周涵嫣译，江西教育出版社 2001 年版。
[41] 林煌天主编：《中国翻译词典》，湖北教育出版社 1997 年版。
[42] 刘满芸：《共生翻译学建构》，复旦大学出版社 2015 年版。
[43] 刘润进、王琳：《生物共生学》，中国社会科学出版社 2018 年版。
[44] 刘云虹：《翻译批评研究》，南京大学出版社，2015 年版。
[45] 卢卡奇：《历史与阶级意识——关于马克思主义辩证法的研究》，杜章智等译，商务印书馆 1992 年版。
[46] 罗杰·福勒：《语言学与小说》，於宁等译，重庆出版社 1991 年版。
[47] 罗杰·马丁：《整合思维》，胡雍丰译，商务印书馆 2008 年版。
[48] 罗素：《人类的知识》，张金言译，北京商务印书馆 1983 年版。
[49] 马克思：《关于费尔巴哈的提纲》，《马克思恩格斯选集》（第 1 卷），人民出版社 1995 年版。
[50] 马克思：《1844 年经济学哲学手稿》，刘丕坤译，人民出版社 1979 年。
[51] 马祖毅：《中国翻译简史》，中国对外翻译出版公司出版 2004 年版。
[52] 米歇尔·福柯：《知识考古学》，谢强、马月译，生活·读书·新知三联书店 2021 年版。
[53] 欧文·拉兹洛：《系统哲学引论——一种当代思想的新范式》，钱兆华、熊继宁、刘俊生译，商务印书馆 1998 年版。
[54] P·切克兰德：《系统论的思想与实践》，左晓斯、史然译，华夏出版社 1990 年版。
[55] 彭萍：《翻译伦理学》，中央编译出版社 2013 年版。
[56] 皮尔斯：《皮尔斯：论符号》，赵星植译，四川大学出版社 2014 年版。
[57] 朴昌根：《系统学基础》，四川教育出版社 1994 年版。
[58] 钱钟书：《林纾的翻译》，商务印书馆 1981 年版，第 18 页。
[59] 渠敬东：《缺席与断裂——有关失范的社会学研究》，商务印书馆 2017 年版。
[60] R. M. 克朗：《系统分析和政策科学》，陈东威译，商务印书馆 1985 年版。
[61] 阮红梅：《文化间性视域下中国大学校史对外翻译探析——以西北工业大学

校史英译为个案》,上海外国语大学博士学位论文,2014 年。

[62] 苏珊·朗格:《艺术问题》,滕守尧、朱疆源译,中国社会科学出版社 1983 年版。

[63] 孙小礼、韩增禄、傅杰青主编:《科学方法》,知识出版社 1990 年版。

[64] 泰戈尔:《飞鸟集》,冯唐译,浙江文艺出版社 2015 年版。

[65] 泰戈尔:《飞鸟集》,郑振铎译,外语教学与研究出版社 2010 年版。

[66] 谭载喜:《西方翻译简史》(增订版),商务印书馆 2004 年版。

[67] 托马斯·库恩:《科学革命的结构》,金吾伦、胡新和译,北京大学出版社 2012 年版。

[68] 王华树:《人工智能时代翻译技术研究》,知识产权出版社 2020 年版。

[69] 王姗姗:《翻译与游戏——基于伽达默尔"游戏"理论的翻译过程研究》,山东大学博士学位论文,2017 年。

[70] 王寅:《认知语言学》,上海外语教育出版社 2007 年版。

[71] 威廉·冯·洪堡特:《论人类语言结构的差异及其对人类精神发展的影响》,姚小平译,商务印书馆 1997 年版。

[72] 文军编著:《科学翻译批评导论》,中国对外翻译出版公司 2006 年版。

[73] 吴蔷:《翻译相异性——1910—1920 年〈小说月报〉对"异域"的表述》,暨南大学博士学位论文,2006 年。

[74] 吴飞驰:《企业的共生理论:我看见了看不见的手》,人民出版社 2002 年版。

[75] 吴文、唐玉凤:《生物语言学》,中国社会科学出版社 2017 年版。

[76] 肖维青:《翻译批评模式研究》,上海外语教育出版社 2010 年版。

[77] 辛红娟:《〈道德经〉在英语世界:文本行旅与世界想像》,上海译文出版社 2008 年版。

[78] 许钧:《翻译论》,湖北教育出版社 2003 年版。

[79] 雅克·德里达:《书写与差异》,张宁译,生活·读书·新知三联书店 2001 年版。

[80] 严复:《天演论》,中国青年出版社 2009 年版。

[81] 杨晓荣:《翻译批评导论》,中国对外翻译出版公司 2005 年版。

[82] 叶子南:《认知隐喻与翻译实用教程》,北京大学出版社 2013 年版。

[83] 尤金·A. 奈达:《语言文化与翻译》,严久生译,内蒙古大学出版社1998年版。

[84] 于建福:《孔子的中庸教育哲学》,中央编译出版社2004年版。

[85] 于真:《共生论》,香港文艺出版社2011年版。

[86] 袁纯清:《共生理论——兼论小型经济》,经济科学出版社1998年版。

[87] 张敏:《认知语言学与汉语名词短语》,中国社会科学出版社1998年版。

[88] 中国孔子基金会编:《中国儒学百科全书》,中国大百科全书出版社1997年版。

[89] 中国社会科学院语言研究所词典编辑室编:《现代汉语词典》(修订本),商务印书馆2000年版。

[90] 周领顺:《译者行为批评:路径探索》,商务印书馆2014年版。

[91] 周兆祥:《汉译〈哈姆雷特〉研究》,香港中文大学出版社1981年版。

[92] 朱丽·汤普森·克莱恩:《跨越边界——知识 学科 学科互涉》,蒋智芹译,南京大学出版社,2005年版。

[93] 朱志瑜等编:《中国传统译论文献汇编》(六卷本),商务印书馆2020年版。

[94] 左汉中编著:《中国吉祥图像大观》,湖南美术出版社2009年版。

二、英文文献

[1] Alston, W. P., *Philosophy of Language*, Prentice Hall, 1964.

[2] Apter, E., *The Translation Zone: A New Comparative Literature*, Princeton: Princeton University Press, 2006.

[3] Banjamin, W., *Translation and the Nature of Philosophy: A New Theory of Words*, London & Newyork, Routledge, 1989.

[4] Bassnett, S., *Translation Studies(Third Edition)*, London & New York: Routledge, 2002.

[5] Bassnett, S., ed., *Translation and World Literature*, London & New York: Routledge, 2019.

[6] Beekman, J., & J. Callow, *Translating the Word of God*, Grand Rapids, Michigan: Zondervan, 1974.

[7] Benjamin, Andrew, *Translation and the Nature of Philosophy: A New Theory of Words*, New York: Routledge, 2014.

[8] Berman, Anoine, *Par une Criipue des Pmchutions: John Dome*, Paris: Gallimand, 1995.

[9] Bertalanffy, Ludwig von, *General System Theory: Foundations, Development, Applications*, New York: George Braziller, 1969.

[10] Bhabha, H. K., *The Location of Culture*, London: Routledge, 1994.

[11] Birrell, Anne M., *Chinese Mythology: An Introduction*, Baltimore: The Johns Hopkins University Press, 1993.

[12] Bowker, L., M. Cronin, D. Kenny, J. Pearson, eds., *Unity in Diversity? Current Trends in Translation Studies*, Manchester, St. Jerome, Publishing, 1998.

[13] Brian, Vickers, *The Artistry of Shakespeare's Prose*, Methuen, 1968.

[14] Brône, G. & J. Vandaele, *Cognitive Poetics: Goals, Gains and Gaps*, Berlin & New York: Mouton de Gruyter, 2009.

[15] Chesterman, A. & Emma Wagner, *Can Theory Help Translators?*, Beijing: Foreign Language Teaching and Research Press, 2006.

[16] Chomsky, A. Noam, *On Nature and Language,* Cambridge: Cambridge University Press, 2002.

[17] Chomsky, A. Noam, *New Horizons in the Study of Language and Mind*, Cambridge: Cambridge University Press, 2000.

[18] Clegg, Brian, *Before the Big Bang: The Prehistory of the Universe*, Newyork: St. Martin's Press, 2011.

[19] Cooper, David, E., *Philosophy and the Nature of Language*, London: Longman, 1973.

[20] Cronin, Michael, *Translation and Globalization,* London & Newyork: Routledge, 2003.

[21] Damrosch, D., *What is World Literature*, Princeton: Princeton University Press, 2003.

[22] Durkheim, Emile, *The Elementary Forms of the Religious Life*, Newyork: St. Martin's Press, 2009.

[23] Firth, John Rupert, *Papers in Linguistics, 1934-1951*, London: Oxford University Press, 1957.

[24] Flotow, Luis von, *Translation and Gender: Translating in the "Era of Feminism"*, Manchester: St. Jerome, Publishing, 1997.

[25] Freud, S., *An Outline of Psychoanalysis,* Trans, J. Strachey, New York: Norton, 1949.

[26] Geeraerts, Dirk & Hubert Cuyckens, *The Oxford Handbook of Cognitive Linguistics*, Oxford: Oxford University Press, 2007.

[27] Gutt, E. A., *Translation and Relevance: Cognition and Context*, Oxford: Basil Blackwell, 1991; London & New York: Routledge, 2014.

[28] Harding, Sue-Ann & O. C. Cort, eds., *The Routledge Handbook of Translation and Culture*, London: Taylor and Francis, 2018.

[29] Hermans, Theo, ed., *Crosscultural Transgressions*, Manchester, St. Jerome Publishing, 2002.

[30] Hermans, Theo, *Translation and History: A Textbook*, London: Taylor and Francis, 2022.

[31] House, Juliane, ed., *Translation: A Multidisciplinary Approach*, Basingstoke: Palgrave Macmillan, 2014.

[32] Jasanoff, Sheila, ed., *States of Knowledge: The Co-production of Science and Social Order*, London & New York: Routledge, 2004.

[33] Jenkins, L., *Biolinguistics*, Cambridge: Cambridge University Press, 2000.

[34] Kelly, Louis G., *The True Interpreter: A History of Translation Theory and Practice in the West*, Oxford: Blackwell, 1979.

[35] Khakhina, Liya Nikolarevna, *Concepts of Symbiogenesis: A Historical and Critical Study of the Research of Russian Botanists*, eds., by Linn Marqulis & Mark Mcmenamin, New Haven & London, Yale University Press, 1992.

[36] Klein, J. T., *Crossing Boundaries: Knowledge, Disciplinarities, and Interdisciplinarities*, Charlottsville: University Press of Virginia, 1996.

[37] Klein, J. T., *Interdisciplinarity: History, Theory, and Practice*, Detroit: Wayne State University Press, 1990.

[38] Koskinen, Kaisa& Nike K. Pokorn, *The Routledge Handbook of Translation and Ethics*, London: Taylor and Francis, 2021.

[39] Lakoff, G. & M. Johnson. *Metaphors We Live By*, Chicago: University of Chicago Press, 1980.

[40] Latour B., *We Have Never Been Modern*, Cambridge: Harvard University Press, 1993.

[41] Lattuca, Lisa R., *Creating Interdisciplinarity: Interdisciplinary Research and Teaching among College and University Faculty*, Nashville: Vanderbilt University Press, 2001.

[42] Leeeh, G. N. & Miehael H. Short, *Style in Fiction: A Linguistic Introduction to English Fictional Prose*, London & New York: Longman, 1981.

[43] Lefevere, André, *Translating Literature: Practice and Theory in a Comparative Literature Context*, Beijing: Foreign Language Teaching and Research Press, 2006.

[44] Li, Jingying, *Towards a Hermeneutic Approach to Translation*, Beijing: National Book Museum, 2004.

[45] Lovelock, J. E., *Gaia—A New Look at Life on Earth*, Oxford: Oxford University Press, 1979.

[46] Marcus, J. & Zoltán Tarr, Georg Lukacs *Theory, Culture and Politics*, Ruter: Rutgers University Press, 1989.

[47] Margulis, L., *Origin of Eukaryotic Cell*, New Haven & London: Yale University Press, 1970.

[48] Margulis., L., *Symbiosis in Cell Evolution: Life and its Environment on the Early Earth*, San Francisco: W. H. Freeman, 1981.

[49] Margulis., L., *Symbiotic Planet : A New Look at Evolution*, New York: Basic Books, 1998.

[50] Margulis, L., *Symbiosis as a Source of Evolutionary Innovation: Speciation and Morphogenesis*, Boston: The MIT Press, 1991.

[51] Margulis, L. &. Dorion Sagen, *Slanted Truths: Essays on Gaia, Symbiosis, and Evolution*, New York: Springer-Verlag, 1997.

[52] Miriam, J. S., *Shakespeare's Use of the Arts of Language*, New York: Hafner, 1966.

[53] Newmark, P., *About Translation*, Beijing: Foreign Language Teaching and Research Press, 2006.

[54] Newmark, P., *A Textbook of Translation*, London: Prentice Hall, 1988.

[55] Newmark, P., *Approaches to Translation*, London: Pergamon Press, 1981.

[56] Nida, E. A., *Translating Meaning*, SanDimas: English Language Institute, 1982.

[57] Nida, E. A. &. C. R. Taber. *The Theory and Practice of Translation*, Leiden: E. J. Brill, 1969.

[58] O'Brien, S., *Cognitive Explorations of Translation*, New York: Continuum International Publishing Group, 2011.

[59] Rawling, P. &. P. Wilson, *The Routledge Handbook of Translation and Philosophy*, New York: Routledge, 2019.

[60] Read, C. P., *Parastism and Symbiology, an Introductory Text*, New york: John Wiley, 1970.

[61] Repko, Allen F., *Interdisciplinary Research: Process and Theory*, New York: SAGE, 2008.

[62] Robinson, D., *The Translator's Turn*, Beijing: Foreign Language Teaching and Research Press, 2006.

[63] Robinson, D., *Western Translation Theory from Herodotus to Nietzsche*, Manchester: St. Jerome, 1997.

[64] Rorty, Richard, *Contingency, Irony and Solidarity*, London: Cambridge

University Press, 1989.

[65] Said, Edward W., *The World, the Text, and the Critic*, Cambridge: Harvard University Press, 1983.

[66] Sapp, J. *Evolution by Association: A History of Symbiosis*, New York: Oxford University Press, 1994.

[67] Schmidt, G. D. & L. S. Roberts, *Foundations of Parasitology* (9th Edition), New York: The McGraw-Hill Companies, 2013.

[68] Scott, G. D., *Plant Symbiosis in Attitude of Biology*, London: Edward Arnold & CO, 1969.

[69] Shuttleworth, M. & M. Cowie. *Dictionary of Translation Studies*, Shanghai: Shanghai foreign Language Education Press, 2004.

[70] Simon, Sherry, *Gender in Translation: Culture Identity and the Politics of Transmission*, London: Routledge, 1996.

[71] Sperber, Dan & Deirdre Wilson, *Relevance: Communication and Cognition*, Cambridge: Harvard University press, 1986.

[72] Spivak, G. C. *Death of a Discipline*, New York: Columbia University Press, 2003.

[73] Stanier, Roger Yate, John L. Ingraham, Mark L. Wheelis & Page R. Painter. *The Microbial World*, New Jersey: Prentice-Hall, 1986.

[74] Steiner, George, *After Babel: Aspects of Language and Translation*, Oxford: Oxford University Press, 1998.

[75] Venuti, L., *The Scandals of Translation: Towards an Ethics of Difference*, London & New York: Routledge, 1998.

[76] Werner, E. T. C., *Myths & Legends of China*, New York: George G. Harrap & Co. ltd., 1922.

图书在版编目(CIP)数据

共生翻译学/刘满芸著. —上海:复旦大学出版社,2023.12
(共生系列丛书)
ISBN 978-7-309-17075-7

Ⅰ.①共… Ⅱ.①刘… Ⅲ.①翻译学 Ⅳ.①H059

中国国家版本馆 CIP 数据核字(2023)第 225821 号

共生翻译学
刘满芸　著
责任编辑/黄　丹

复旦大学出版社有限公司出版发行
上海市国权路 579 号　邮编:200433
网址:fupnet@fudanpress.com　http://www.fudanpress.com
门市零售:86-21-65102580　团体订购:86-21-65104505
出版部电话:86-21-65642845
上海崇明裕安印刷厂

开本 787 毫米×960 毫米　1/16　印张 23.75　字数 277 千字
2023 年 12 月第 1 版
2023 年 12 月第 1 版第 1 次印刷

ISBN 978-7-309-17075-7/H·3299
定价:72.00 元

如有印装质量问题,请向复旦大学出版社有限公司出版部调换。
版权所有　侵权必究